삽교만록 초
파수록
기리총화

雪橋漫錄 抄·破睡錄·綺里叢話

정환국 책임교열

교감표점
정본
한국야담전집
04

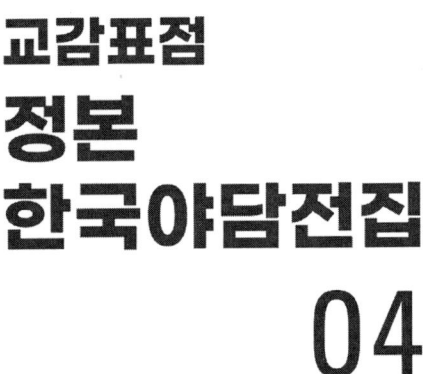

보고사

해제

　이 책은 조선 후기 야담집 총 20종의 원전을 교감하여 새로 정본을 구축한 전집이다. 원래 2016년도 한국학 분야 토대연구지원사업으로 선정된 〈조선 후기 야담집(野談集)의 교감 및 정본화〉의 결과물로 2021년에 1차로 간행한 바가 있었다. 이후 약 3년간 수정 보완을 거친 끝에 이번에 명실공히 조선 후기 야담집의 정본을 내놓게 되었다.
　잘 알려져 있듯이 조선 후기 야담집은 거개가 필사본으로 존재하고 있으며, 다종의 이본을 양산하면서 축적되어 왔다. 그러다 보니 그 자체가 하나의 활물(活物)처럼 유동적이고 적층적인 형태를 취하고 있다. 이는 동아시아 고전 자료 중에서도 유별난 사례이자, 조선 후기 이야기문학의 역사를 웅변한다. 한자를 공유했던 동아시아 어느 지역에서도 찾아볼 수 없는 이 필사본의 족출과 적층은 조선조 문예사에서 특별히 주목할 사안이지만, 한편으로는 이 때문에 해당 분야의 접근이 난망했던 것도 사실이다. 다양한 필사본과 이본들의 존재는 원본과 선본, 이본의 출현 시기 등 복잡한 문제를 던져주었을 뿐만 아니라 애초 원전 비평을 어렵게 하였다.
　하지만 야담에 대한 이해와 접근은 무엇보다 원전 비평이 선결되어야 했었다. 물론 이런 문제의식과 고민, 그리고 일부 성과가 없었던 것은 아니다. 그렇지만 특정 야담집에 한정한 데다 그 방법 또한 유익한 방향이 아니었다. 그리하여 조선 후기 야담은 동아시아에서 우리만의 서사 양식으로, 또 조선 후기 사회를 밀도 있게 반영한 대상으로 주목받았으면서도 원전에 대한 정리는 상대적으로 미진하기 짝이 없었다. 그러니 우리의 야담 연구는 어쩌면 첫 단추를 아예 끼우지 않았거나 잘못 낀 채 진행해 왔다고 해도 과언이 아니다.

그런데 조선 후기 야담의 전체 양이나 이본 수로 볼 때 이 분야 연구는 일개인의 노력으로는 거의 불가능한 영역이라 하겠다. 더구나 우리의 학문생태계에서 교감학이 활성화된 적도 거의 전무했다. 자료의 상태와 양은 물론 정립할 학문적 토대가 취약한 터라 해당 연구의 출발 자체가 난망했던 터다. 그럼에도 우리는 이젠 더 이상 미룰 수 없다는 책임감으로 연구팀을 꾸려 지난한 과제를 수행하게 된 것이다. 본 연구팀은 한국 야담 원전의 전체상은 물론 조선 후기 이야기문학의 적층성과 그 계보를 일목요연하게 드러내고자 이본 간의 교감을 통한 정본 확정의 도정을 시작한 것이다. 일단 이 자체로 개별 야담의 온전한 자기모습을 복원할 수 있게 되었다고 자부한다. 앞으로 이 자료가 고전문학뿐만 아니라 전통시대 역사와 예술 등 한국학과 인문학 전 영역의 연구에서 보다 적극적으로 활용되리라 믿는다. 나아가 이 책은 동아시아 단편서사물의 집성 가운데 중요한 결과물의 하나가 될 것이며, 자연스레 한국 야담문학에 대한 관심도 제고될 것으로 기대된다.

다만 본 연구가 기획되던 시점부터 스스로 던지는 의문이 있었다. 다른 고전 텍스트의 존재 양태와는 달리 야담의 경우 이본마다 나름의 성격과 시대성을 담보하고 있다. 그런데 이를 싸잡아 정본이라며 특정해 버리면 개별 이본들의 성격과 특징이 소거되는 것은 아닌가, 그러면 이 정본은 결국 또 다른 이본이 되고 마는 것은 아닌가. 이런 점을 고민하지 않을 수 없었다. 고민 끝에 우리는 '동태적 정본화'를 추구하기로 하였다. 정본을 만들기는 하지만 개별 이본의 특징들이

사상되지 않도록 유의미한 용어나 문장, 그리고 표현 등을 살리는 방향이었다. 대개는 주석을 다양하게 활용하여 이를 해결하고자 하였다. 말하자면 닫힌 정본이 아닌 열린 정본의 형태를 추구한 것이다. 이런 방식은 지금까지 시도된 예가 없거니와, 야담의 존재적 특성을 잘 반영하면서 새로운 교감학의 실례가 됐으면 하는 바람도 있어서다. 그러다 보니 일반 교감이나 정본화보다는 품이 훨씬 더 많이 들어갔다. 이 과정을 소개하면 이렇다.

먼저 해당 야담집의 주요 이본을 모은 다음, 저본과 대조본을 선정하였다. 저본은 선본이자 완정본이면서 학계에서 이미 인정되고 있는 점 등을 감안하여 잡았다. 대조용 이본은 야담집에 따라 그 수가 일정하지 않은바 최대한 동원 가능한 이본을 활용하되, 이본 수가 많은 경우 중요도에 따라 선별하였다. 다음으로, 저본과 대조이본을 교감하되 저본의 오탈자와 오류는 이본을 통해 바로잡았다. 문제는 양자 사이에 용어나 표현 등에서 차이가 있지만 모두 가능한 경우였다. 이때는 주로 저본을 기준으로 하되 개별 이본의 정보를 주석을 통해 반영하였다.(이에 대한 구체적인 사례와 처리 방식은 〈일러두기〉 5번 항목 참조) 그러나 저본과 대조본 사이의 차이를 모두 반영한 것은 아니다. 분명한 오류이거나 불필요한 첨가 부분은 자체 판단으로 반영하지 않았다. 이는 본 연구팀의 교감 기준에 의거했다.

그러나 실로 난감한 지점도 없지 않았다. 이본 중에는 리라이팅에 가까울 만큼 다른 내용이 첨입되어 있거나 일부 이야기를 다소 엉뚱한 방향으로 끌고 가는 사례도 있었기 때문이다. 이런 경우 꼭 필요한 부분만 반영하여 주석에 밝혔다. 이런 교감 과정에서 예상치 못한 상황에 직면하기도 하였다. 일반적이라면 으레 오자나 오류로 보이는 한자나 단어가 의외로 빈번하게 등장하였다. 이를 무시하려고 했으나 노파심에 자의와 출처를 다시 확인해 보니 뜻밖에도 해당 문장에 합당한 사례가 적지 않았다. 독자로서 교감 부분을 따라가다 보면 왜 이런 것들을 반영했을까 싶은 부분이 있을 텐데, 대개 이런 이유이니 유의해 주었으면 한다.

위와 같은 사례나 문제들 때문에 최선의 정본을 확정하는 과정은 참으로 쉽지 않았다. 그렇지만 이를 최대한 반영하고자 노력하였다. 그 결과 해당 야담집의 개별 이본들의 성격이 정본으로 흡수되면서도 어느 정도 자기 색깔을 유지할 수 있게 되었다. 이 20종의 편제는 다음과 같다.

1책	어우야담(522)	6책	기문총화(638)
2책	천예록(62) 매옹한록(262) 이순록(249)	7책	청구야담(290)
3책	학산한언(100) 동패락송(78) 잡기고담(25)	8책	동야휘집(260)
4책	삽교만록[초](38) 파수록(63) 기리총화(146)	9책	몽유야담(532) 금계필담(140)
5책	계서잡록(235) 계서야담(312)	10책	청야담수(201) 동패(45) 양은천미(36)

* ( )는 화소 수

위 가운데 지금까지 원문 교감이 이루어진 사례로는 『어우야담』(신익철 외, 『어우야담』, 2006), 『천예록』(정환국, 『교감역주 천예록』, 2005), 『청구야담』(이강옥, 『청구야담 상·하』, 2019)과 『한국한문소설 교합구해』(박희병, 2005)의 일부 작품이 있었다. 당연히 이 결과물들의 원문은 본 연구의 참조가 되었다. 그러나 애초 교감의 방식이 다를뿐더러, 본서처럼 동태적 정본화를 구현한 것도 아니었다. 따라서 해당 야담집의 원전 교열은 더 종합화되고 정교해졌다. 이 외의 야담집은 그동안 몇몇 표점본과 번역본들이 나왔지만, 한 번도 이본 교감을 통한 정본화가 이루어진 사례는 없었다.

한편, 본서 10책의 구성은 대체로 성립 시기 순을 따랐다. 다만 『파수록』 등 일부 야담집은 성립 시기를 확정하기 어렵거나 불확실한 데다, 분량 등을 고려하다 보니 편제 순에 다소 차이가 있을 수 있다. 이 점 참작하여 봐주기를 바란다. 또한 「검녀(劍女)」로 유명한 『삽교만록(霅橋漫錄)』의 경우 개별 화소가 대개 필기류라서 전체를 실을 수 없었다. 그래서 불가피하게 야담에 해당하는 화소만 뽑아 초편(抄篇)하였다.

이렇게 해서 최종 수록된 야담집은 20종 10책이며, 총 화수는 4천2백 여 항목이다. 화소 숫자로만 봐도 엄청나다. 그런데 이 숫자는 다소간 현실을 감추고 있다. 이 항목이 순전한 개별 이야기 숫자로 보기는 어렵기 때문이다. 이미 기존 연구에서 지적되었고 그 양상이 어느 정도 밝혀졌듯이 하나의 이야기가 여러 야담집에 전재(轉載)되는 경우가 많다. 실제 20종 안에 같은 이야기가 반복되는 화소의 빈도는 예상보다 높다. 그럼에도 독자성이 확인된 이야기는 대략 1,000편을 헤아리며, 그중에서도 좀 더 서사적 이야기, 즉 한문단편은 300편 안팎으로 잡힌다. 또 이 300편 안에서도 다종의 야담집에 빠짐없이 전재됨으로써 자기 계보를 획득한 작품은 150편 내외로 잡힌다. 다시 말해 이 150편을 잘 조각하면 조선 후기 사회현실과 인정세태의 퍼즐은 다 맞춰진다고 보면 될 듯하다.

물론 한 유형이 여러 야담집에 전재된다고 해서 이것을 '하나'로만 볼 수 없다는 점이 조선 후기 야담 역사의 중요한 특징이기도 하다. 한 유형의 다양한 전재는 고정된 것이 아니라 리트머스 종이마냥 번져 나갔기 때문이다. 단순한 용어나 표현의 차이뿐만 아니라 배경과 서사의 차이로 나가는가 하면, 복수(複數)의 화소가 뒤섞여 또 다른 형태를 구축하기도 하였다. 이런 변화상은 실로 버라이어티하다. 같은 화소가 반복된다고 해서 단순 수치화할 수 없는 이유이거니와 야담의 적층성과 관련해선 오히려 더 주목할 사안이다.

　아무튼 이것으로 조선 후기 야담과 야담집의 전체상은 충분히 드러났다고 판단된다. 다만 조선 후기의 야담이라고 할 때 모두 이 야담집 20종 안에 들어있는 것은 아니다. 야담 중 완성도 높은 한문단편이 집약된 『이조한문단편집』에도 일부 수록되었듯이, 이외의 문집이나 선집류 서사자료, 기타 잔편류에도 흥미로운 야담 작품이 잔존하고 있기 때문이다. 하지만 해당 자료는 야담집이 아니어서 이 책에 반영할 수 없었다. 조만간 이들 잔존 자료들만 따로 수집, 정리하여 이 책의 부록편으로 간행할 예정이다.

　사실 이 연구는 앞에서 언급했듯이 토대지원연구사업의 결과물이기는 하지만 그 준비는 그보다 훨씬 전이었다. 계기는 2007년으로 올라간다. 그해 동국대학교 대학원 고전문학 수업에서 처음 『청구야담』의 이본을 대조할 기회가 있었다. 그때 교토대 정선모 박사(현 남경대 교수)를 통해 그동안 학계에 알려지지 않은 교토대 소장 8책본 『청구야담』을 입수하였다. 이 책은 그동안 학계에 보고되지 않았던 『청구야담』 이본 가운데 하나였다. 검토해 보니 선본이었다. 실제로 어떤 차이가 있는지 궁금하여 기존에 알려진 주요 이본과의 교감을 시작한 것이다. 약 8편 정도를 진행했는데, 이 수업을 통해 『청구야담』 전체에 대한 교감이 절실함을 깨달았다. 그 후 이때 교감을 함께한 대학원생들을 중심으로 2013년 1월부터 『청구야담』의 이본 교감과 정본 확정, 그리고 이 정본에 의거하여 번역을 시작하였다. 우리는 약 3년을 매주 토요일을 반납한 채 이 교감과 번역에 매달렸다. 이 작업을 통해 야담 원전에 대한 장악력을 갖게 되었고, 『청구야담』에만 한정하지 말고 조선 후기 야담집 전체로 확대해야 한다는 점을 명확히 인식할 수 있었다.

　그러니까 이 책은 대략 15년 이상의 시간과 대학원생부터 전문연구원, 관련 분야 전문가까지의 노고가 쌓인 결과물이다. 나름 엄정한 기준과 잣대로 정본의 원칙을 세우고 저본과 이본 설정, 이본 대조와 원문 교감 등을 진행하여 정본을 구축하려 했고, 이 과정에서의 오류를 최대한 줄이려고 했다. 그러나 한문 원전을 교감하는 데는 오류의 문제가 엄존한 법이다. 최선의 이본들이 선정된 것인가, 정본화의 방향에선 문제가 없는가, 향후 개별 야담집의 이본이 더 발굴될 여지도 있지 않은가? 활자화 과정 중에 발생하는 오탈자 여지와 표점의 완정성 문제도 여전히 불안을 부추긴다. 그렇긴 하지만 질정을 달리 받겠다는 다짐으로 상재한다. 독자 제현의 사정없는 도끼질을 바란다.

　이 결과물이 나오기까지 많은 분들의 협업과 도움이 있었다. 은사이신 임형택 선생님과 고 정명기 교수는 좋은 이본 자료를 제공해주셨다. 감사한 마음을 이본의 명칭에 부여한 것으로 대신하였다. 본 연구팀의 공동연구원으로 이강옥 교수님과 오수창 교수님이 함께하였다. 각각 야담 문학 전문가와 역사학 전문가로 진행 과정에서 고견을 제시해 주셨다. 이채경, 심혜경, 하성란, 김일환 선생은 전임연구원으로 3년 동안 전체 연구를 도맡아 진행해 주었다. 이들의 노고는 이루 다 말할 수 없을 지경이다. 마지막으로 대학원 과정부터 함께한 동학들을 잊을 수 없다. 남궁윤, 홍진영, 곽미라, 정난영, 최진영, 한길로, 최진경, 정성인, 양승목, 이주영, 김미진, 오경양은 2013년 이후 『청구야담』 교감과 번역에 참여하였고, 일부는 본 연구팀의 연구보조원으로 참여하여 원문 입력과 이본 고찰에 기여하였다. 그리고 이들 모두 최종 교정 작업에 끝까지 함께 하였다. 특히 과정생인 이주현, 유양, 정민진은 교정 사항을 반영하는 일을 도맡아 주어 큰 힘이 되었다.

이들이 없었다면 이 책은 나올 수 없었다. 다행히 이 10여 년의 과정은 우리 모두에게 소중한 경험이자 학문적 자산으로 남게 되었다. 이들은 지금도 속집 작업을 함께 하는 중이다. 이래저래 이 책은 나와 나의 동학들이 동행하는 텍스트의 유토피아이다.

끝으로 3년여 전에도 그리고 이번에도 이 거질의 전집 출판을 흔쾌히 맡아 준 보고사 김흥국 사장님과 시종여일 책의 완성도를 높이기 위해 애써 준 이경민 대리를 비롯한 편집부 관계자 분들께 미안하고 감사하다는 마음을 전한다.

2025년 2월
연구팀을 대표하여 정환국 씀

차례

해제 … 3
일러두기 … 15

삽교만록 霅橋漫錄 抄 ── 17

1. 金鳴遠 ── 19
2. 深深堂閑話 ── 19
3. 彦陽 ── 25
4. 隱田 ── 27
5. 賣餠師 ── 29
6. 麥醪 ── 31
7. 松葉奇味 ── 31
8. 金福鉉 ── 32
9. 縣監受杖 ── 32
10. 辛丑之禍 ── 33
11. 魚舜瑞 ── 34
12. 憂貧 ── 38
13. 薦士 ── 39
14. 偸兒 ── 40
15. 可興 ── 41
16. 孝婦 ── 42
17. 舟販 ── 43
18. 原州吏 ── 44
19. 券契 ── 44

20. 江景 ── 45
21. 北京丐者 ── 46
22. 洪譯官 ── 48
23. 都會 ── 50
24. 居憂生子 ── 51
25. 宣川金進士 ── 52
26. 四友 ── 54
27. 戀盜 ── 57
28. 申汝哲 ── 58
29. 嶺南寒士 ── 61
30. 白金 ── 63
31. 黃處士 ── 64
32. 到任盤 ── 65
33. 詩讖 ── 66
34. 邊士行/金肅川 ── 69
35. 邊士行/田長福 ── 69
36. 邊士行/杆城寡婦 ── 70
37. 邊士行/窮士推奴 ── 72
38. 劍女 ── 72

파수록破睡錄 ——— 75

기리총화綺里叢話 ——— 125

卷上 ——— 127

1. 先輩淸介 ——— 127
2. 聖考神明 ——— 128
3. 寧考聖學 ——— 128
4. 癡人策事 ——— 129
5. 病有年運 ——— 129
6. 靈光怪聞 ——— 132
7. 尹氏聖童 ——— 133
8. 柳將軍精靈 ——— 134
9. 尹家神助 ——— 134
10. 北軒麤豪 ——— 135
11. 崔承宣傳 ——— 136
12. 金龍釰 ——— 140
13. 峽庄祝辭 ——— 141
14. 許公篆隷 ——— 142
15. 擇婿良方 ——— 142
16. 詞律政格 ——— 142
17. 賀蜂王表 ——— 143
18. 孝廟挽辭 ——— 143
19. 良史 ——— 143
20. 賢娃局識 ——— 143
21. 李都督詩 ——— 145
22. 鬼不能禍人 ——— 145
23. 罪人斯得 ——— 146
24. 詩人崎薄 ——— 147
25. 張漢喆漂海錄 ——— 148
26. 震邸睿學 ——— 156
27. 李丞疎傲 ——— 156
28. 宣傳樹德 ——— 157
29. 業福薄倖 ——— 158
30. 迂儒吟詩 ——— 159
31. 張守果傳 ——— 159

卷中 ——— 175

1. 誤書祝辭 ——— 175
2. 郵卒巧猾 ——— 176
3. 梅花發 ——— 176
4. 前輩去就 ——— 177
5. 靈城博物 ——— 178
6. 聖鑑如神 ——— 178
7. 經筵失措 ——— 179
8. 燕都災異 ——— 179

9. 沈家鬼怪 —— 180	23. 端川義妓 —— 207
10. 可憐 —— 182	24. 山神沮戲 —— 213
11. 趙相主文 —— 184	25. 豊原同學 —— 213
12. 豊陵軍令 —— 184	26. 崔生傳 —— 214
13. 金生賢婦 —— 185	27. 金生傳 —— 216
14. 賤婢識人 —— 188	28. 發咳暗號 —— 224
15. 夫人識鑑 —— 192	29. 看山埋沒 —— 224
16. 雲谷丹巖 —— 193	30. 九板之戲 —— 225
17. 梧川先見 —— 194	31. 嗜酒善賈 —— 226
18. 申相少文 —— 195	32. 猾吏弄宰 —— 226
19. 簡交 —— 196	33. 措大客癖 —— 229
20. 榮達前定 —— 198	34. 婢占福地 —— 230
21. 蔡生奇遇 —— 199	35. 樂地反論 —— 233
22. 四六詩令 —— 207	36. 貪色之戒 —— 233

卷下 —— 235

1. 抱川異聞 —— 235	13. 科場用私 —— 251
2. 祭規 —— 239	14. 破字甚神 —— 252
3. 藥泉博議 —— 240	15. 己未厄運 —— 254
4. 竹泉試眼 —— 241	16. 聖賢夙就 —— 255
5. 西厓癡叔 —— 242	17. 海中奇異 —— 255
6. 曲背馬 —— 244	18. 好古 —— 255
7. 夢寢巧符 —— 247	19. 田舍翁 —— 256
8. 豚犬 —— 248	20. 八文章 —— 256
9. 槐實 —— 248	21. 徐帥氣像 —— 259
10. 善押强韻 —— 249	22. 谷山亂民 —— 259
11. 禹公治策 —— 250	23. 奇耦玄理 —— 261
12. 冥府報應 —— 250	24. 讀書做佛 —— 261

25. 肯祖先形 —————— 262	53. 東岡際遇 —————— 282
26. 天理敎 ———————— 262	54. 給侄登第 —————— 283
27. 輕薄語 ———————— 263	55. 蔡相詩調 —————— 284
28. 木綿 —————————— 263	56. 詩占榮枯 —————— 284
29. 無 ——————————— 264	57. 素谷鐵腸 —————— 284
30. 猩猩 —————————— 264	58. 妬爲乖倫 —————— 285
31. 物我莫辨 ——————— 264	59. 徐公機警 —————— 286
32. 兩主燕謨 ——————— 265	60. 具生誤着 —————— 286
33. 佛入中原 ——————— 266	61. 淫婦悖言 —————— 287
34. 牝牡雌雄 ——————— 266	62. 非背不手 —————— 288
35. 科目 —————————— 266	63. 宋公謝箋 —————— 288
36. 靑城良方 ——————— 267	64. 琶西詩格 —————— 289
37. 豊原顯靈 ——————— 268	65. 具公神異 —————— 289
38. 蔡相報恩 ——————— 269	66. 西坡詩 ———————— 291
39. 海恩雅量 ——————— 272	67. 文字禍福 —————— 291
40. 金㙜諧謔 ——————— 272	68. 東皐女怨 —————— 292
41. 安守旭小傳 —————— 272	69. 偏戰乖常 —————— 294
42. 艮齋恢度 ——————— 274	70. 箕城志異 —————— 294
43. 榮賊僭踰 ——————— 275	71. 頓悟三事 —————— 295
44. 李將軍顯靈 —————— 276	72. 奴主問答 —————— 295
45. 古宰尙儉 ——————— 277	73. 黑白之論 —————— 296
46. 尹塾詩 ———————— 277	74. 避亂蕩敗 —————— 297
47. 竹器救鹽 ——————— 278	75. 乙亥舛運 —————— 298
48. 老峯免禍 ——————— 279	76. 江湖問答 —————— 299
49. 丁洪諧謔 ——————— 279	77. 玉河救火 —————— 300
50. 一門三忠 ——————— 280	78. 魑魅禍福 —————— 300
51. 驛爲兵象 ——————— 280	79. 稗官移志 —————— 302
52. 尤翁聰明 ——————— 282	

일러두기

1. 이 자료집은 조선후기 야담집 총 20종을 활자화하여 표점하고, 이본을 교감하여 정본화한 것이다.
    • 해당 20종은 다음과 같다. 『於于野談』, 『天倪錄』, 『梅翁閑錄』, 『二旬錄』, 『鶴山閑言』, 『東稗洛誦』, 『雜記古談』, 『雪橋漫錄(抄)』, 『破睡錄』, 『綺里叢話』, 『溪西雜錄』, 『溪西野談』, 『紀聞叢話』, 『靑邱野談』, 『東野彙輯』, 『夢遊野談』, 『錦溪筆談』, 『靑野談藪』, 『東稗』, 『揚隱闡微』.
2. 저본과 이본(대조본) 설정 과정은 다음과 같다.
    • 개별 야담집마다 저본을 확정하고 주요 이본을 대조본으로 삼았다.
    • 저본의 기준은 야담집마다 상이한데, 기존의 이본 논의를 참조하여 본 연구팀에서 최종 확정하였다.
    • 이본의 경우, 야담집마다 존재하는 이본들을 최대한 수렴하되 모든 이본을 대조본으로 활용하지는 않고 교감에 도움이 되는 주요본을 각 야담집마다 2~6개 정도로 선정하였다. 이본이 없는 유일본의 경우 다른 자료를 대조로 활용하였다.
3. 활자화 과정은 다음과 같다.
    • 개별 야담집의 저본을 기준으로 활자화하였다.
    • 원자와 이체자가 혼용되었을 경우 일반적으로 활용되는 이체자는 그대로 반영하되, 잘 쓰지 않는 이체자는 원자로 대체하였다.
    • 필사상 혼용하는 한자의 경우 원자로 조정하거나 문맥에 맞게 적절하게 취사선택하였다. 대표적으로 혼용되는 글자들은 다음과 같다. 藉/籍, 屢/累, 炙/灸, 沓/畓, 咤/咜, 斂/歛, 押/狎, 係/繫, 裯/裯, 辨/卞, 別/另, 縛/縳 등
4. 활자화와 표점은 다음과 같은 기준에 의거하였다.
    • 개별 야담집의 권수에 따라 이야기를 나누고 이어지는 작품들은 임의로 넘버링을 통해 구분하였다. 권수가 없는 야담집의 경우 번호만 붙여 구분하였다.
    • 원문의 한자를 최대한 반영하였으나 최종적으로 판독이 불가능한 글자는 ■로, 공백으로 되어 있는 경우는 □로 표시해 두었다.

- 원문의 구두와 표점은 일반적인 기준에 의거하였다. 문장 구두는 인용문(" " ' '), 쉼표(,), 마침표(. ?!), 대구(;) 등을 활용하였다.
- 원문의 책명이나 작품명의 경우 『　』, 「　」 등으로 표기하였다.
- 원주로 되어 있는 부분은 【　】로 표기하여 구분하였다.

5. 정본화 과정은 다음과 같다.
    - 개별 야담집마다 저본과 대조 이본을 엄선하여 교감하되 모든 작품들의 정본을 구축하는 것으로 목표로 하였다. 각 야담집의 저본과 대조본은 해당 야담집의 서두에 밝혀두었다.
    - 저본과 이본은 입력과 이해의 편의를 위해 각 본의 개별 명칭을 쓰지 않고 저본으로 삼은 본은 '저본'으로, 이본으로 삼은 본은 중요도에 따라 '가본', '나본', '다본' 등으로 통일하여 대체하였다. 대조본 이외의 이본을 활용한 경우 '다른 이본'으로 구분하여 반영하였다.
    - 저본을 중심으로 교감하되 이본을 적극적으로 활용하여 가장 이상적인 형태를 구축하고자 했다. 이 과정은 오류를 바로잡은 것에서부터 상대적으로 나은 부분을 선택하는 방향으로 이루어졌다. 그 기준은 다음과 같다.
        ① 저본의 오류가 확실할 때: '~본에 의거하여 바로잡음'
        ② 저본이 완전한 오류는 아니나 이본이 더 적절할 때: '~본 등에 의거함'
        ③ 저본에 빠져있는데 이본을 통해 보완할 경우: '~본 등에 의거하여 보충함'
        ④ 저본도 문제는 없으나 이본 쪽이 더 나을 때: '~본 등을 따름'
        ⑤ 서로 통용되거나 참조할 만한 경우: '~본 등에는 ~로 되어 있음'
        ⑥ 저본을 그대로 반영하면서도 이본의 내용도 의미가 있을 때도 주석을 통해 밝혔음.
        ⑦ 익숙하지 않은 통용된 한자나 한자어가 이본에 있는 경우도 주석을 통해 반영하였음.
        ⑧ 저본과 이본으로도 해결되지 않는 오류는 다른 자료를 활용하여 조정하였음. 이 경우 상황에 따라 바로잡기도 하고, 그대로 두되 주석에서 오류 문제를 적시하기도 하였음.
        ⑨ 기타 조정 사항은 각주를 통해 밝혔음.

삽교만록 초
雪橋漫錄 抄

저본 및 이본 현황
저본: 동양문고본
가본: 가장본

1.(1-7) 金鳴遠

戊寅秋, 遊白川, 與劉興福, 曰:"信川有金鳴遠者, 將才也."曰: "何以知之?"曰:"常與之同遊矣, 力勇僅兼人, 而智略非常, 相貌亦偉異. 中武科已久, 顧家貧, 無以爲資, 且不屑屑於求仕. 惜乎! 年已逾四十矣."曰:"黃海一道, 山雄野遠, 而土堅忍. 自嶺以北, 又大於以南, 將才固宜產於嶺北之野, 信川嶺北也. 但不知鳴遠果爲將才否, 抑鳴遠使可將, 其忠信可任否? 張子房委用韓信·彭越, 諸葛孔明不敢專任魏延. 蓋創國之初, 則乘方興之勢, 天地方併力矣, 故雖用桀黠飛揚之人, 而無誤事之慮. 國運之已末, 則天幸不可冀, 而獨用人事崎嶇, 傾側於時違勢退之際. 故凡用人才, 先看其德, 必忠雅貞亮而後, 可與共圖王事, 而死生以之. 嗚呼! 此子房之所以易, 而孔明之所以難也." 興福曰:"鳴遠又有信義."

2.(1-8) 深深堂閑話

嘗於蓀谷之深深堂, 與主人申士謙及淸州黃聖若閑話, 迤及文文山·趙靜庵·金河西·權石洲·閔老峯·金文谷·李諮議之事, 皆關於女色者也. 黃措大曰:"看雜書言, 文山赴試之路, 日暮抵一村, 村皆病癘多死, 一店必三四屍, 無所於寄宿. 而彷徨之久, 投一大家, 家無應門者, 而外舍空虛無人, 亦無屍, 乃解鞍秣馬, 爲寄宿. 夜二更, 有少女素服, 手燭籠, 啓外舍窓, 熟視而去. 俄頃, 進夕飯, 頗豊潔, 文山受而食之. 夜旣深, 素服少女, 前兩侍女, 皆秉燭籠而來, 見文山, 文山起而辭曰:'遠客無所寄宿, 偶投高門, 而外舍闃然無丈夫, 而深閨處子獨見臨, 未審何故? 然男女之節甚重, 不可以同房於夜, 不佞請避去.'少女曰:'家禍殘酷, 積屍如山, 獨此一縷命在耳. 竊見公儀容, 實爲君子傑然者, 必急人之難, 願公斂埋積屍. 且無棄此弱命, 使申歸仰之願, 如何?' 文山曰: '積屍, 則可以斂埋矣, 客遊倉卒取婦人而去, 大違禮義, 決不可矣!' 女起拜而入[1]. 俄又來, 請曰: '向者之來見, 求托同房而夜語, 便是獻身於君子, 此生更無他適之意矣. 死生惟今日, 君子哀矜而念之.' 遂把文山之袖, 文山辭拒達曉. 曉卽招其家奴婢, 問其有無, 悉其所有, 斂葬積屍畢, 卽辭去, 女曰: '君子於死者垂大惠, 必受冥報, 科宦必通顯. 顧於生者不肯留念而使之死, 此亦寃結之必有報者, 恐君子之通顯不終矣.' 文山跨馬未出門, 已聞其家發哭云, 其女自裁矣."
曰: "文山處之何如則可?" 答曰: "男女之間, 大節也; 死生之際, 大故也. 此其制變之道, 非精義之君子, 其孰能之? 文山之事, 其有無不可明, 然就此言而斷之, 抑其始也, 文山有兩失焉. 君子一擧足, 亦必祥愼而不可苟, 則暮夜寄宿, 烏可不審其所館乎? 始不詳問, 而館於士族無男之家, 一也. 處女之持燭先覘, 不思末後之將如何, 而安坐不預避, 二也. 此則文山之失於經者也. 處女之再迫也, 察其辭氣, 寧不見其輕生之意乎? 許之則非禮, 不許則近於忍, 若設後期, 堅其約束, 使之須臾無死, 歸路申之, 待其終喪, 而可以來取, 則善矣. 女若孤立無依, 慮强暴之辱, 載駕而從之, 亦許之可也. 告之如是, 而女終於決死, 則非文山之失也. 在我無憾, 彼自無寃矣."

趙靜菴, 年十三四, 丰儀映人. 每挾書來往, 隣女窺之, 歆慕深至, 而亦知奔就之必無幸也. 思想成疾, 疾已沉痼矣. 其父母獨有此女, 而悲悶不知所出, 而每問: "汝有何結念而成此疾乎?" 女唯唯, 初不肯言, 至其就斃, 乃言其故. 其父趁靜菴之家, 欲言之靜

---

1) 入: 저본에는 '去'로 나와 있으나 가본을 따름.

菴, 而望其容範, 不敢言, 言於靜菴之家公, 且泣且拜. 公哀之, 召靜菴前, 而曰: "人有由我而死者, 活之否乎?" 對曰: "雖未由我而死者, 可活則活之, 況由我而死乎!" 公乃言, 而指其人, 曰: "彼雖府胥賤流, 其女乃處子也. 汝則妾畜之, 何害於義? 汝必許之." 對曰: "其女不由父母之命・媒妁之言, 而私窺男子, 至生淫心, 此其罪也, 死無足惜. 大人當訓子以義方, 何至使兒取淫女乎?" 公太息不能復言, 其人泣退, 不忍見其女. 其女病益急, 其人哭趍靜菴之家, 且哭且言曰: "今已急矣! 尚冀萬一之幸." 公亦涕下, 而又命靜菴, 靜菴終不從. 其人哭而歸, 見其女無言, 女曰: "吾固知其必無幸也." 遂掩袂而死. 其家將葬之, 柩過靜菴之門, 不前, 其父哭訴靜菴曰: "柩不前矣, 願公以一字加之." 靜菴乃泣而書衵, 以加諸柩, 柩乃前. 世以謂靜菴之禍, 根於此女之寃, 此則此女之失, 只在於私窺而已. 靜菴有兩失, 父命非不義而不從, 一也; 苛責稚女而不垂矜恕, 二也.

權石洲, 山行日暮, 投大瓦屋, 入門不見人. 呼之良久, 女隸出, 問: "何人何姓, 何故而來?" 而入, 良久復出, 開外房引入. 石洲坐定, 女隸復進酒饌, 石洲飲之已, 又進夕飧, 石洲食之已, 又設衾枕, 石洲不甚辭. 夜旣深, 石洲吟詩, 猶未臥. 有三婦人, 一老一壯一稚, 女隸秉燭籠, 左右翼之, 直道外房而入. 石洲遑遽, 伏于席下, 老婦人曰: "無怪也! 吾權氏婦也, 公亦權氏也, 相見何遠於禮? 願安坐聽吾言. 吾歸權氏, 于今三十年, 不聞有宗族, 而獨子相傳十餘世, 而吾亦産獨子. 子之妻, 卽此壯婦人, 而亦産獨子. 子纔醮於此稚婦而暴疾, 未及合寢而死矣. 吾哀此婦不及知人道, 而且所後無所於求, 願公哀憐之, 今夕與此婦同衾, 俾知人道, 而幸生一子. 是用權氏而紹權氏也, 不猶愈於他人乎?" 石洲正色而言不可,老婦人太息流涕, 而曰:"非不知不可, 在吾稚婦, 不知爲不可." 石洲堅拒不聽, 稚婦人先起, 壯婦人隨之, 老婦人且起, 而猶請曰: "尙有可許乎?" 石洲終不許. 三婦人旣入, 稚婦人曰:"尊章設計不善, 徒辱我耳." 遂自刎. 石洲屢擧不第, 而終以詩案死, 世以爲此婦之寃報云. 此則石洲之失, 在其初, 何則延之外房而入焉, 餉以酒食而受焉, 婦人何知固以爲可强也? 若其終, 則石洲得之矣. 一與之醮, 終身不改, 婦人道也. 若稚婦迷亂, 自失其道, 君子固不當苟責, 使君子而亂人, 已醮之婦, 雖知刀鉅在後, 何可撓所守之正乎?

金文谷事, 一與靜菴所遭同, 而所處亦大執, 而一與靜菴同, 無容更議. 李諮議, 嘗遠行至一店, 明燭讀書, 其聲若出金石. 隣女竊聽之, 不勝其情, 夜深直入所坐, 年可二十前後. 李諮議正襟危坐, 而問曰:"鬼乎人乎?"曰:"人也!""賤人乎? 貴族乎?"曰:"土官之女也.""已適人乎? 未適人乎?"曰:"處子也."曰:"男女有別, 雖賤女, 不可踰墻而從男兒, 況土官之女乎! 速起而去, 速起而去!"曰: "非不知禮義, 奈兒女之情勝何? 今夜之事, 雖死不可退." 李諮議苦口堅拒, 至發呵叱, 終不退, 而但曰:"殺我活我, 只在今夜, 莫言禮義, 吾非不知也." 李諮議度無可奈何, 遂呼店人, 招致其女之父. 女父來見之大驚, 大責其女, 遂牽去, 女曰:"女身夜深致此, 已失大節矣, 旣望爲完人乎? 願大人少徐之, 俾得與客從容, 不然則吾必斃於此矣!" 遂距門, 限死咋不出. 女父悉力出之, 女曰:"使兒失身, 不猶愈於徑斃目前乎?" 女父大怒曰:"與其失身, 寧見徑斃!" 女卽咋舌碎頭, 而死於門扉間, 而曰:"客誠正人也! 然必有大殃, 吾爲厲鬼矣." 其後, 李諮議每夢其女, 現咋舌碎頭之形, 則家必有夭椓之禍, 遂以窮獨而終其身. 此則李諮議處變無術, 經而不權, 有失於仁智也, 大矣. 夫若有一毫立名之意, 參錯於守義之間, 則受禍也宜哉！使李諮議，決知其女之冒死不要退，則不必呼店人而招女父以彰其惡也．宜直趨女父之家，而自告其故，使之泯其跡，而善處之，遂宿於其家，則女必蹟李諮議而至矣．使其父誘之百端，謂擇能文善士而嫁之，女能定其心，而還於閨次，則大善矣．若猶曰："死生惟今夜，客雖不我從，我則許身於客矣."則當問於女父曰："吾已取妻矣，而主人之女，其言如此，奈何？主人自量門地，使我妾畜此女，可乎不可乎？惟主人之命，主人自與女詳議之，此非客之所當與也."如此則許不許，死不死，怨不怨，專在主人矣，何關於李諮議乎？今顧不此之爲，而呼起店人，招來女父，使之惡聲坌騰，毆叱狼藉，女未及自訴，其父未及思，而膏血散落於店門，仁者之所不忍，而智者之所不爲也．『易』‧「大傳」曰："觀會通，以行其典禮."凡事變叢集，雖甚難處者，就中細思，必有開通當行之道，而不必倒行而逆施之．故曰："行其典禮."若殺身之外，無可奈何者，其殺身，乃典禮而通處．使李諮議所值之女爲孀婦，則諮議有死不可許．然其扣女父之家，而泯其聲跡，使之善處，則無異道矣，此乃典禮也．既處女，則使女父自處，惟女父之是聽，乃典禮也．

老峯閔相國，嗜酒，而以害於德政，而恒節飲，或私行野次而多飲，然必以夜醉．嘗自相府出而省墓，過某山村某人家，其人曾經幕裨之任，預爲旨酒以進之．老峯中夜劇飲，既甚醉，謂其人曰："汝有處妹，何不飾進乎？"其人曰："大監既命，敢不進之乎？"入請於其母，卽粧束其妹而偕入，則老峯已酣寢矣．遂坐其妹老峯之側，而挑燭出戶，以俟之．雞鳴，老峯酒醒睡寤，見新粧處子在側，驚曰："吾猶夢乎，抑鬼乎？此何處子而在吾側乎？"其人卽入，而伏席下，曰："俄者，大監命進吾妹，故入與母議，而粧進此妹矣."老峯大驚而起，曰："吾不省是言矣！吾雖爛醉失言，豈有此大無禮之言乎? 亟以汝妹入." 其人躊躇未肯, 老峯大怒曰: "不以汝妹入, 則吾今冒夜而起行矣." 其人遽以其妹入, 老峯遂切讓其人, 曰: "爾得無欲乘吾醉而[2)]進爾妹, 以徼權利, 而謂吾實使之耶?" 其人曰: "有死不敢." 然老峯終不信. 其後, 其家不敢嫁其女, 女亦曰: "半夜侍坐相公之臥側, 吾則相公之侍女也, 不可以他適." 其人嘗乘間, 以此言告於老峯, 曰: "吾妹年已過矣, 願大監垂矜." 老峯曰: "處子何知? 此皆汝意也, 卽歸嫁之." 其人泣言其女實如是, 老峯終不信. 如斯往返者, 非一再, 而老峯終不信而不許. 其女遂結恨成疾而死. 老峯之多禍而少福, 其將禍必有女鬼之孼云. 其後, 移葬其女之柩於老峯之墓側, 蓋老峯之家, 亦哀之之故也. 此則老峯始終, 皆失之. 蓋人之明其明德, 將以修身而宰物也, 其於公私朝野, 雖有大小廣狹之殊, 其不可使明德, 有一時之昏, 則同矣. 今乃以私行野次而忽之, 遂至困酒而亂言, 誤人而自誤, 所謂失之於始者, 此也. 人中之處子堅, 謂大人實使之耶? 窮村女子, 雖未必皆知禮義秉彝之發, 容有知之者, 何可一切畫[3)]之以無知耶? 逆詐之甚, 持久愈堅, 所謂失之於終者, 此也.

　　金河西, 事仁廟, 爲侍從臣, 見大禍將作, 乞外爲玉果縣監. 無何, 仁廟賓天, 文定大妃立明廟, 而尹元衡當國, 殺仁廟之舅尹任, 仍戕士類之不附己者. 河西聞仁廟幽問, 卽棄官自廢, 屢徵不起. 鄭松江幼有異質, 淸介絶人, 持身嚴苦, 有志於聖賢之學. 嘗往候河西, 河西時方醉眠, 聞有客卽起, 兩侍女扶腋出花間, 河西雅有風姿, 而醉步欹側. 旣定坐, 談辨灑落, 高出世間, 松江欣然盛慕之. 自此, 値佳酒名姬, 不甚遠之. 嗚呼! 以松江之賢, 而又遠酒色,

---

2) 而: 저본에는 '而而'로 나와 있으나 문맥상 바로잡음.
3) 畫: 저본과 가본 모두 '畫'로 되어 있으나 문맥상 바로잡음.

則其學問[4]之所造, 功業之所樹, 當如何哉? 顧爲河西之所誤, 惜乎! 蓋河西則自棄於世者也, 要以酒色爲累己, 寧知其流害之遠耶? 古人名德愈高而謹愼愈至者, 良有以也.

3.(3-32) 彦陽

趙泰億爲嶺南伯, 巡行郡縣, 到彦陽, 方坐館受衙. 館垣之外, 有人大聲而急呼, 曰: "大年大年! 吾在此, 而阻閽不得入, 奈何?" 大年者, 泰億之字也. 泰億卽應之, 曰: "汝之來, 何其晚也? 吾方苦待汝, 汝其速入!" 卽遣禮胥迎入. 旣入, 卽引之傍坐, 而把其臂款語, 其人亦不逡巡, 而喧笑爾汝之, 勑郡吏盛饌而享之. 當夜辟人, 仍與同臥, 從容問之曰: "君是何姓名, 而誰族戚, 昔於那地見吾? 今於此郡, 有甚大事急迫之機, 而爲此出常之擧乎? 吾聞君聲, 知其非親非舊, 而旋料其爲死中求生之計, 故吾亦爲度外之事, 以應君之機. 今方閑寂, 願詳聞之." 其人曰: "某姓名, 某之族戚, 而布衣貧窮, 屢經喪葬, 積債如山, 而此邑舊有奴婢, 中間不暇收貢, 仍成棄置者, 殆六七十年. 今來此邑, 欲推理收貢, 而得某宰書, 托於太守, 太守昏弱, 而奴婢太半爲吏胥·軍校, 蕃盛強橫, 秉權據勢, 方有潛殺之議云, 此其必然而無疑者也. 吾雖空歸, 奴輩必要於路而殺之, 以絶後患. 故出萬死爲此擧, 而竊聞令公有宏量敏識, 必能度外行事, 必不以斥呼爲罪. 又不以素昧而黜之, 必有以援濟而救護, 故冒昧禮法, 而不以爲懼耳. 果如所料, 而令公之應卒如此, 此乃吾得生而成事之時也." 泰億曰: "余何宏量敏識之有? 而抑君有英雄之才氣, 必不久於窮困者也. 吾之待君, 旣如此, 則太守必

---

4) 學問: 가본에는 '問學'으로 되어 있음.

悚懼, 而君之强奴, 必破膽, 智不能謀, 勇不能力, 君之事必成而無疑矣. 然凡事必欲足吾欲, 則不有人害, 必有天禍. 君其輕其斂, 而使人無怨, 亦使無餘怨之及我也. 凡事好機會, 難再得, 君之値我, 豈可再乎? 必皆贖放, 而焚其文簿, 以斷後日之危機也." 其人曰: "吾意亦正如此." 明日, 泰億囑太守曰: "此人, 乃吾竹馬之友也. 凡事必皆依其所願, 而遐鄕人心兇强, 奴能殺主, 必愼防之. 吾雖去, 必間日問其安否, 愼之愼之!" 乃去之他郡, 而走驛卒, 間日書候, 而必有酒肴而餉之. 太守果恐懼, 奴輩皆震怖. 其人請太守, 出百年之版籍, 以詳奴婢之名數, 請官徒設威, 以詰奴婢見存之生産. 蓋無一人之遺漏, 而爲五六百人, 乃輕其斂, 而許其贖放, 得數十萬錢. 泰億又使營校, 護其行, 至京師而止.

李宗城之爲吏部侍郞也, 父台佐以相國退去, 其從祖弟光佐, 方爲相國. 有人傳致侍郞之語於光佐, 曰: "親疾猝劇, 而醫者云: '必得人蔘一斤而後, 可藥云.' 竊望滿此數而惠之." 光佐大驚, 而傾藥籠, 備一斤而給之. 其人纔出門, 而宗城入見, 光佐遽曰: "兄氏以何疾而請人蔘一斤乎? 汝之此來, 又何可議之事?" 宗城跪問寒燠, 而言容和緩, 光佐曰: "汝何不急答吾之所問乎?" 宗城跪曰: "徐當仰對矣." 光佐怪之, 乃曰: "有人傳汝之語, 以兄氏之疾, 請一斤蔘, 吾已給之. 其人不及遠去, 豈其詐僞耶?" 欲使人跡而逋之, 宗城徐曰: "人誰敢僞傳從子之語於叔父, 而賺取一斤蔘者乎?" 光佐曰: "咄哉! 汝之緩也. 其人纔出, 而汝則入急言其誠僞, 及今踵之, 必獲矣." 宗城嘿然良久, 曰: "老親康寧, 而從子無請蔘之事矣." 光佐呼健卒, 曰: "急跡其人, 而縛致之!" 且曰: "泄泄乎, 汝之緩不及事也!" 宗城顧笑曰: "一斤蔘論其價, 不過十二萬八千錢, 叔父之失此也, 何害於事, 而必欲捉其人乎? 夫以吾家之隆赫, 叔父之權位威望, 從子之方居淸要, 而敢有僞致從子之語, 而賺取叔父十二萬八千錢, 於咫尺之地瞬息之間者! 若非死中求生之人, 則必桀黠非常之賊也, 一則仁者之所可悶, 二則智者之所可怕. 從子初聞叔父之言, 已慮有異常之事, 故不敢卽對, 而思之叔父之再問三問, 已思得之. 故緩其對, 而欲使其人得遠走而深藏矣. 叔父獲此人, 將何以處之? 以吾家之富貴隆赫, 而殺死中求生之人, 則必有天殃. 以吾家之爲黨論領袖, 仇怨半世, 而欲殺桀黠非常之賊, 則豈無意表之禍乎? 漢俠朱安世之已事, 可懲矣." 光佐瞿然, 遽呼反健卒, 而笑謂宗城曰: "不料汝之曉事能如是, 汝亦匪久爲相國矣."

嗟呼! 朝鮮小國也, 趙·李皆小人也. 然而以小人而能爲小國之相者, 抑其智慮機警, 皆非怕人所可及, 而其及人之惠, 推此二事, 而亦可見矣. 趙·李皆爲相國, 而獲終於牖下, 皆峻少黨之論, 而見罪於君子者也.

4.(3-33) 隱田

李海朝子東之爲全州判官也, 當秋檢田, 盡納墾數, 無隱畝, 巡察使拒而不納. 子東大怒, 不改其封, 卽日又納之, 巡察使又退之. 子東大怒曰: "吾乃士類之子也. 無一毫之欺隱, 而乃巡察使以盜賊待之, 實數旣悉, 吾何所取而增之? 加取於民, 則吾有死不能." 卽日離官舍, 舍於外, 治簿呈辭牒, 巡察使笑曰: "子東誠峻潔, 惜其年少不曉事." 呼裨將, 袖辭牒而詳告子東, 曰: "全州隱田爲四千頃者, 雖漏於戶部之籍, 朝廷無不知, 故判官之仍以隱之, 巡察從而掩之, 其來已久, 便成法例. 今判官悉報無隱, 巡察實難處之, 欲削之, 則非長官之體; 欲受之, 而悉報于戶部, 則非但全州府目下, 便關上官之支供, 百司之應副, 行旋接濟, 無以爲官府之樣. 凡年穀之豊歉不常, 農民之聚散無恒, 若使將來民散而年荒, 戶部只據舊籍, 而責全州之墾數. 當是時也, 此四千頃者, 爲一州之厲階, 而民不得聊生矣. 凡事不可淨潔, 刻削無餘地, 蓋須優裕有剩, 使可以前却遊移, 可也. 且子東今悉納隱田, 誠自快於心耳. 四千頃爲物不小, 在事體亦重, 必有以聞於上, 上必竅前日隱田之判官, 巡察罪責必大, 大則烹, 小則錮, 此亦非君子之所可忽也. 故吾之初拒而不納者, 欲其減削, 而仍前例也. 判官之再納, 不曉吾意, 無所減削, 吾又不納, 判官之大怒也. 豈非不曉吾意, 而謂吾旣得四千頃隱田, 而更欲增受之也? 一朝得四千頃, 而更責餘田, 則雖溪壑之欲, 不至於此. 願判官無以爲怒, 來與我商量, 而納墾數也." 子東曰: "全州除公用, 而卽私用爲百餘萬, 公用雖不可損, 而私用之出於隱田者, 顧不可除耶?" 遂削二千頃而納之, 巡察又退之, 使裨將又告子東, 曰: "必又削二千頃, 只納前年之數, 乃可受也. 官部之餘錢爲私用者, 在平時, 雖若可除, 然旣管百里之任, 而椁然無私用, 則其値災癘·凶荒·兵火之際, 則將奈之何? 判官若不欲自潤, 則獨無親戚故舊之可贐, 行旅倉卒之可濟, 管內貧喪·窮婚·饑儒·凍稚, 乏於養老匱於救産之可給, 學校兵民之可厚, 城砦戎脩之可修者乎!" 子東乃曰: "謹受敎矣!" 遂隱四千頃, 依舊例納之. 嗟呼! 卽此一事而看之, 我朝中世士大夫之風槩器度, 蓋可想矣. 判官之無隱, 巡察之掩覆, 各得其道, 皆可爲法於後世, 吁! 其盛矣. 『易』之所貴者, 中與正, 而有中而且正者, 有中而不正者, 有正而不中者, 有不中而不正者, 則固無可言, 而其中且正, 尙莫尙焉. 其中而不正者, 賢於正而不中者, 蓋中不失正而正未必中也. 如判官之無隱而悉納墾數, 正也, 而巡察之使隱之而依舊例者, 雖不正而實中也. 判官之難於終隱墾田, 而不顧前日巡察判官之誅罰, 將來農民剝割之大害者, 正而不中也. 其終一遵巡察之言, 而依舊例, 納墾數, 不正而中也. 蓋人道在於胥匡以生, 而以生生爲重, 故貴中於正, 如此乎哉!

5.(3-35) 賣餠師

世言, 孝廟方圖北伐燕薊之際, 微行過東小門, 見賣餠者, 容貌辭氣, 有異於凡劣. 乃與之坐而語古今, 語皆有理, 遂語之曰: "今我王欲伐淸虜, 而復立大明, 其將成敗如何?" 餠師曰: "我王雖有大志, 恐未能擧大事, 擧事恐未能成." 孝廟曰: "凡事無論大小, 有志者竟成, 我王之志已決, 豈有不能擧之理? 我王之於此事成敗, 初不論, 然苟悉我數千里之兵力, 直擣遼薊, 而傳檄天下, 則天下義勇之士, 寧不響應而蜂起乎? 如此則掃除醜虜, 而光復皇朝, 殆可十八九成矣. 子之言, 何謂也? 豈以將相之無英雄特出之才而然耶?" 餠師曰: "朝鮮非必無可任大事之臣也, 顧我王非英雄大有爲之君也. 我王誠爲英雄大有爲之君, 自有以得英雄之臣, 自古, 未有有君無臣而不成事者也." 孝廟笑曰: "我王豈非英雄大有爲之主乎?" 餠師曰: "謂之賢君, 則誠賢君也, 謂之英雄, 則未也." 孝廟曰: "子何以知其然也?" 曰: "以江都時事, 料之." 孝廟曰: "我王之於江都, 寧有可議之失者乎?" 曰: "金慶徵擅江都之權, 而李敏求阿諛苟從, 縱酒荒色, 不事守禦, 詬罵言者, 專務威虐. 內自嬪宮, 外至堞戍, 上自大臣, 下至童隷, 皆知必陷, 淘淘罔措. 我王以大君, 陪廟社, 而時在城中, 使有英雄之度, 則必有以處之. 誠梟慶徵之首, 桔敏求之手, 而謀於大臣, 擇於諸僚, 付以守禦之任, 自劾其擅殺, 而白衣募軍, 要與之同死國難, 則滿城歡呼, 勇氣百倍. 雖以小國之人, 昇平之餘, 而旣赫然雷奮而鼓動之, 慨然感發而激揚之, 則何異於椎晉鄙而驍驤魏兵, 劍宋義而踴躍楚軍乎? 決死投鋒, 身先士率, 摧陷渡江之胡隊, 而乘機衝破. 臨江之大陣, 招聚三南勤王之兵, 揀其精壯, 厚其廩賞, 與赴南漢之城, 陣據近山間, 斫虜營. 且檄關東·關北·海西·關西諸軍, 而擇其素有威望智勇之可使者, 將之而收復京城, 時出奇兵, 而夜劫之. 形勢稍長, 而虜氣漸奪然後, 兩道進軍, 乘夜夾擊, 死生以之, 則不但可解南漢之圍, 雖斬單于而盡殄犬羊, 可也. 顧我王之不能爲此擧者, 殆以國法之防閑, 宗室自來嚴密, 使不容度外行事而然耶? 且以國事之未及敗者, 與旣敗之後不同, 人罪之未及成者, 與旣成之後, 亦殊, 而江都之將陷, 而未及陷也. 若遽斬慶徵, 而結其將成未及成之罪, 則他日事定之後, 其父塗以元勳大臣, 必將有訴寃之擧, 其黨友必將以王子乘危擅殺守城之重臣, 劾之. 雖先朝亦將或疑於江都之未必陷, 而慶徵之不當罪而然耶? 且以介子, 初無撫軍監國之責, 而世子又不在城中, 無所於稟命, 若有所專擅, 而見忌於世子, 異日必將有難處之端而然耶? 我王之長慮郤顧, 沈吟徘徊, 終不敢決然有所爲者, 其作平世守文之良主, 則有餘矣, 豈可謂撥亂決機之英雄乎? 使孫討虜, 唐文皇之稚齡當之, 必不肯如是而已也. 嗟夫! 國防雖不可踰越, 家國危矣, 君父辱矣, 存亡死生間不容髮. 當是時也, 苟可以完國家, 而安君父, 奚有於區區之防閑乎? 臣子之身所能爲者, 皆所當爲也. 凡事有經有權, 權者爲其所當爲者也. 金塗之將訴寃, 其黨之將論劾, 先朝之將或疑, 世子之將或忌者, 要其歸將不過一身之死耳. 吾義所當爲而爲之, 以完國家, 安君父, 則雖萬死何所恨乎? 抑以擅殺自劾而待罪, 白衣自劾而將兵, 以死自必, 而捐軀陷敵, 果死於死所, 則吾無憾矣. 幸而不死, 則必成大功, 烜爀天地矣. 君父雖不免疑, 而將以切贖罪, 或將策勳, 則盡辭爵賞, 脫身翛然, 屛絶人事, 閉門讀書, 視死生如寒暑晝夜, 一毫不以關於心, 則不亦朱子所謂眞正大英雄乎?" 孝廟嘿然而起, 卽還宮, 當日具書幣送鞍馬, 使從子導之, 而至其家, 要以引見於殿上, 則其室虛矣. 聞[5])其傍人, 傍人曰: "朝日有客來, 語頗款曲, 客纔去, 而其人卽入, 治裝而去之, 不知何所向矣." 孝廟物色求之, 終不可得.

6.(3-36) 麥醪

畏齋李先生季周, 罷相而居砥山也. 當夏麥飯, 無魚肉佳蔬, 不能下咽, 村客有進其麥醪, 而勸澆麥飯, 甘滑易嚥. 先生乃問其釀方, 客曰: "糵二分, 麴一分, 拌之麥飯, 朝釀而暮蒭, 暮釀而朝蒭." 先生中分其飯, 使婢釀之. 及暮蒭而澆飯, 又中分而釀之, 及朝澆飯, 每日如是, 以爲妙方, 而深喜之. 淸貧如是, 廉潔可見. 此言聞之於從祖兄泰甫先生.

7.(3-37) 松葉奇味

畏齋先生辭官, 退居砥山. 當春空乏, 禪僧進食松, 方乃採松葉, 陰乾爲屑, 而雜菽粉, 和淸泉以飮. 先生以爲奇味, 常服之. 及入都下囊遺朋舊, 皆哂其迂疎, 而賢其淸苦, 受而善藏之. 獨兵部尙書李公師命, 斥還之, 曰: "牛肚雉脚, 尙患味薄, 饑僧所餐, 何饋於我?" 一世皆笑之快之, 而識者則憂李公之無終. 無何, 李公刑死, 而子孫刑耗. 畏齋則位至相國, 考終於牖下, 而孫曾繁茂, 福祿蓋未央, 人道惡盈而好謙, 鬼神害盈而福謙, 聖人豈欺我哉!

---

5) 聞: 의미상 '問'이 되어야 함.

8.(3-42) 金福鉉

金寢郞福鉉, 嘗語余曰: "吾家貧窘, 無以祭祀, 若得五百金, 可以買庄土, 而付兄子, 以奉祠宇然後, 抽吾身, 浮遊山水間, 不亦快樂乎哉? 嘗以此意, 語於某宰曰: '公能爲我辦此乎? 公便是贖吾身也.' 某宰曰: '此非易辦者也.' 某宰如是, 他尙何望?" 余曰: "受人大惠, 便是委身, 士以不貲之軀, 爲五百金而委之於人, 可乎? 君之計, 不知其可也. 幸而所委者, 善施善終, 則吾可以無自失之悔, 如或不然, 則將奈之何?" 曰: "不幸而有大故, 則脫身而去之, 何害於義?" 曰: "大故則諫, 而不聽告絶, 可也. 或者, 無可絶之故, 而其人陷於難, 欲與之同死, 則吾以布衣, 無死國之義, 不死則爲人之私, 人旣同其樂, 而不共其難, 可乎!" 曰: "布衣何謂無死國之義? 出粟米麻絲, 以事上, 謂之民, 魯仲連豈不曰'吾不忍爲之民'乎?" 曰: "布衣不見逼, 則無可死之義, 惟不之委質爲臣而已. 故魯二生之於秦政, 梅福嚴之於王莽, 管寧·司馬徽之於曹氏, 王裒·諸葛靚之於司馬氏, 陶潛之於劉裕, 金履祥·馬端臨之於奇渥溫, 皆不就於死, 而不免於出粟米麻絲, 以民事之. 蓋爲民爲臣, 義自不同. 孟子不曰'可以死, 可以無死, 死傷勇'乎哉!"

9.(3-66) 縣監受杖

雙溪朴先生樞, 字子愼. 自少, 聰穎淸剛, 孝弟忠直, 而博學有文章, 不屑屑於科宦. 中歲, 夢窩金相國, 聞其賢, 以經明行修, 薦于上, 仕宦至英陽縣監, 以催科之居殿, 而巡營椒使受杖于營門. 先生匿其故, 從容問于其母夫人曰: "縣政惱人, 欲棄歸故里, 何如?" 母夫人曰: "家居苦飢寒, 若無難堪之故, 則忍而爲縣, 不亦善乎?" 先生曰: "別無難堪之故." 且忍之, 而不敢棄縣矣. 遂告曰: "今日將往巡營, 匪久當還矣." 母夫人曰: "何故?" 曰: "無他故, 方伯召與爲一日飮矣." 乃往營門, 受杖三十而還. 其後, 從父兄尙書歸菴公權, 遭臺彈, 以鄙夫爲目. 先生乃告母夫人曰[6], 遂棄縣而還. 無何, 居憂服除, 屢徵不起, 隱於原州之蓀谷, 不出山三十年, 壽七十五而終. 嘗拜先生, 酒後縱談, 及於夢窩相公, 必泫然哽咽而言曰: "迂闊哉! 子益氏不能早挽其兄, 休退於江湖, 而及於此禍也." 家大人曰: "子益氏非不力言, 而奈不見聽何哉?" 先生曰: "夢窩所性坦易慈祥, 而賢其弟, 其弟若泣血, 而以死爭之, 豈有不聽之理哉? 乃子益氏邀遊名山, 力於吟詠, 今年之七寶山, 明年之妙香山, 又明年之智異山, 迂闊如是, 何能泣諫哉?" 先生高潔隱居, 無與於世, 而眷眷於夢窩, 終身不能忘如此, 豈非以一城之養, 及於親在之日者, 專賴夢窩金公之力而然耶? 徐孺子平日, 不應徵辟, 而所嘗徵辟者, 卒必皆往哭其葬, 高士雖棄世不顧, 而亦懷知己之感, 蓋篤厚之風也. 若雙溪先生, 則加之以孝思之推而然矣.

10.(3-67) 辛丑之禍

崇禎再辛丑, 四大臣協議建白, 冊封當宁爲世弟, 趙泰耉·柳鳳輝等, 與魚有龜通謀投疏, 動搖東宮, 臺諫劾請鞫治. 泰耉出居銅雀津, 已而, 忽拜相, 昏黑入城, 乘夜潛入宣仁門, 朝廷皆不聞也, 承宣亦不知也. 旣曉, 三大臣入朝, 泰耉輩自大內出, 而曰: "吾已拜相, 而入謝恩命, 諸大監皆罷黜, 豈其不聞耶? 何爲而入朝?" 三大臣相顧而怪之. 且列坐于位次, 一小僚奮然而畫策, 曰: "彼輩兇慝有素, 而蹤跡陰秘, 朝廷不聞其拜相, 而曰拜相; 承宣不知其謝

---

[6] 曰: 문맥상 빠져야 함.

恩, 而曰謝恩, 必締結宦隷而爲此也. 此乃亂賊也. 諸命武士, 縛彼輩, 下獄彼輩, 經營此事, 寔繁其黨而兇謀叵測. 請命訓鍊大將李弘述·摠戎使尹慤·兵曹判書李晚成, 各領其軍, 扈衛宮城然後, 嚴訊泰耇輩, 窮治其兇奸情節, 不可俛首而退, 騈戮於賊手." 趙忠翼公, 言于金文忠公曰: "此言有理, 盍採用之?" 金文忠公點然良久, 而曰: "不可不可! 彼輩所援, 非特宦隷也. 苟用此策, 將有難處之端, 君子潔身守節而死, 可也. 彼輩兇謀, 不過盡戕, 吾黨傾挏東宮, 必不至於易姓而革命, 吾其坐待上命之黜退誅戮矣." 文忠以上相, 而所執如此, 故以下將相, 皆束手而授命. 文忠之意以爲, '鞠泰耇潛入之罪, 則必殊連魚有龜, 而魚也方將御營兵, 不以三將之兵, 扈衛宮城, 則魚也必先以兵脅之, 若我先以兵扈宮, 則是不免脅君也. 且誅泰耇, 則必次及於魚, 而中宮不得安, 且必有褌授之擧, 此顧爲逆, 而彼反有辭於萬世. 故文忠以死自畫, 而不用其策, 遂使吾黨粹然爲忠順之鬼, 可不謂賢乎哉!' 蓋其時事機, 雖上相欲竄魚有龜, 而不殺, 且禁內褌之議, 必不能行, 必滾轉混淪, 同爲逆亂而止耳.

11.(3-96) 魚舜瑞

魚贊善有鳳舜瑞, 農岩之高第弟子也. 經術文章, 皆過人遠甚, 三淵稱其文, 如祥鱗瑞鳳, 至托爲其遺集序, 而壬寅之難, 金氏絶舜瑞. 余之外舅朴敦寧公, 卽農岩之季女婿也. 余嘗問: "舜瑞之見絶於金氏, 直坐其弟之罪而已, 自身無所犯於其間乎?" 敦寧公曰: "農巖之於舜瑞, 視猶子也; 舜瑞之於農巖, 視猶父也. 吾之從遊積年, 而終不見其一毫可疑之端, 魚有龜之陷農岩之兄家也, 舜瑞豈有與知之理乎?" 又問之於外姑, 外姑曰: "先人之於舜瑞, 無異慈父之於孝子,眷眷戀戀之至,形於病譫夢囈閨闥之語,一則曰舜瑞,二則曰舜瑞.壬寅之難,舜瑞豈有陷戮吾家之理?當以其弟之兇悍無賴,而舜瑞柔弱,不能制之而然也.舜瑞之來謁先人之祠,元錫拒而不納,吾每悲傷之,而以元錫為甚."元錫者,金祭酒元行伯春之小名也.余更問:"農巖曾以舜瑞之為人,與其學識文章,何如?"外姑曰:"先人每美其識見文章,而至於為人,則常悶其闇,而曰:'舜瑞之闇,何由以開之也?'"余曰:"人之稱聖賢帝王,皆以明睿為主,學者之先務,在於明善.舜瑞之所性果闇,則學問文章,豈能深造?而安危義利之間,亦豈能光明正大以處之乎?華陽先生之卵育尹拯,講授至老,雖每美其有成,而常以其不明快病之.其後,拯果同罹華陽之禍,而要媚於羣憾之奸兒,托於父碑而叛之,己巳羣兒,以華陽先生之居三朝師位之尊,而且謂九十老翁,無復可憚.若不參謀於庚申許積之獄,則將荐棘海島而已.乃使人微問於拯,拯曰:'不知也.但庚申之前,金錫胄以本兵,裁書於長鬐海上,而書封甚大,幾於盈抱.'羣兒聞之,齊奮曰:'是必錫胄送生殺簿於宋老以定計也.'遂定藥殺之議,蓋金公前斥宋先生,而與兒黨合謀,以竄先生于長鬐.後見兒黨,有易主擅國之謀,大恐而潛圖之計,既戮退羣賊,則非復引先生門,故無可與同朝.顧未知先生之許其革面改心,不督前罪,故且裁候書,以蠟燭數十雙侑緘,其大果幾於盈抱,而書中只候寒暄而已.先生料其將改圖也,亦答其書,而受其燭,以金公之慎密,方圖滿國之兇黨,而豈有送生殺簿於千里之外而稟其命哉?拯非不知也,而以先生不死,而已為羣兒所推挽,必將有不便,故乘此機會,而微挑其括,陷先生于鼎鑊.夫拯慮禍而規便,托父而背師,以禍福為可以趨避,以義理為可以變易者,豈非不明之甚乎?故逞其臆,而至於殺師,今舜瑞之為人,果闇焉, 則利害之際, 緩急之間, 豈易於審其正義處之光明乎?" 外姑曰: "先人雖以舜瑞爲闇, 寧以爲尹拯之流而悶之哉? 舜瑞必不與謀於壬寅之賊矣." 余曰: "然則舜瑞之學識文章, 當爲士類, 農巖門下, 不甚寂寥矣." 卽之梨花亭, 見李廣源, 廣源者, 城東之文學大族也. 余就其臥榻, 而把臂笑語曰: "吾每疑魚舜瑞, 今則無疑, 與君許舜瑞爲士類, 可乎?" 廣源仰見, 曰: "何所聞之而無疑?" 余曰: "吾詳問之外舅, 則答云然; 問之外姑, 則答云然. 舜瑞之不與於壬寅之事, 無疑矣." 廣源掀髥放笑, 奮首而起, 提吾衿, 曰: "君之外舅, 自是好人, 而不曾微察人之隱慝, 君之外姑, 但記平日庭教信之. 有素婦人, 深坐中閨, 何知姦人之情? 迂闊哉, 君也! 篤信外舅姑, 而欲以舜瑞齒之士類. 吾之所居, 與舜瑞所居甚近, 而舜瑞之事, 雖秘而無不聞矣. 若舜瑞不與壬寅之賊, 則豈有兄弟欲次第爲國舅, 以擅權勢富貴者哉?" 余曰: "兄弟欲爲國舅者, 何謂也?" 廣源笑曰: "君不聞魚有龜之欲取某宗之子, 爲景廟之嗣, 而惡四大臣之必欲存三宗血脈, 而建當宁爲儲乎? 在有龜, 則渠所援立, 而自以爲功要責其報者, 於當宁及某宗之子, 何異之有? 特以當宁已年長而有室, 某宗之子幼而未及室, 而舜瑞有女子端麗, 故欲以某宗之子爲舜瑞女婿然後, 定爲景廟之嗣. 若未室而遽爲嗣, 則魚妃不可以母而取從弟爲子婦故也. 舜瑞旣爲農巖門下生, 而有龜托於夢窩門下, 世以魚氏爲金氏之私人, 方大臣謂三宗血脈, 獨有當宁不可以他求, 議建當宁爲儲也. 有龜悶之, 潛懇於夢窩, 願緩建儲之擧, 或躬往, 或使其妹婿金純行往. 純行字誠冲, 卽夢窩之族子而三淵之門下生也. 夢窩依違久未決, 而金龍澤·李喜之·李器之·沈尙吉·鄭麟重等五六布衣, 亦頗參錯於大臣之議, 而固得請於金大妃. 但憂夢窩之以上相, 繾綣於魚氏之請, 乃邀夢窩之長孫省行而定計, 省行告于夢窩曰:'若聽魚氏之請, 則大禍必至矣.'夢窩乃合三大臣之議, 而不許魚氏立某宗子之請, 魚氏挾少黨之失職怨望者, 日夜潛謀, 夜引趙泰耉輩於大內, 以作大難. 蓋魚氏之謀, 旣欲立某宗之子, 爲景廟之嗣, 而不能先四大臣之議, 而遽立爲嗣, 使諸大臣群布衣, 未及成其謀者. 良以某宗之子幼, 而未及於授室之期, 故欲遲之而待年. 以其間, 四大臣諸布衣, 得建儲之請于大妃及景廟, 遂立當宁爲享國長久之君, 此莫非天也. 嗟夫! 舜瑞苟有士類之操, 則豈欲兄弟並據國舅之權乎? 少有爲國之忱, 則豈欲擠三宗血脈於危逼近死之地, 而以三宗之土地臣民, 歸之於宗族之子乎? 以此斷之, 決非忠臣懿士之心也. 其引用兇黨殺戮之類, 動搖當宁, 屠殘師門, 則未必舜瑞之皆與其謀, 而原其初謀, 亦未必舜瑞之首倡, 而閭閻婦人之取人子之也. 亦多察族子之才賢者, 而以弟侄配之然後, 定爲嗣子, 以骨肉之親, 而兼姑婦之重者. 此或出於魚妃之賢, 從弟有龜之才, 某宗子而然也. 然不能以義喩之, 嚴辭以截之, 則安知其心不利於權勢富貴, 而浸淹爾卷於是耶? 且非其弟之引兇戕善陷逼君師, 則必長往山野而自廢以終身, 不肯同享富貴之樂矣. 乃不能然, 而通呼吸, 同憂樂, 安據京師之甲第, 則恐如諸葛孔明之坐視昭烈之襲取劉璋, 口雖不言, 心欲其成耳. 魚氏之酖, 誠仲滅口, 亦未必舜瑞之與知, 而未聞舜瑞有一言誚讓其弟, 則安知不以其弟事事皆當而然耶?" 余曰:"果然, 則舜瑞乃棄人也." 歸路, 見申斯文景顏, 問:"舜瑞之女, 果與某宗之子議昏乎?" 申公曰:"不聞也. 然吾嘗有所疑, 而未能明, 今聞君言, 乃覺之矣. 昔在乙巳之歲, 李普天之舅, 來懇於先人, 曰:'願君爲我寫婚書.' 先人曰:'誰之婚書也?' 曰:'吾甥李普天之婚書也.' 先人曰:'與誰家定婚?' 曰:'欲言之, 自覺瞿然. 以吾之窮, 而養育孤甥, 無以業之, 故欲求富厚武家而娶之矣. 今失所圖, 乃爲舜瑞所强而定婚, 豈其緣耶? 甚覺瞿然.' 先人曰: '何害之有?' 曰: '此處子, 初擬何等婚禮者耶? 故吾心甚不安.' 先人曰: '旣已定矣, 復何言乎?' 伊時, 吾則侍立而嚴, 不敢請其說, 至今留在心下, 所謂何等婚禮者, 不知其所指. 今聞君言, 乃曉然, 甚幸甚幸!" 李廣源端士, 而李氏與魚氏, 世居隣坊, 必詳其實而言之, 不誣矣. 申公乃弘文校理魯之子也.

12.(5-1) 憂貧

有一士, 憂貧而問活計, 余答曰: "子旣讀『孟子』書, 人生活計之要, 亦在其中. 耕田·樹桑·畜牧, 乃治生之完全無敗之術也. 仰足以事父母, 俯足以育妻子, 乃居家制用之最急務也. 農圃·蠶畜, 孜孜勤力, 則必不至於凍餓, 而推其仰事之衣帛食肉, 俯育之不饑不寒, 而至於祭祀之具, 賓客之費, 他雜用之類, 皆撙節而儉嗇, 則必無目前空乏之憂矣." 吾弟次華, 嘗問於余曰: "古之賢人, 皆治産業否乎?" 余曰: "伊川程子之外, 吾不知也." 次華曰: "聖賢之事親也, 若不躬治産業, 則何以能贍養乎? 孔子之弋釣, 曾子之具酒肉, 子路之負米, 朱子之賣『論孟精義』, 皆治産之迹也. 至於曾晳死, 而曾元養曾子之時, 則曾子蓋傳家於子, 而不復治産矣." 余曰: "汝言誠然. 夫士讀書修行之中, 當亦勤苦於治生, 而以爲無乏於仰事俯育之地, 此乃當然之道也." 其士曰: "其於無田可耕, 何哉?" 答曰: "天道至大, 地形至廣, 必無使人無田可耕, 而餓死之理. 孟子之使滕文公, 遷國而圖存者, 必有可遷之地, 故也. 況於匹夫之遷家, 豈無可田之地乎? 窮則變, 變則通, 是爲生生之道, 而所謂通變者, 要不離於道然後, 可也. 子何不廣問可遷之地, 而無論遠近淺深,惟泉甘土肥, 樹茂蔬豊, 而人所不爭, 尙多閒壤之處, 是相而遷居乎? 然須東南開而西北塞, 足陽和而少陰厲, 粗合於風水之常法者, 是求而定居也. 人之一遷而居然數十年, 不是異事, 則于以生子生孫, 寧可以不擇地之善醜乎? 窮儒例多守常安, 故不及其尙, 有可爲之時, 而早爲之通變, 至于飢餓, 不能出門之際, 而欲變而通之, 豈可得乎? 譬之, 李陵無兵復戰, 天明坐受縛. 嗚呼殆哉! 何不於鞬汗山, 一日勿盡其五十萬矢, 而使有餘力人挾數十矢而南歸乎?"

13.(5-2) 薦士

閔百興起之, 爲關東伯時, 余與丹翁閔順之, 東遊海岳, 至高城. 余言七松亭權進士揆字一之之經明行修, 而聯鑣訪之, 順之亦歎美之. 歸言於起之方伯曰: "方伯例有薦士之法, 權一之之學識·孝義, 不可不薦也." 起之曰: "吾新莅未經年, 將徐圖之." 其明年丙戌, 一之病卒. 又明年丁亥, 余拜判官金叔平城主於東閣, 城主以小札, 告于方伯, 而曰: "方伯必欲與子敍懷, 而要我或見子則必告, 故告之矣." 余曰: "然則民當往拜於方伯矣." 城主曰: "方伯今必來此矣, 何必往見?" 余曰: "旣與方伯有舊, 而坐待其來見, 是所謂妄自尊大也." 遂起而之營門, 則方伯已動駕, 而不可通刺矣, 乃旁之金敬伯家. 俄而, 方伯使人傳語, 曰: "何其如相避然乎?" 余復入東閣, 與方伯及城主從容語, 方伯忽曰: "朝令新下, 要別擇而薦士, 一路二十七郡之中, 士之德藝, 吾無以盡知, 奈何?" 城主曰: "雖非此路之士, 而近在營門百里之內, 則如何? 方伯之罷黜守宰, 旣無彼我路, 其薦延人物, 恐亦然矣. 湖西之堤川李慶一者, 老儒而篤於行義, 優於文學. 下官之仲兄, 與之友善, 而常敬待之, 可知其爲望士也." 方伯問於余曰: "襄陽李衡翼, 如何?" 余曰: "孝友忠厚, 而文學優長, 年已蹟五十矣." 城主曰: "李衡翼又有才局云矣." 又問: "嚴啓泰如何?" 余曰: "此亦老儒, 而檜巢金先生之門生也, 篤學力行, 非窮峽凡儒也. 雖然, 有一焉, 凡薦人之道, 壯者與老者, 幷而不可俱擧, 則宜先其老者, 老者與死者, 幷而不可俱擧, 則宜先其死者. 向來, 丹翁所言權進士撰, 其人雅遊於寒泉·蟾村二先生門下, 而深於經術, 篤於行義. 較之於今世, 以隱逸薦, 而見爲憲職官僚者, 少無上下, 令公未及薦, 而今已死矣. 願終其欲薦之意, 而論薦如何? 幸得蒙允, 而沾於贈爵之恩, 則亦足以風動遐方, 勉進士類於正學矣. 李公慶一, 七十老儒, 而文行之著稱已久, 此亦次當先者也." 起之曰: "朝令方索可用之人, 不可以死者塞旨, 權進士, 則要當別爲之論薦耳." 及退而入山, 聞方伯以余及李衡翼心甫·嚴啓泰道長, 入薦云矣. 其後, 起之終不論薦權一之進士, 丹翁與余, 皆一再申之而不聽.

14.(5-3) 偸兒

忠州有韓進士溁者, 巨富多田, 歲入萬斛, 困廩遍於數十縣. 其所居貯穀之庫, 數見穿窬之患, 每失數斛, 韓進士苦之, 用鐵木內裝, 其庫甚壯固. 其後, 盜穿土墻, 皆値鐵木, 而無可奈何, 韓進士大喜, 自以爲得計. 當旱乾一夕, 偸兒穿土鑿木, 納火包而去, 向晨, 火內發, 及覺烟熖之迸外, 已不可救矣. 燒盡六百餘斛, 乃歎曰: "早知如此, 寧使偸兒時時少得所欲而去矣!" 嘗見大蛇, 從凡溝, 逐雀雛, 雀雛墮地, 村童爲鉤, 而餌雀雛以誘蛇, 蛇少剝雀翅而食之, 不遂吞之而去. 蛇蓋知其爲釣餌也, 而猶少嘗而止者, 良以其所欲之深, 不可不少伸也. 蛇猶如此, 況於人而可截其所欲者乎!

15.(5-4) 可興

忠州之可興, 有黃希淑者, 良家子也. 方少年時, 有自漢師來者, 老而携萬錢, 當庚戌大豊之歲, 貿大豆一斗, 價纔五文, 得大豆二千斗. 就多人中, 擇付希淑而去, 曰: "明再明年, 雖值凶歲, 愼勿輕賣, 必待吾來而賣之." 不告姓名居住而去. 明歲辛亥, 果大歉, 大豆一斗, 價二十文, 而其人不來. 隣里强買之, 希淑堅閉不許, 曰: "其人不來, 吾不可以獨發之." 希淑亦家貧, 饑欲死者數矣, 終不食一斗. 又明年壬子大旱, 千里赤地, 隣里又强買之, 而希淑又不發, 家屬將盡死, 而又不食一斗, 其人終不來. 明年癸丑, 風雨以時, 禾麥如雲, 而麥未及熟, 餓死者相枕. 隣里聚錢而四集, 誚讓希淑曰: "爾何不通之甚也? 荐歲大饑, 穀價二十倍, 而蹉過二十日, 麥爲可食, 失此時, 不賣大豆, 則何等失利? 然其人尙不來, 必已死矣. 汝何爲死人, 固守荒年之穀, 使隣里六七百戶皆餓死乎?" 遂列坐書之紙, 一斗價百文, 六百餘人, 皆書姓名及錢數穀數, 斧其鎖而發之. 希淑無可奈何, 而給大豆受價錢, 一朝而積二十萬錢. 乃曰: "吾則負人約矣, 其人之來與不來, 死與不死, 有子與無子, 吾不能知. 然凡事須明白, 何可苟也?" 遂問可買之田, 田價減前者, 三之二, 而三四日之內, 盡二十萬錢而買田. 其與錢受田, 成契之時, 大集證左, 而爲空名之券, 曰: "吾待其人, 或其子之來矣." 食其田, 至今四十餘年, 而卒不見其人與其子之來. 蓋已爲希淑之田, 而其富甲于六七百戶之鄕. 余嘗聞之於先君, 曰: "人之無信者, 不論其行義, 雖食貨, 亦不可保." 今以希淑之事言之, 卒所以赤手致富而甲於鄕里者, 全以有其信而然也. 希淑之客, 亦可謂知人矣.

16.(5-5) 孝婦

橫城盤皐鄭氏之門, 有孝婦李氏, 事其姑甚孝, 供養扶護, 竭其誠力, 而應對周旋, 盡其禮度. 其姑之凶忍苛酷, 殆非人類, 而三十餘年, 肆其慘毒謀殺者, 亦屢矣. 而李氏少無幾微見於色, 而起敬起孝, 自盡其誠, 其終也, 幾乎感. 又及姑卒而祭之也, 李氏滌濯治餠, 要豊而潔, 必誠必敬, 終夜不寐. 鄭氏諸少年, 多曰: "甚哉! 族母之孝於惡姑也. 方其生, 則容有恐懼而致孝, 今已死矣, 何所恐懼而致孝於祭, 若於其生存之時乎? 雖曰族母之姑, 而實則族母之讐也. 死猶畏之, 自盡其孝, 不亦甚乎?" 李氏喟然歎息, 曰: "鄭之門, 其衰矣! 少輩之無識, 一至於此乎? 汝輩獨非人子歟? 子婦之於父母舅姑, 無論存沒, 一其誠孝, 乃人之常道也. 父母舅姑, 雖於子婦, 少有過言過動, 寧可以芥蔕於心中乎?" 蓋其知道而篤行如此. 故黃進士益大, 狀其行實, 而橫城之士五十餘人, 呈于方伯閔起之. 而時又有士人申曖, 三世七人斷指用藥之狀, 起之頗嫌其多, 余曰: "近見先相國奏議, 則御史按湖南時, 其於忠孝義烈之行, 無擇於貴賤大小, 而悉入狀聞, 一狀不下十餘人, 惟其實而已, 何嫌其多哉?" 起之之子弘烈大哉, 時隅坐, 曰: "前方伯李季良甫, 薦士人李縡之孝義, 自上至遣御史裡行, 按其眞僞, 季良甫, 伊時大驚恐. 孝行之薦, 亦不可不愼, 一人爲難, 況多人乎!" 余曰: "苟得其眞, 多亦何害?" 起之曰: "數年前, 海西伯薦三孝, 亦煩御史一按, 今之時, 與古不同矣." 其後, 皆不之狀聞. 余語起之曰: "申曖固孝矣, 其年方强, 徐之固無妨, 鄭門孝婦, 篤老少餘日, 何可緩也?" 起之曰: "非獨申·鄭之門也, 以孝行呈狀者, 又數人矣. 吾不可以或取或舍, 寧皆舍也." 余曰: "狀聞則旌閭或給復而已, 所貴者, 以其彰顯而樹之風聲也. 今旣不可, 則願自營門別爲之文字, 而詳其嘉尚, 厚其禮幣, 豊其食物, 如何?"起之曰:"此則易矣, 其體貌, 當如何而可乎?"余曰:"方伯之於所尊之士, 例用牋候, 其在婦人, 則禮貌當加於士一等. 牋紙益長大, 書字益精細, 書面必題, 唧益恭謹. 而其中只書, '帛幾匹, 布幾匹, 絲幾斤, 綿幾斤, 米幾斛, 魚幾尾, 雉鷄幾首, 肉幾斤, 果幾貼.'而別封之. 單行關牒於所在縣, 備言多士所狀, 鄭門孝婦某氏至行云云. 自巡營, 更加博訪, 則果皆如狀. 其在觀風察俗彰善樹聲之道云云. 茲修牋候之儀, 而備輸供養之物云云. 自當縣, 特遣首鄕官, 候於門墻之外, 而一一稽致於子弟之前云云. 而幷候牋與縣牒, 皆置其家, 以爲聳動鄕俗之地, 則好矣. 朝家之於孝烈之門, 致饋之時, 必使守宰躬將之, 方伯則當使首鄕官致饋之."起之曰:"吾當從近行之."其後忘之, 終不問. 余又言於知縣李漢昌曰:"方伯忘之而去, 自本縣自以官物致饋而修牋, 下令於鄕官之廳, 而備言孝義之可尙, 則猶賢乎已."李君曰:"然."而終亦不問. 蓋世俗之貴勢賤義者, 至此而甚矣.

17.(5-6) 舟販

原州之法泉, 有李姓良家子, 東下薪炭, 西上魚鹽, 舟販十年, 致貨巨萬. 當肅廟乙亥·丙子之歲, 歲大歉, 李儈載米三百斛, 而下漢水, 泊于十年所主之家, 主人不食, 已三日矣. 見李儈, 喜曰:"吾生矣, 吾家十口生矣! 君何所載而來乎?"曰:"載米而來矣."主人大喜, 曰:"先以十斛與我, 我活而後, 爲君貿錢, 又當滿一船而回矣."李儈不應, 將移船而泊他處, 主人遽曰:"以五斛與我!"李儈又不應而解纜, 主人號泣曰:"十年主客之情, 若是薄乎? 以一斗與我, 以活今日之命."李儈不顧刺船而去, 前下三十里, 而泊之富人家, 販錢滿船而回, 買田營業, 不入漢師三年. 三年之後, 載山貨舟下, 意謂十年舊主人, 渾家饑死於丙子之歲, 遂泊舟於其岸. 適望十年舊主人, 絲笠貂裘, 與人立談, 乃疑之, 問于傍人曰: "此人何姓名?" 曰: "某也." 乃其十年舊主人也. 李儕大驚, 曰: "此人何不死於丙子之歲?" 傍人笑曰: "某也, 果於丙子歲, 積饑而垂斃, 逢其客李賊船米而下, 大喜欲狂, 索米圖活, 李賊不給一斗, 移舟而去. 某也渾家, 啼泣竟日, 忽有以斗米救之者, 得無死. 自此以往, 貸錢販賣, 事事如意, 今不過三年而已, 積百萬錢. 李賊雖於丙子歲, 賣一船米, 取錢滿船而回, 必不如某也之多錢矣." 李賊聞之發慚, 又移舟而去, 終其身, 不敢舟下漢水云.

18.(5-7) 原州吏

原州主吏申天希, 領官錢十萬, 將納于京司. 而天希手滑, 旣多浪用, 而又見偸竊, 蓋欠五萬錢. 京司將囚之, 天希家素貧, 無以自辦, 而京師無知舊可以貰貸, 閔不知所出, 乃走僻林, 號哭而自經. 有人跡其哭而來見, 方自經於樹, 詳問其故, 天希具告顚末. 其人笑曰: "以五萬錢而自經, 男兒性命絶可憐. 隨吾取五萬錢, 以納于上司也." 歸與天希五萬錢, 不爲之契券, 天希曰: "原州大府也, 主吏歲食十萬錢, 吾若復爲主吏, 則報此錢有餘. 公其來原州, 作一遊如何?" 其人曰: "諾." 居二年, 天希爲主吏, 書請其人, 其人來遊十餘日, 告歸, 天希豪五萬錢, 且載山海珍錯及細布純綿, 以申其情. 其人受情餉, 而不受五萬錢, 曰: "吾之始與君錢, 少無責報之念矣. 以五萬錢, 活一人之命, 吾事已了, 又欲受其償耶?"

19.(5-8) 券契

橫城見林景元者, 自漢師來, 貧寠無以自活, 然不失潔操雅度,蓋可愛也. 嘗言其父以白金千兩, 貸其友, 旣過報債之期, 其友不復來. 一日, 具酒饌, 邀其友, 其友旣來, 燕飲終日. 臨罷, 出其券契, 投之火, 曰:"人之交情, 豈可以千金而有乖乎? 吾不責報, 汝不圖償, 惟平生之好是全, 可也." 有譏之者, 曰:"立義而失利, 君其貧窮無聊賴矣, 迂哉闊哉!" 答曰:"吾有九男, 常恐爲財所拶以損之矣. 今失千金, 爲竇人其全九男, 則無豈疑以九男易千金乎? 吾非迂闊也."

20.(5-9) 江景

漢師有據世業而積金錢者, 惟貸人而食其利, 未嘗自運於交易之場. 人有譏之者, 曰:"男兒不能帶十萬錢, 而遠遊於都會之地, 以得分外之利乎?" 其人曰:"何地爲都會?" 譏者曰:"松都也, 平壤也, 義州也, 東萊也, 圓山浦也, 咸興也, 全州也, 江鏡浦也." 其人田庄, 適在湖西, 故載十萬錢於六馬, 而行至江鏡浦. 適當春夏之交, 魚蝦可掬, 船檣林立, 人馬雲擾, 而烟屋如蜂房之鬧. 其人目眩心散, 莫適所向, 而且歇馬於岸草, 支頤而坐. 有一人, 破帽敝衣, 躄躠而來, 就其旁而坐, 其人問之曰:"子何在?" 曰:"在此江鏡之浦." 曰:"吾聞江鏡大都會也, 故載錢而來, 及至, 未省何人爲可主, 何物爲可貿, 奈何?" 躄躠者曰:"吾雖窮居, 而可主也, 所貿則當收人所不爭也." 其人曰:"然則吾館乎子, 而付子以錢, 子其任意爲之也." 遂驅十萬錢而隨躄躠者, 入蟹匡之舍, 舍無門, 無立馬之所. 其人一宿, 已不堪而去之, 曰:"錢則入君手, 非吾所當與也." 躄躠者曰:"當此末世, 人不可信, 君何不留而看其始末乎?" 其人曰:"君不欺我, 我去何妨; 君若欺我, 我留何益?" 遂策馬而去. 躄躠者, 追執馬鞍, 而問之曰:"君何時復來乎?" 其人曰:"吾一生不出都門, 此日此來, 已是怪事, 吾何爲更來?" 甓甕者曰: "君何姓名, 而居漢師何坊何曲何街邊乎?" 其人具告, 而曰: "君欲來訪乎? 亦非易事." 甓甕者曰: "君雖不來, 吾豈可不往?" 其人旣去, 無一字書. 甓甕者見萬人所爭在於魚鰕, 而烟茶時賤, 所在積而不售. 乃散十萬錢, 盡收烟茶, 固其封裹, 散托完屋, 凡爲數百所. 其明年, 烟茶翔貴, 其價十倍, 遂得百萬錢. 乃置二十萬錢, 而用八十萬錢, 買田搆舍, 具婢僕牛馬, 猝爲富人居. 乃入漢師, 尋其人, 其人驚曰: "子何爲而來乎?" 甓甕者曰: "用君錢, 周年得十倍之貨, 爲君封置倍利之錢, 而八十萬則吾有之, 猝富如此, 敢不來告乎? 君其與我同之吾所, 旣見吾富饒之狀, 而以君錢二十萬, 取南物海運, 而君其陸還漢師. 吾必使海運之貨, 又十之." 其人曰: "吾初非信汝而付其錢也, 吾猝當交貨之都會, 眩亂將生疾, 且必盡失吾錢, 故寧與汝致富, 以活一家之命耳. 本不期還吾本錢, 何倍利之可還乎? 汝今去, 欲還吾錢, 則只以本錢還之也." 甓甕者曰: "君今與吾同行, 則在道之寢食, 到家之起居, 無復昔日之苦, 而便樂無異在京中矣." 其人曰: "然則與君行!" 行道所舍, 果皆便樂, 甓甕者所預備也. 其人見甓甕者之豊屋饒財, 大驚喜嗟賞, 只取本錢而陸還, 曰: "不失本錢, 而救濟一家之命, 吾之所得, 亦已多矣, 何必更圖分外之利乎?"

21.(5-10) 北京丐者

我東譯官之隨使行, 入燕都也, 每貸戶部白金而行, 貿唐貨以來, 發賣以償戶部十二, 餘利不貲, 以之致富. 有一譯官, 輕財好施, 每行, 賣庄土, 以償戶部, 不足則取足於宗族以償, 故宗族爲之請於上使, 而每尼其行. 其譯官老窮, 無以爲生, 乃告宗族曰: "吾今則悔前之爲, 必慳嗇而不浪費." 遂自請於上使而行, 貸戶部白金五千兩, 而入燕都, 與同僚皆持白金, 往市樓, 將貿香藥·錦綺諸奇貨. 市有一丐者, 赤身以半尺布裹其陰而立, 訴於諸譯官曰: "與我萬金, 我往還南地, 輸君所須, 當倍於此市之價, 而我亦得以餘貲自饒, 此兩便之道也, 如何?" 諸譯官皆不應, 而亦不視, 丐者曰: "朝鮮小國也, 又無禮, 我雖丐者, 發言不之答, 無酬酢之禮. 且萬金何足道, 而看作重寶, 不能試之於成敗利鈍之間, 誠小國也人!" 其老譯官曰: "汝求萬金, 而吾以老衰, 不能多齎, 只五千金, 故吾不能答, 而且思之, 汝何遽譏吾輩而幷辱我國乎?" 遂投白金之封, 蓋初不改戶部之封也. 曰: "此只五千金, 若猶可用, 則惟汝所爲也." 丐者拜, 曰: "小人果輕躁失言, 而大人旣不深罪之. 又收任路傍之棄物, 使得展其才用, 而兌於飢寒, 幸莫大焉, 恩莫盛焉." 市人皆驚其疎闊, 而頗亦多之. 諸譯官入告其事于上副使, 皆驚歎發責, 曰: "汝之前者負欠, 而猶有好施之名, 今汝在道慳用, 旣敗好施之名, 而顧以全封都付一丐者, 吾不知汝義果何居? 汝之宗族, 皆以汝耗敗, 將何以償六千於戶部?" 老譯官曰: "以微物之故, 而擧國將蒙恥, 奈之何? 所失不過五千金, 而自此, 大國之人, 不敢眇視朝鮮, 我國之所得, 不已多乎! 使吾見欺於丐者, 而全失五千金, 戶部不當責報於我, 須上聞而稟處, 此事雖人微物細, 而其關國體則大矣." 居一兩日, 丐者輕裘快馬, 來謝老譯官, 且邀與遊宴於名園勝地, 普請諸譯官, 諸譯官意謂, '一涉斯遊, 將來輸金戶部時, 不得不同償. 然彼旣以名勝之遊, 邀我, 而我若不參, 必以我爲鄙人也.' 遂皆往焉. 飮食女樂, 一宴之貴, 不下數百金, 諸譯官相謂曰: "丐者亦智矣. 欲使老譯官, 得添吾輩之金, 以償其失也." 如是者凡四五宴, 而丐者遂發南行, 請於老譯官曰: "大人所須何物,而歸期當在何日?" 老譯官具以告. 丐者南去, 絶不聞消息者六十餘日, 而歸期已迫, 不可獨留而待矣. 行至鳳凰城, 距朝鮮之境, 不能百里, 而一出柵門, 不可與中國人相見. 臨當出門, 顧見車塵, 甚高而銳, 老譯官請于上使曰: "願少躊躇, 無亟出柵, 彼其塵必丐者之來也." 上使笑曰: "少止何妨? 但丐者不來, 汝勿待之." 有頃, 車上搖扇高聲, 聲不可辨, 而扇可見, 老譯官曰: "此必丐者也!" 俄而, 丐者到把老譯官之衣, 而頭觸之, 啼泣不可止. 良久, 收泣而嗚咽, 曰: "幾不及見大人矣." 退而出其裝, 自上使以下, 至譯官一行, 皆有餉, 皆南方之名酒異饌, 而有桂蠹. 先陳禮幣於老譯官, 奇香·殊藥·怪珍之物, 可直數千金, 次輸香藥·錦繡·綺紈, 可直萬金. 老譯官却其半, 不受, 曰: "此則分外之物也." 丐者泣請曰: "賴大人之惠, 而營販如計, 得十倍之利, 吾之所享, 乃三倍於此矣. 吾已拔貧, 而爲富足翁矣, 利豈可專乎? 此不當辭也." 遂棄之而辭去. 老譯官不得已盡載而歸, 既償之戶部, 而所餘蓋倍於同僚, 乃以分諸宗族之由己而破業者, 己亦爲富家云. 方柵門見丐者之時, 自上使以下, 皆發慙, 悔其輕發不信之言.

22.(5-11) 洪譯官

我東之譯官, 有洪某者, 以輕財好義有聲, 故每使燕而歸, 輒破家貲. 嘗隨使入燕, 見路傍倡優戲者, 神骨淸俊, 而中含悲愧之氣, 卽下馬而問其情, 乃逯方貢士之不利於禮部, 而費用旣盡, 無以治歸, 爲賤技以食而待後擧者也. 洪譯哀之, 出其千金, 以予之, 曰: "用此自食, 而益勉所業善用, 而使有餘資無窮, 於應後擧." 其士問其姓名官職, 泣謝而去. 旣住玉河館, 忽夜袖千金以出, 問倡樓最高價, 有處女新揭樓榜, 而此夜其初日也, 故榜千金, 洪譯卽幣千金而入焉. 牕壁衾枕, 皆鮮華, 而其女子亦天下絶色也. 酒饌茶果, 亦皆玅品. 洪譯旣食, 而其女子泣於紅燭之下, 悲哀愧慚, 無可比者. 洪譯怪而詰之, 答曰:"身是士族也, 家遘毒癘, 父母兄弟凡八喪, 未葬而棺殯, 皆出債錢, 必得千金而後, 可以了事. 顧萬里旅宦之家, 無族戚·故舊之可訴, 故以此孑遺之身, 謀自賣而爲此擧矣. 雖以娼樓揭榜, 以天之幸, 倘蒙世族君子之顧, 則訴情托身, 以爲從一以終之地. 天下雖大, 而一宵千金丈夫, 有未能辦者, 乃公以東方異國之人而到此, 此身已矣. 異國男女, 不可犯禁而同歸, 此宵之後, 則此身便同孀婦, 萬里之外, 將爲公守節而終身. 女子性命, 寧不可憐哉?" 洪譯慷慨泣下, 曰:"吾雖小國之人, 而自是立義之男子, 豈忍犯高識淸節之閨中乎? 敢請辭退!"卽出戶, 伏於庭下, 而曰:"俄進千金, 願用於喪事, 而稍存餘貲, 買婢僕營家居, 以待除喪, 而擇所歸, 必無歸凡子, 以享百年榮貴, 如何?"其女子泣曰:"公之言可感, 公之義曠世, 然千金亦非小貨, 公豈可以空棄之? 此身初不忍開封, 玆以更納于公, 公其袖歸也." 洪譯曰:"閨中之完節, 在人道爲最大, 而千金之虛擲, 在民義爲至輕, 一捐千金, 而可以完賢閨之節, 則吾無憾矣." 卽起去, 其女子問曰:"公之爲朝鮮之人, 則旣聞之矣, 而不聞姓名官職, 願聞之." 洪譯答曰:"身是朝鮮首譯官洪某." 遂辭去. 其女子感泣終夜, 而明日撤樓榜, 賣樓齋金, 而移于靜僻, 治葬除喪, 求婚者如雲. 而優戱之士, 適登高科, 而亦聞洪譯之故, 乃使媒者, 具告以身亦爲洪譯所濟, 而請婚, 遂爲夫婦, 每相對說洪譯之義, 而皆泣下. 優戱之士, 致位卿宰, 富貴赫然, 夫人日夜, 躬織重錦, 而繡以報恩字. 旣積年, 而每朝鮮使行之入燕, 必問:"洪某譯官來乎?"而使行每曰:"不來." 蓋洪譯伊時, 旣捐二千金, 故宗族代償之戶部, 而請于使行, 除其名, 不得赴燕故也. 其後, 朝鮮有辨誣之使, 皆不得請而歸. 優戲之士, 時爲禮部尙書, 傳語使行曰: "必故首譯洪某來然後, 事可濟矣." 後使之行, 果領洪譯而去. 禮部之人, 絡繹於道, 問: "洪某來乎?" 使行曰: "洪某來矣!" 未及玉河館, 禮部之人, 肩輿而請洪譯, 洪譯既入外門, 禮部尙書跣迎入中門, 尙書夫人跣迎, 皆嗚咽泣下, 如見父母. 坐之於上座, 盛設以享之. 使者一行在館, 而禮部皆有盛饋, 夫人親納報恩段百餘匹, 內外所贈他寶貨, 不可勝數. 辨誣之事, 一一得請, 臨歸, 尙書與夫人, 皆牽衣泣別. 洪譯既歸, 富厚及於宗族, 而以報恩段, 掛之墻腰, 以誇國人. 故至今號其居, 曰'美墻洞'.

23.(5-12) 都會

忠州之可興, 有金世振者, 良家子也. 忠信溫厚, 而廉白曉事, 自其父, 出入於丈嵒鄭相國門下. 可興六七百戶, 爲東南一都會, 而舟車之所聚, 倉庫之所在. 故多游食射利之輩, 澆薄爭鬪之甚, 而世振一生居之, 不見非於人, 而亦無與人爭喧之. 時丈嵒之孫念齋尙書, 爲關西伯, 不以世振備幕裨. 余問其故於其甥, 答曰: "舅氏之赴關西, 自薦而願爲裨將者如雲, 而世振退然不自言. 舅氏難於取舍, 只用其自來關西者, 充幕裨, 而世振未嘗之關西, 此所以不與於幕裨之列也." 余曰: "世振則誠高矣, 念齋何待世振之薄也? 且世振苟在幕下, 則其所裨補, 豈不多哉? 漠然棄置之, 良可惜矣." 其後, 念齋之從子, 爲安東都護, 而挈世振之子昌臣者而行, 不與世振而俱. 昌臣雖有父風, 而又能醫術, 然世振之老練曉事, 而忠信長厚, 烏可及也? 近來, 任內外之職者, 多取精敏能幹者, 以自輔. 此類例多刻薄機詐, 不如忠信長厚之爲之輔翼也.

24.(5-13) 居憂生子

世有宗儒, 少年時, 以文章自處, 而未之入正學. 方踰弱冠, 而遭家難, 三世一時罹刑. 其後十年, 其姑沒而子繼夭, 主家無人. 宗儒時年三十, 身居喪次, 尸其饋奠, 族黨朋遊, 皆多之. 纔踰年, 其姑之婢最麗者産男, 謂是宗儒之子, 識者譏其有甚於居憂而生子, 蓋云: "世人多居憂, 而不能謹內外之防, 其夫婦相與生子者, 勢之易然也. 彼則雖以大功之服, 而主其姑之喪, 然以哀惻之志, 始之; 而以淫奸之事, 終之, 是爲故犯, 而非如夫婦之偶然也." 宗儒卽拒之, 曰: "吾無是也, 非吾子也!" 其後, 入正學, 而赫然有盛名. 其子旣長而曉事, 自來訴冤, 願定天屬, 堅拒不聽, 曰: "汝是何人之子, 而敢謂我爲父乎? 我初不知汝母之爲何狀矣." 一門長少, 齊言其不可棄, 曰: "何其忍也?" 宗儒終不聽. 其子今爲永城尉執鞚, 每涕泣而自悼云. 嗚呼, 其可哀也哉! 跡其始生其子, 固罪也, 若痛自刻責, 而子其子, 則不至於益其罪也. 乃於正學講道之後, 要掩少日之罪, 而忍絶其天屬之親, 不子其子, 不念父道之不當如斯, 此罪甚於初罪矣. 欲欺人以無損盛名, 昭昭之天, 其可欺乎! 金濟大先生, 每以爲痛惋, 金子靜名儒也, 而垂泣而諫之. 丹翁其表從弟也, 而言其始末而慨然. 余笑曰: "余於十九歲時, 遊忠州青龍寺, 見一禪師, 年已七十餘矣, 而顏貌如冰玉清潤, 無麤穢凋枯之色. 余歎而語之曰: '禪師其一生不知有色慾者乎?' 禪師答曰: '平生一犯色戒矣. 身以良家子, 幼從禪師于深山, 師將趁幼志之易操, 而削吾髮, 明年, 將削髮授戒, 故今年十歲. 自春至冬, 挈吾而遊於城市・江海・田野之中, 凡於蟲魚鳥獸之肉, 皆買而飼之, 曰: '此其名爲某爲某也. 使汝將來遇魚肉, 皆已食而知其味者, 則汝無憾而天眞不撓矣.' 故吾於其明年十一歲, 受戒爲僧, 卽入禪定, 而果於魚肉,無一毫遺憾, 而所嘗憧憧不去乎心者, 惟未知女色之爲如何耳. 十五歲出山行, 林中有一女美少獨行, 卽抱吾入艸間, 吾喜其始嘗女色而從之, 一嘗已足, 更無可憾. 故卽入水沐浴, 而懺悔禮佛, 誓不更萌色念, 至今五十餘年, 而自無一刻思色之時矣.' 余曰:'禪師平生, 少日只一犯色戒而已, 則自謂一生不犯色戒, 而人誰不信者?' 禪師笑曰:'釋子削髮, 皆受五戒, 一勿殺, 二勿淫, 三勿盜, 四勿妄語, 五勿飮酒也. 此雖至麤, 然犯一于此, 便非釋子也. 吾旣於少時, 已犯一戒, 今若不直言, 則是又犯二戒也. 五戒犯其二, 而尙可以爲人乎哉? 吾寧犯一罪, 不可犯二罪.' 余時雖少, 亦知其言之切當, 而至今不能忘矣. 靑龍禪師, 雖以異端, 而於其至麤之五戒, 旣犯其一, 不欲更犯其二. 此無他, 惟其誠於持心修身也. 今世之宗儒, 乃以正學, 而於至切之五常, 旣悖於禮, 而又悖於仁, 何哉?" 丹翁諦聞而悉識之, 乃擊節而歎, 曰:"靑龍禪師之言, 精切巧妙, 其爲俗儒之頂針者, 緊矣." 余曰:"宗儒今亦卒矣, 其所棄之子, 何以自處?" 丹翁曰:"聞其被髮而入哭矣." "宗儒之長子, 何以處之?" 曰:"聞其驅逐而不受之矣, 宗儒之長子, 烏得不然乎?"

25.(5-14) 宣川金進士

宣川有金進士者, 以信義才略著稱. 一日, 有美少年, 騎一駿馬而來見, 曰:"聞公好馬, 故以此馬來, 公欲買則買之." 金進士問其價, 答曰:"吾有所急, 不敢待高價而持久, 願公量宜而惠之. 然少騎而試之然後, 定價未晩." 金進士然之, 騎而出大路, 其人執鞚而揚鞭, 馬耳風生, 疾如飛鳥. 金進士曰:"試已足矣, 其勒回也." 其人曰:"試馬不能一舍, 何異試人不能一年乎?" 旣過一舍, 曰:"勒回!" 曰:"又請試之狹路危蹊." 策入山中, 纔十里, 曰:"勒回!" 曰:

"少前而勒回, 未晚也." 又前十里, 有勇士五六人, 伏道而謁, 設坐請下馬, 而進酒饌. 金進士方知其爲大盜所邀, 而無可奈何, 乃下馬而食, 不問曲折. 又上馬而行五十餘里, 又有設於林中帷幕, 床榻亦具. 旣宿而曉又行, 可百餘里, 方見一洞府寬敞, 有大瓦屋, 設三門. 門外十里所設帷幕, 武夫分行, 耀劍戟而伏, 有甲冑者二人, 道謁而請下馬入幕. 幕中有二女子, 皆美色, 而開兩籠, 出錦衣着之. 金進士乃如三道都統制服色, 帶之弓劍, 援之以小旗, 設饌進酒, 金進士不問曲折, 而一任其所爲. 旣食而出, 韉大馬具飾, 執鞚者備儀. 旣騎, 旗旄蓋纛, 鼓角笳簫, 環擁而行, 勇士之虎飾而駿騎者, 前後皆十雙. 方入門, 鳴下馬砲, 旣坐大廳, 甲冑者二人, 左右侍立, 二女子侍傍, 進饌以大卓. 旣飮, 甲冑者執簿呼名, 應而拜者千餘人. 居三日, 甲冑者進一大冊, 乃書朝鮮八道三百六十四郡之以富名者也. 甲冑者雙伏而言曰: "身是副將二人也, 願發令聚財." 金進士曰: "你使吾爲大將乎?" 曰: "然." 曰: "然則能一從我令否?" 曰: "然." 曰: "然則不從令者, 吾欲劍斬之, 如何?" 曰: "敢不惟命." 曰: "古語云: '盜賊相聚, 無終日之謀.' 你輩亦然乎! 人而無終日之謀, 何以謀終身之便樂乎?" 曰: "小人無遠謀, 幸大將有以敎之." 曰: "前日所聚之財, 其餘幾何? 必皆有簿, 其速納于我!" 甲冑者雙進錢穀·錦帛·衣服之簿, 旣覽, 曰: "徒知廣取, 而不能節用, 是以, 江海而實漏卮也, 何時而足乎? 自今, 吾欲制節用度, 汝輩有或不肯從令者乎?" 曰: "誰敢不聽令者乎?" 曰: "然則衣食之用, 一從我節制, 且聚財之時, 亦一從我令, 不者皆劍斬之." 曰: "惟大將之令!" 是夜, 大犒其軍, 請點富家之簿而下令, 金進士旣點百餘戶, 而大聲發令曰: "使人奪汝輩之財, 則汝之心當如何? 旣奪汝財, 而殺傷汝身, 焚蕩汝屋, 汝之心尤當如何? 以我之心, 度人之心而爲之, 此道也. 自今, 汝輩盜富人之產, 祇取其半, 而愼勿盡取, 勿小傷人身, 勿火其屋舍. 一有犯此禁者, 全隊皆劍斬之." 遂制用數, 使千餘人, 僅免飢寒, 而積所聚於府庫, 使甲冑者, 詳簿而閉之. 如是者三年, 而所積盈溢, 乃使甲冑者算之, 每人可錢二萬·布二十匹. 卽大犒其軍, 而語之曰: "汝輩今强壯, 故能輪掠取足如此, 稍過八九年, 則已衰老矣, 尙可以有爲乎?" 千人皆對曰: "誠然." "然則及今未衰, 而各挾錢二萬·布二十匹, 各歸故鄕, 以營產業, 而爲終身便樂之計, 如何?" 皆對曰: "然則幸甚!" 金進士旣使甲冑者, 據簿而人給之, 又將大饗而罷之. 謂甲冑者曰: "此二女子, 始吾問其所從, 皆士族處女, 而一在湖西, 一在湖南. 吾不勝其悲愍, 而不忍汚之, 與之同居三年, 而子女視之, 渠亦呼我以父. 今吾散爾輩, 而將獨歸吾家, 此二女子, 欲付忠信之人, 各歸之其家, 誰可信者?" 甲冑者曰: "前則以將令從事, 故無不信之慮, 今則散衆, 而將令無所施, 人誰爲可信者乎? 二女子賴大將之仁義, 侍側三年, 結爲父子, 幸得潔其身, 一出山門, 所付之人, 何可保也?" 二女子泣曰: "此言是也! 且使得無汚而至家, 家人必不信, 吾其爲棄人矣. 吾父惟知吾無汚, 願從吾父而至父家, 願終其子視之恩." 金進士喟然歎曰: "此言亦有理." 遂與二女子歸家, 皆擇其配, 而嫁之于宗族及故舊相信者. 旣成婚, 各使爲書, 而告于其父母兄弟, 皆來省視, 問其曲折, 皆感泣嗚咽. 其後, 金進士之卒, 二女子皆服喪父之服. 嗟乎! 金進士, 果豪傑之士也, 然亦非智者也. 當其始也, 駿馬低價, 試之山蹊, 皆智者之所可疑, 而金進士不知疑焉, 宜乎其陷于賊也!

26.(5-15) 四友

有少年四人, 讀書于北漢山寺, 一人家貧, 獨有妻在, 針功繼其糧. 一日, 小奴來告其死, 其人以書掩面而臥, 三日不語不食, 三人 強起之, 不應. 四日曉, 捲書籍筆硯而歸, 三人微跡之, 其人入其門 一慟, 幷其書籍筆硯, 置于屍傍, 暴燒而走, 不知所向. 三人歸寺, 又一人以書掩面, 三日不語不食, 二人強起之, 不應. 四日曉, 捲[7] 書籍筆硯而歸, 二人微迹之, 其人入門, 卽與兄弟父母妻妾, 負戴 而出城, 不知所之. 二人歸寺讀書, 無何, 一人登第窟達, 一人蹉 跎, 不第而貧居. 登第者, 後爲湖南伯, 貧居者, 弱馬孱僮, 往將干 之, 中途忽見二氈笠者, 鞴駿馬, 請之曰: "吾家主翁, 謂與公有舊, 而要相見矣." 貧居者曰: "汝主翁爲誰?" 曰: "到家則知之." 強貧居 者移騎, 而付其僮馬於僻村, 策駿馬, 疾馳山谷間, 一日可二百里, 而百里則經無人之地. 及一大洞府, 瓦屋齊山, 而門庭敞濶, 旗纛 鼓角, 從衛使令, 擬於藩鎭, 而居處飮食, 侍女音樂, 乃非藩鎭所可 比. 中有一人, 盛服飾, 高坐大床, 字貧居者而疾呼, 曰: "來來!" 貧居者惶悚, 趨走而前, 燭光竊視, 乃暴燒者也. 不覺呼其字, 曰: "子何爲至於此?" 相與飮酒酣, 從容語前日事, 而曰: "子知某之所 去乎?" 蓋指負戴者也. 貧居者曰: "不知." 曰: "某也最善, 今在妙香 山北, 占據蔘田, 渾家不火食, 殆於成仙, 吾輩何敢望乎?" 貧居者 曰: "子則何以致此富厚?" 曰: "不須問也, 子今往湖南何幹?" 曰: "婚喪之債如山, 將求之方伯矣." 曰: "某也性慳, 必不與所望之十 一二, 子無往干也. 吾與子千金, 足於用乎!" 曰: "報債而有餘矣." 曰: "子爲家書而置此, 吾必先子之歸, 而致千金於子之家, 子必速 歸, 而無之湖營也." 遂命主錢者, 齎錢十萬, 主帛者齎布百匹, 而 使貧居者見之, 受其書, 送于其家. 駿馬七疋, 勇夫十餘人, 拜辭而

---

7) 捲: 저본에는 '卷'으로 나와 있으나 문맥상 반영함. 뜻은 서로 통함.

行, 又以駿馬飛送. 貧居者尋其僮馬, 將西歸, 忽復向湖營, 通刺而入, 卽言暴燒者之居處, 使令如此如此. 湖南伯曰:"子果見之於所居乎?"曰:"然."曰:"今有朝令, 使捉其人, 其人爲賊將, 今已二十年故也. 我今發猛校點胥數千人, 以子爲鄕導, 可必獲乎?"曰:"何難獲乎?"曰:"然則吾以功陞資, 子亦以功授官, 不亦善哉!"貧居者大喜, 湖南伯密檄近邑, 選吏校, 悉發全州精銳, 合爲二千餘人. 方伯自將之, 使貧居者, 領百騎先行, 至向者舍僮馬之所. 方指點山路, 而傳語於方伯之際, 忽見勇夫十騎, 鞴一駿馬, 自山飛下, 直入百騎中, 縛貧居者, 移縛之駿馬, 飛馳入山而去. 方伯大驚, 使銳騎先跡之, 渺然不見其蹤, 而山路又多歧. 銳騎復曰:"無可奈何." 方伯遂結陣, 而待之十騎, 一日之內, 以貧居者, 告暴燒者, 大設兵威, 擎入貧居者, 而數之曰:"汝何無故人之情乎? 湖南伯亦不曉事, 渠能擒我乎?"杖之曰:"猶存故情, 而不殺汝, 汝其往告湖南伯也." 杖十餘而曳出之, 令其下速裝, 告裝畢, 令曰:"皆行!"遂鳴上馬炮而鼓之, 令後隊曰:"火所棄屋舍, 用藥而火之!" 烟焰一時漲天, 而飛瓦星散. 貧居者三日行, 始達方伯之陣, 告其故, 方伯太息而歸, 亦無所給於貧居者. 其後五六年, 貧居者西遊妙香山, 深入山北, 見一人蒻笠簑衣, 跨一靑牛, 其疾如飛. 竭力追之, 一日百餘里, 不見其人, 而跡牛糞, 入石門, 茅屋蕭然, 獨在岩阿, 扣門而有應, 乃負戴者也. 其父母皆童顔, 而兄弟皆完健矣. 握手談笑, 道舊事, 旣經數日, 乃誚之曰:"暴燒者, 固大賊可誅, 而子何爲鄕導? 甚矣, 子之無信也! 且其鼠竊狗偸, 非有大害於國, 則湖南伯亦不當謀襲, 而全忘故舊之情也." 貧居者曰:"子言果是, 吾則悔之矣. 抑子之棄世而深隱, 何也?"曰:"見暴燒者之所爲, 實驚于心, 是豈人之所可忍乎? 吾恐其以梟雄沈鷙之資, 而爲移國之盜, 故先謀避之矣. 賴國祚靈長, 而其人亦智者, 知其不可圖, 故爲潢池自娛之計而止耳." 貧居者欲移家從之, 負戴者不許, 曰: "子之爲人, 不可與同隱者也. 一出此山, 山蹊多歧, 子必不可復尋矣."

27.(5-16) 戀盜

有二士, 自童稚交驩, 嘗與約通家. 其先娶者, 引一人見之, 一人次娶, 而妻有殊色, 引先娶者見之, 一見便長吁而起, 仍棄其家, 不知所去. 其後十餘年, 次娶者登第, 出宰於湖南, 路出德裕山下. 忽見武夫百餘騎, 擁一美丈夫跨駿馬, 前一金轎而來, 與次娶者敍話, 仍大聲而曰: "汝之據美妻, 亦已十餘年, 今則恭輸於我." 使婢傳語於內, 曰: "以天下絶色, 而從天下屭夫, 已經十餘年, 今則移載于我轎, 以配天下美丈夫, 如何?" 遂引轎而躬入內舍, 次娶者無可奈何, 亦隨之而入見, 其妻欣然迎笑, 而入于金轎. 先娶者大喜, 顧次娶者曰[8]: "吾之不殺汝, 猶有故人之情也." 次娶者隨轎而出, 百騎電馳, 而金轎鵠逝. 次娶者瞻望佇立, 淚下沾襟, 無意治行, 而吏卒沮喪無人色. 良久, 婢自內出, 曰: "夫人傳語, 何不治行?" 次娶者驚入, 曰: "是何夫人也?" 夫人笑曰: "主公豈以我爲入賊轎而去乎?" 次娶者, 揩目而更視之, 曰: "子何爲在此? 無乃留神乎!" 夫人笑曰: "無多言, 速治行事, 趁宿于大邑也." 次娶者曰: "子已明入賊轎而去矣, 何自而復來? 子亦有遁形之術乎?" 夫人曰: "吾素不學妖術, 何遁形之有哉? 向入賊轎者, 非吾也, 乃婢也. 自先娶者之見我, 長吁而起, 棄其妻而逃也, 吾已料其爲劇賊, 而早晚有此事. 故傾貨買一婢貌類我者, 而凡日紅粉衣裳, 一如我, 使不可辨

---

[8] 者曰: 저본에는 '曰者'로 나와 있으나 문맥상 바로잡음.

而待之矣. 今已擠入賊轎, 而使之勿言眞僞, 一生享尊寵, 自今吾其無患矣." 次娶者大喜, 而曰: "何不早告我, 而使我幾欲死, 何也?" 夫人曰: "深謀秘機, 雖夫婦間, 不可預告, 而致有疎漏, 故幷秘其婢而不見于主公矣." 次娶者奇偉之, 情好益篤.

28.(5-55) 申汝哲

申汝哲, 肅廟時名將也. 方己巳憸類之當國, 申公自廢, 而臥於郊外. 及甲戌, 肅廟見憸類之施設殊常, 而頗慮之, 金北軒伯雨, 偵知憸類之陰秘, 屢言之肅廟, 憸類亦間知之. 遂興大獄, 桎梏伯雨, 而將杖訊伯雨, 株連諸淑類之不盡死於己巳者, 盡戕之. 其延及之禍, 將未知至於何境, 肅廟亦知之, 方深憂邵慮, 要亟反之. 顧大勢已拘於憸類, 恐大變作於肘腋, 而不欲少露幾微, 且順應憸類之請, 而節節不違. 一日, 判金吾以伯雨, 反是實之供辭, 上聞而所援引, 皆淑類之見忌於憸類者也. 獄案已具, 明日, 將盡殺之, 肅廟大驚, 而無可奈何, 姑留中不下, 惘然不知所以處之. 明燭獨坐於別殿, 而崔淑嬪獨來侍, 肅廟亦麾之使去, 淑嬪退而藏身於僻處, 而伺之. 夜旣深, 有人不巾而潛入, 曲拜於庭, 肅廟驚喜, 而問之曰: "黔童乎?" 對曰: "唯. 臣春澤敢見." 黔童者, 伯雨之少名也. 肅廟之元妃仁敬王后, 伯雨之故母也. 始入宮時, 伯雨以童子出入掖庭, 肅廟每奇其秀偉, 而提抱之, 故伯雨雖長, 而以少名呼之也. 肅廟遽曰: "爾何遽伏謀逆之罪, 而廣引同黨, 使空國而悉戕淑類, 使我無與改圖, 而共濟艱難乎?" 春澤對曰: "兇黨亦知上意之將換局, 而且知臣之出入於大內, 有所陳白, 故其爲謀方急, 要先斃臣, 而別以棗木爲訊杖, 一下必折脛. 臣竊念若不自誣而處伏罪, 又不廣引渠輩所欲戕之人, 則必下訊杖而亟斃之, 故不得不如此." 肅廟曰:"宮門守卒及掖庭宦隷, 皆知吾意, 而與汝有素故, 吾意汝或能到此而待之矣. 至於獄卒, 則汝何以周旋而得卸桎梏乎?"春澤對曰:"獄卒亦知此事機, 故合謀而脫, 臣於獄使之得見天日矣."肅廟曰:"今已迫矣, 事將奈何?"春澤對曰:"卽此未曉而換局然後, 可矣."肅廟曰:"非不欲換局, 而將相及憲長·銓堂, 難以卒具, 機事稍露, 大難將發, 奈何?"春澤進一封書, 乃除拜緊任及處分兇黨之便宜者也. 且曰:"急先牌招申汝哲, 當夜拜大司馬大將軍, 摠領五軍門兵馬, 而急發宣傳官, 盡奪兇黨, 五軍門將符, 而都付申汝哲然後, 方可以除拜相國及憲長·銓堂矣."肅廟曰:"申汝哲素得軍心, 如汝計則甚好, 而必在其郊庄, 當夜若牌招, 則別旨開城門之際, 兇黨必知之, 而先發禍機矣, 奈何?"春澤對曰:"臣已使人偵, 申汝哲城內之宅, 汝哲來昏, 趁閉城而來宿矣."肅廟大喜, 曰:"吾事濟矣!"卽命謹敏宦者潛出, 而牌招申汝哲. 春澤卽拜辭而還金吾, 金吾吏卒, 皆曰:"事機果何如?"伯雨曰:"夜未曉必知之, 何必遽言?"申汝哲聞命, 卽裏甲尙朝衣, 而隨宦者同入, 方踰建陽峴, 內人及宦隷, 見蠟炬兩行. 見一巨人同宦者而來, 皆撫手加額, 而竊竊細聲而相賀, 曰:"果申大將也! 國事濟矣, 吾輩生矣."申汝哲旣拜, 肅廟亟命升殿檻, 而手撫其躬, 曰:"何以裏甲? 豈預知有事乎?"汝哲對曰:"方夜深, 急宣久廢之武臣, 必有以也. 武臣固以扞禦爲職, 故敢不具武備而承命乎?"肅廟曰:"卿以一臂與我, 我方心掉不能定, 若把得卿臂, 則少可以自安."遂自牖握其一臂, 而聖體之挑動, 尙未定也. 卽命宣傳官, 一時四出馳, 奪五軍門, 將符於凶黨之臥中, 而皆於醉睡之際, 蒼黃之頃, 電掣而還, 並進五符於榻前. 肅廟使皆佩之於申汝哲之帶, 五軍門校卒之直守於其將者, 皆逐符而聚於闕下, 曰:"誰爲吾將乎?"守闕之校卒, 皆曰:"申大將也."五軍門校卒, 皆踊躍而大喜. 申汝哲遂傳令, 而使五軍門校卒之當直者, 各整部伍, 而列立於闕下, 飭無敢喧嘩離次然後, 肅廟下一紙, 而悉罷兇黨之職, 卽以南九萬爲上相, 而其餘若干除拜, 皆以在都下者先之. 當夜皆牌招, 鷄猶未鳴, 而蠟炬薪燭, 縱橫於京師, 京師爲之震動, 而旣聞申汝哲之摠領五軍門, 皆帖然而相賀, 曰: "今無慮矣!" 兇黨旣失兵權, 乃束手就擒, 無敢越厥志者.[9]

嘗聞申汝哲罷嶺南兵任而歸, 從以東萊名妓而爲妾, 妓坐轎而張襜, 不蔽其面. 有慶州一少年, 歸途遭於鳥嶺, 一眄其艶, 神情傾醉, 顧由一通言笑, 卽不食不語. 歸家暈倒沈痼, 百藥無效, 其父亦不食, 而垂泣者旣經年, 少年之骨露, 而萎廢於床也. 其譫囈不離於鳥嶺, 其父問之曰: "汝於鳥嶺, 有何所見而至此乎? 汝本好色, 必汝見美婦於鳥嶺而然矣. 吾家旣富, 而汝是吾之單子, 若可得汝之所見, 而瘳汝之疾, 則吾何愛千金乎? 汝必言之." 少年曰: "無可望矣, 只有死而爲鬼以相隨耳." 其父固問之曰: "誰家美婦, 而謂無可望乎?" 少年曰: "申汝哲之東萊妓妾也. 彼其門闌深邃, 僕隸强盛, 申帥亦名武, 處事嚴明, 雖千金奈何?" 其父曰: "然則無可奈何." 又經數月, 其父亦發狂疾, 馳馬上京, 而謂必請之於申帥, 族戚鄕黨, 皆曰: "必是爲申帥所斃矣." 相與謀聚貨, 送人以踵. 其後, 狂者席藁, 而伏于申帥之庭, 涕泣拜稽而無言. 申帥見其爲儒冠服, 延之坐, 不從, 惟曰: "活我子, 活我子!" 申帥問其狂者, 曰: "不敢言!" 如是者經三日, 申帥苦問, 而狂者欲言不能言, 申帥哀而强之曰: "必言之!" 狂者乃言之, 申帥笑曰: "是何難言之事, 而今方言之乎? 此乃東萊之妓也. 其初則人盡其夫也, 雖爲吾侍妾, 而何可

---

[9] 兇黨旣失兵權, 乃束手就擒, 無敢越厥志者: 저본에 이 부분이 '兇黨去之'로 교정한 두주가 있으나 그대로 둠.

保其守節？放出一妓，而可活一人，則吾何慳之哉？"卽令人，呼出東萊妓，呵之曰："吾於汝，雖不責婦節，然旣爲侍妾，而升轎垂襜，則何開襜而矜色，至使少年思結而成疾乎？人命至重，而旣由汝將死，汝其往活之，旣活而爲完人."乃復來，謂狂者曰："吾於此妓，情眷未衰，不能永捨，待活君之子，而旣完善，雖離去，無可病然後，載納于我．其歲月之限，則吾不預定，其視病者之事，而遲速惟君之意."卽出而付之．狂者載之而歸家，其子已成髑髏，而驚喜自起于床，抱妓而泣．自此進食，稍稍平復，旣三年，爲完人．其父問之曰："汝心今何如？雖離此妓，能不病乎？"少年曰："情慾已洽，雖難必不病，賴申帥之惠，得此妓以活，何可違申帥之敎乎？"其父遂載納此妓于申帥，申帥笑謂此妓曰："少夫更勝乎？其歸汝房也."狂者輸海珍數擔，申帥呵之曰："謂吾可受此妓，三年之價乎！"呼奴盡掃出之，蓋其仁惠豪快如此．其得軍民之情，而鎭服於危疑之際者，宜哉！蓋凡爲將相者，雖寬惠信厚之得人，智畧膽勇之服人．然必有度外行事，爲人所不能爲者，如申公之捨妓活人而後，方可以聳動感悅乎千萬人，而四方傾心翹首，以爲已歸，豈不足以擔當重任讐伏群兇乎？

29.(5-56) 嶺南寒士

嶺南有寒士，逐日營求，菫活其妻子，乃與其妻約，曰："人生百年，直須臾間耳．然須有一生之計，必用五六年而圖之然後，可得於未死之前，伸眉縱體而享之．今我每以一日之營，而只給一日之食，不暇於長久之術．若是而至老，或久病，則相枕而死外，無策矣．我欲抽身而遠遊，以圖將來久遠之策，五六年間，君能爲人紡績裁縫，而使兒輩掆拾樵採，以苟支歲月，菫菫無死乎？"妻曰：

"諾." 寒士遂去之京師, 察乎群宰, 審乎輿議, 擇淸裁峻望偉才宏度之大夫, 以爲歸. 而揀其婢使之中陋惡不齒嫁奔不售者, 而納娉爲婦, 以婢夫謁見, 而掃除於門下. 凡有內外指使, 或市貿, 或稅收, 皆以廉辦能幹, 見襃稱, 旣久而內外皆專任, 而凡有家事, 皆與之謀. 一日, 大夫公退, 從容問: "汝是何人, 何姓名, 而曾居何地乎?" 對曰: "北關之民, 某姓名也. 童時學書, 頗有所通, 而困於無資, 流轉至此耳." 大夫曰: "汝旣學書有通, 則執門下掃除之役, 亦寃抑矣. 汝其升廳而掌筆硯之役也." 旣掌筆硯, 見其敏達, 而大愛之. 無何, 大夫爲關西伯, 擢付錢貨之任, 旣滿瓜將還, 寒士從容告之曰: "使道淸儉過人, 旣不欲以一錢自潤, 而簿定之外, 爲餘銀十萬兩, 何以處之?" 大夫曰: "吾亦思措處之道, 而姑無定計矣." 寒士曰: "西關之士民兵吏之事, 某弊用銀幾何, 某弊用銀幾何, 用五萬兩, 則可防其弊, 流惠於無窮矣. 餘五萬兩, 則願付小人, 小人欲貿唐貨於此地, 而船下三南回易, 可得倍利. 仍買統制營弓矢·劍戟·砲礮而歸, 以留爲浿上武備, 不亦善乎?" 大夫大然之, 出白金十萬兩, 一付寒士. 寒士遂以五萬兩, 防西關諸弊瘼, 以五萬兩, 船唐貨南下, 過期無消息. 而方伯遞還京師, 以爲見瞞, 而恒言, "某也大盜而可殺!" 居三年, 寒士弊衣服來京師, 與其婢語使告于內主, 曰: "婢夫某也來現." 其內主曰: "大監常以五萬銀見偸之故, 而欲殺. 然在關西時, 大監不顧家事, 而所帶裨幕, 皆名武, 亦不顧我家中所用. 若非某也之精敏忠厚, 而凡可以不害於公, 而爲利於家者, 皆竭力營辦, 而連輸於內, 則家事無所賴矣. 某也之功勞, 吾何能忘? 汝必詳語此故, 而使之速去, 無或留也." 其婢具告, 寒士笑之, 遂留而不去. 一日, 見於大夫, 大夫卽數其罪, 而命具大杖, 將杖殺之, 寒士曰: "白金五萬兩, 何等大貨, 而果盜之, 則敢復來見哉? 大監何不問曲折, 而遽欲殺之乎?" 大夫命徐之, 使陳其曲折, 寒士乃退, 出其儒衣冠而服之, 躡階而上, 坐於客位, 曰: "某非北關之民也, 乃嶺南之士也. 爲大監婢夫者, 爲大監當爲關西伯故也. 我國惟關西豊貨, 故屈身以事大監, 要沾關西之貨以自豊. 然欲自利, 則必先利人; 欲利上, 則必先利下者, 此物理之當然, 而神道之所與也. 故先以五萬白金, 利關西之士民兵吏而後, 以五萬白金回易, 而復爲十萬兩, 以其半利大監之家, 而以其半利小生之家矣. 三年之頃, 大監不失元數, 何惡於小生, 而必欲殺之乎?" 大夫曰: "吾惡瞞吾者, 利與不利, 非所論也." 寒士曰: "明日當更見!" 乃退, 出其裝文券盈抱者, 而入見大夫之子, 曰: "吾今日, 方以客禮見于大監, 君輩亦不可以婢夫視我." 悉言其前後事狀, 乃言曰: "君輩試思之. 吾若不瞞大監, 則以大監之淸白, 何由以五萬銀買田産乎? 吾以五萬銀貿唐貨, 船往東萊, 而回易倭貨, 更之京師而發之, 旣得三四倍之利. 然用大貨而侔大利者, 理不當吝惜, 故費於往來, 而散於窮窶, 消於宴飮者, 亦不貲, 而就其入用, 而爲田宅奴婢之價者, 定爲十萬兩矣. 先擇美田宅·好奴婢, 五萬兩所貨者, 歸之大監, 此其買取之券也. 君輩其收之, 取其次者, 亦費五萬兩者, 吾自取之矣. 明日, 君之鄕奴輩, 載米千斛而泊於龍山矣, 此其五萬兩所買者也. 須送一奴, 持此左契而合之, 導以入君家也." 遂探囊而出一契, 與之. 果鄕奴數十人, 賁車載千斛米, 納于大夫之家. 大夫吁嗟太息者, 良久, 而愧其輕於叱咄也. 大夫以淸貧之家, 而不墜淸名, 卒爲巨富云.

30.(5-57) 白金

關西兵馬節度使, 將遞歸, 以白金四千兩, 密付一生所信任之傔人, 曰: "汝先行入京, 潛以此給吾子, 而勿令餘人知之也." 及歸京師, 密問其子曰: "某傔所納之白金, 果滿四千兩乎?" 其子曰: "某傔初不來, 況白金乎!" 節度怪之, 曰: "某傔有何故, 必不瞞我矣." 無何, 某傔來見, 節度曰: "汝之所齎, 尙不給吾子云, 豈無間隙而然耶?" 某傔曰: "所云所齎者, 何物也?" 節度始訝之, 曰: "汝果不知耶?" 某傔曰: "不知也." 節度始怒之, 曰: "四千兩白金, 非小物也, 汝何敢諉以不知乎?" 節度之家隔墻, 乃臺官峻議者之家也. 某傔乃大聲而呼, 使徹於墻外, 而曰: "使道新遞關西節度而歸, 謂密托白金四千兩於我, 而欲白地徵索於我, 此何理也?" 節度遽曰: "不欲與我則已矣, 何必如是大言?" 某傔曰: "白金之說醜矣! 小人自此, 告絶於門下矣." 節度雖惡之, 無可奈何. 某傔蓋以齎下水原, 而悉用四千白金, 而買美田五十餘頃, 以爲己有, 竊竊然鼓掌, 自以爲得計. 冬春買田, 未及秋收, 而初復告絶節度, 初秋渾家厲沒, 四千金所買五十餘頃, 不知其終屬於誰人云.

31.(5-63) 黃處士

世有黃處士者, 或居山中, 或居朝市, 或居絶域, 未嘗五六年居一處. 嘗以漏籍竄邊, 而其後爲戶籍, 然人皆不知其爲誰氏子. 故或言是外國人也, 或言是山棚之渠魁也, 或言是山僧之還俗者也, 或言是黃氏之孼子, 而要匿之故, 蹤跡之詭, 秘如此云. 嘗寓居橫城治內, 數年而去, 余見其面而聞其語者, 亦屢矣. 時年已八十五歲, 而精神筋力, 無異少年. 方著醫書, 而據『周易』卦序, 以一卦爲一年, 而當年運氣, 所生之病及所治之藥, 皆詳記之. 蓋粗淺無可用, 然其竭心專力, 而蠅頭書字, 有非凡常少年可及. 且其平生所寫醫方·仙術, 其爲完冊者, 殆滿一籠. 其術短於藥治, 而長於針

灸, 其針胸腹之疾, 皆坐其人而針之, 用針皆自上而斜下, 度針鋒
徹膜, 不犯臟腑而止. 人有肥瘠, 故針亦隨之而淺深, 要使積滯沈
伏之氣, 上發甚遠, 故比之平臥病者, 而端挿針鋒較勝矣. 其言皆
粗陋, 無足採, 然其爲人, 自奇偉, 巨面長身, 風骨凜然, 目光如電,
勇力絶人. 旣踰八十, 而猶如此, 其少年之時, 尤當如何? 歸鹿趙
相國, 見其五六十之歲, 而酷愛之, 留之門下, 蓋以奇男子許之也.
方趙相當國其權, 足以官處士, 而黃處士必不欲, 故不之官也. 蓋
此人魁傑, 而不屑於小官卑職, 而大官高位, 則邦制所拘, 必不見
容, 故不爲也. 惜乎! 以其天資之俊傑, 而得以幼時早入於栗谷·尤
菴大鑪鞴中, 則其得嫡傳也, 必矣. 其次, 早入於經綸之學, 或兵陣
之學, 或文章之學, 必皆有成立矣. 以此, 余每恨學校之廢, 而無以
敎養人材耳. 其謂自異國來, 則必不然, 蓋以其魁奇之才, 而進取
於所產之邦, 富貴功名, 必在其掌握, 何苦漂寄異國, 而窮老至於
此甚耶? 其謂山棚之巨魁, 則尤爲寃痛, 以其絶異之才, 而終身於
醫書文字之役, 沈痼成癖如此. 且得權相爲知己, 而無意於官祿如
彼, 是豈爲莽戎之賤惡者乎? 其餘, 則吾不得其辨脫之說矣. 黃處
士嘗謂崔命履曰: "君自京師, 卜居於橫城, 甚善. 吾見原州·橫城·
洪川·江陵, 此地方數百里之人物, 皆拙弱, 無一人雄才大膽作橫
之慮, 此乃末世之福地也." 以此看之, 黃處士之平生, 所以自爲者,
可知矣.

32.(5-71) 到任盤

牧谷李尙書, 爲開城留守時, 關西兵馬節度使, 過開城, 欲入見.
而先有微請願由中大門而入, 尙書許之, 裨將安錫胤, 諫止之, 曰:
"何爲而許中大門乎?" 尙書曰: "文武雖異品, 而班資則同, 又同在

外, 何不可抗禮之有?"錫胤曰:"使道雖在外, 而開城留守, 實是京司. 且見帶備邊司堂上之任, 關西兵馬節度使, 實在管下, 何敢生抗禮之意乎?"尙書曰:"汝言果然!"更使傳言節度使, 曰:"其由東夾門而入也."節度乃由東夾門而入, 旣敍寒暄, 而曰:"令監之於中大門, 先諾而後悔, 何也?"尙書曰:"令監其更思之."節度使曰:"令監方帶籌司堂上, 外藩節度使, 乃管下也, 在體貌, 宜由東夾門而入. 向者之請中大門, 則實是妄請, 而不敢望其必許矣."金參判龜柱之任關東伯也, 進盛饌於中宮, 而謂是東伯到任盤也, 中宮以進於上. 上旣御而頒賜之, 顧惠嬪而曰:"汝兄洪樂任, 方爲湖南方伯, 亦當進到任盤矣."惠嬪發書于湖南伯, 湖南伯廣貿珍錯, 將盛設焉. 裨將趙鴻喆, 諫止之, 曰:"人臣之於大內, 不可有私獻, 況所謂到任之盤, 乃是藩臣之所食也. 雖戚畹有別於諸臣僚, 亦不可以所食之盤饌, 而進御於君所, 蓋有所不敢也."洪伯然之, 乃止, 而書造其故於惠嬪. 無何, 上問之于惠嬪曰:"湖南伯到任盤, 何無聲息也?"惠嬪具告以故, 上笑曰:"洪樂任其士大夫哉! 所言達於大體矣."由此言之, 方伯至於幕裨, 可不愼簡之哉?

33.(5-72) 詩讖

洪大受少日, 讀書於北漢山寺, 有詩曰:'數三峯黑時時霧, 十二菴昏點點燈.'有一僧, 過而見之, 曰:"措大必將罹禍網, 而僅免於死."大受曰:"何爲其然也?"曰:"'峯黑'·'菴昏'·'時時霧', 不祥之讖也, 賴有'點點燈', 而得無死矣."明年, 選進士, 適値黎湖朴先生, 以隱逸進爵, 至大冢宰. 有辭免疏, 疏上, 上有批答, 而有尊周一轉語, 追改以尊王. 時謂副提學趙明履, 以國中文字, 流入北虜者甚多, 不可禁. 竊恐尊周之周字, 虜中聞之不便, 故自上有追改之擧.

館學儒生, 大罰趙明履, 都承旨李喆輔, 白上曰:"趙明履方爲若干人所娟, 而致有儒生之罰."上赫怒, 而悉杖儒生之父, 而遠竄之以罰, 近侍爲有將心, 而定爲罪案. 是時, 儒生空館學, 而盡出仲秋釋菜之禮, 定日已近, 而無一儒生. 大司成洪啓禧, 以大受爲成均館掌議, 大受時遊湖西聞之, 書抵大司成曰:"此何時也, 而以余爲掌議乎? 余今直入俗離山, 而不歸京師矣."上數問大司成以掌議入館否, 大司成對曰:"聞其遊湖西而轉入俗離山云矣."上下敎曰:"掌議必故避而然矣! 更招之不來, 當腰斬矣."大司成走入, 而邀之大受, 卽歸而入闕門. 儒巾麻鞋, 前以守僕, 佩祖宗朝御賜杯而行, 入殿門, 使守僕高唱曰:"成均館齋任入!"元景夏下殿而出, 拊大受背, 而曰:"禍機迫矣, 愼無一言違忤, 以尋生路也."大司成下殿而出, 面色靑黑, 握大受手, 曰:"大禍迫在眉睫, 君其自愛性命."上旣聞齋任之入, 而令大司成率齋任而入侍, 大司成旣升階, 大受次進, 而曲拜於庭. 上曰:"齋任拜趨, 不失儀貌."李喆輔以都承旨入侍, 曰:"必受人敎而然矣."大受旣拜而升階, 伏於大司成之次, 上曰:"彼物乃齋任乎?"大受不對, 亦不動身, 大司成曰:"是爲齋任洪鼎猷."上震怒曰:"汝旣以齋任入侍, 予問汝是齋任乎, 而汝故不對不動身, 何其驕蹇之甚也?"大受起而伏對, 曰:"殿下之下問曰'彼物是齋任乎', 而不曰'汝是齋任乎', 則臣意謂, '殿下必問之於左右, 而非下問於臣也.'故臣不敢對, 亦不敢動身矣. 且臣雖無似要, 亦讀書之人, 雖初見於君父, 寧不曉趨拜之儀, 而一一學之於人乎? 都承旨乃以受人敎云, 而上達其凌蔑士類, 甚矣. 都承旨李喆輔, 要是名敎中人之子孫, 而必不自南蠻北狄, 而始入我國也. 豈不知我國待士之體, 自來不如是乎? 臣昨夕歸家, 今曉入侍, 未及之成均館, 若之館, 則必鳴鼓攻李喆輔矣."上震怒而投几, 曰:"小儒生, 敢如是乎? 速出速出!" 下敎曰: "齋任洪鼎猷, 投畀黑山島!" 大受卽下階,[10] 而曲拜辭出, 上震怒曰: "其勿辭而出也!" 蓋時釋菜定日, 只隔兩日, 而成均館方空虛矣. 大司成進伏, 曰: "臣以無似待罪於成均, 洪鼎猷待罪於齋任, 然其爲任, 則是一國首善之地也, 顧不重歟! 都承旨必受人敎之說, 果是妄發, 而爲士者義不可甘受, 鼎猷之言, 恐非過當矣. 且釋菜迫近, 而全館空虛, 若罪鼎猷, 而更除齋任, 則爲士者, 抵死不肯出, 其奈釋菜何哉?" 李喆輔亦進言曰: "臣果妄發, 而見罪於齋任, 齋任之面折, 臣誠不爲過緣臣之前言, 而致有儒生之捲堂. 今又緣臣之言, 而致有齋任之遠竄, 仍致釋菜之無人, 以缺一國之大禮, 臣其何面目而更對人士乎?" 上卽命更召鼎猷, 而溫諭之曰: "解汝遠竄, 汝其爲我, 無缺釋菜之祭." 鼎猷起而伏對, 曰: "釋菜之祭, 須用六七十儒生而見, 今無一人在館, 臣何由勒回捲堂之儒生, 於一日之間, 而成祭禮乎?" 上怒曰: "汝欲要君而爲此說乎?" 鼎猷對曰: "向來儒生, 初無可罪, 罪及其父兄, 定以將心之案, 苟以儒自名者, 寧欲升明倫之堂乎? 若非自上特赦入罪之儒生, 而還消將心之案, 則雖驅納儒生, 而斬其不從令者, 儒生必延頸受刃, 而無一人入館者矣. 士可殺而不可辱, 在理固然, 無足怪者." 上卽下敎, 而消將心之案, 赦儒生之父, 鼎猷辭退而入館. 明日, 國中儒生之入齋參祭者, 二百餘人, 上命進奉香三擬之名, 大司成謂大受曰: "上意在於申尙書之子, 蓋新婿永城尉, 而要以奉香, 榮其兄也." 大受曰: "不然. 兩銓容或希上之旨, 館儒何所患失而阿意求媚乎?" 士論方以奉香, 屬於李潭粉, 昆雖有勢, 奈何? 遂進奉香三擬, 上怒召鼎猷, 曰: "李也, 是何人而

---

10) 階: 저본에는 '陛'로 나와 있으나 의미상 바로잡음.

居首申也, 何人而居副乎? 汝未可以易置乎?" 鼎猷對曰: "奉香非掌議一人之所得擅, 擬必待諸儒之公議, 公議既以李壓申, 則臣何敢承望風旨而移易其次序乎?" 上震怒, 命投畀於大靜縣, 然明曉釋荣, 而掌議不可寬, 故旋收投畀之命. 蓋當宵小罔君之時, 一承腰斬之嚴旨, 兩承投畀絶海之命, 其得生存也, 亦已幸矣. 僧言豈不中歟!

34.(6-27) 邊士行/金肅川

邊士行曰: 嶺南有金肅川者, 自罷肅川而歸, 不復求仕, 而家居殷富. 有兩少妾, 三名鷹, 備絲竹, 酒肉樂飮者, 十餘年, 而身亦爲七十歲矣. 一日, 見秋風始厲, 而見架鷹刷羽顧眄起雲霄之想, 令人解絛割鈴, 而皆放之, 望見其極天之飛, 渺不知所終. 入令婢, 使盡搜兩妾之奩資, 皆出之庭, 而呼外僕, 輨兩馬, 分載其奩資, 而各添以數百金. 兩妾方相對縫衣, 而相看脉脉無語, 而皆怪之, 肅川曰: "汝等皆來前." 兩妾前跪, 肅川曰: "吾已盡縱名鷹於霜風矣. 入見汝等, 稚齒艷色, 深閉曲房, 空拘於老夫之手, 亦何異凌風瞥雲之志, 苦其絛鏃之羈絆乎? 故吾給汝馬, 而添汝貨, 足汝一家之產, 而歸汝父母兄弟之所. 汝其無以我爲慮, 必皆精擇而嫁少壯, 育男女, 以享百年之樂也." 兩妾皆泣, 不忍辭去, 肅川喝婢僕, 速載而出. 皆歸其家, 其父兄來問於肅川者, 肅川皆給文着標, 使卽嫁之. 獨與親戚故舊, 爲歡飮者, 又六七年而終.

35.(6-28) 邊士行/田長福

邊士行曰: 平壤城中, 有田長福者, 家積累萬金, 而自奉甚豊, 而餉人亦侈. 借貸人, 無記籍, 期限償還與不償還, 一任其人之所爲,曰:"貨財之爲物也, 豈一人之所可擅者乎? 亦非欲擅而得擅之物也. 吾以白手, 致貨如此, 雖謀爲之不失, 然多料外之得, 要之以天幸, 而爲貨財之所寄積也. 天旣以貨財寄積於我, 我若認爲吾財而擅有之, 必有天殃, 而大不利於吾身, 吾何敢然哉?" 蓋長福之豁達長厚如此, 而借貸不償還者, 十不能二三, 而償還與兼歸利息者, 十居六七, 故長福之貨, 日以益殖. 一日天寒, 長福出門, 適見一少年, 秀眉明目, 單衣負暄而坐, 問曰:"汝何爲者也?" 對曰:"貧而丐者也, 欲求朝飯於公矣." 長福曰:"踵吾入!" 旣入, 與之坐而飯之. 長福見其卒飯, 而語之曰:"子何姓乎?" 曰:"吳姓." 曰:"子有父母妻子乎?" 曰:"無有." 曰:"然則館於吾, 如何?" 曰:"不敢請耳, 固所願也." 使僕暖湯而與之沐浴, 爲新其衣服. 一日, 長福問於吳少年曰:"子亦曉轉販之術乎?" 曰:"能." 曰:"當用幾許金?" 曰:"先欲試五千金." 長福遂以白金五千兩, 與之, 吳少年裝爲而辭去, 曰:"明年某月日, 當來見耳." 果於明年, 吳少年載白金一萬五千兩而來見, 曰:"今日, 乃去年之行, 所期之日也." 長福曰:"然乎? 吾初不記矣." 吳少年曰:"自試吾才, 度可用二萬金, 願受白金二萬兩而去." 長福依其言, 與之, 吳少年曰:"明年某月日, 當來見." 長福筆之於壁. 果於其日, 吳少年來, 納六萬兩, 長福曰:"子欲復往否?" 吳少年曰:"大利難以數圖, 復往, 恐罹災殃耳." 長福曰:"然." 乃以女妻之, 還付六萬金, 坐而用貨, 富埒長福, 兩家之富, 皆傳之子孫, 子孫亦蕃盛興隆云.

36.(6-29) 邊士行/杆城寡婦

邊士行曰: 杆城有寡婦, 養其姑甚孝. 寡婦只有一女而八歲, 家貧, 賣油爲生. 寡婦適出外, 未及還, 而其姑老而盲, 以油缸謂爲溺缸, 而出瀉於灰堆中. 未及盡瀉, 而八歲女兒見之, 默然無一語, 既盡瀉而入. 寡婦方還, 八歲女迎於門, 而泣曰: "大母可憐愍, 不能辨油溺, 並置之缸, 而瀉油缸於灰堆. 未盡瀉, 而吾則見之, 欲明其爲油缸, 而存其餘油, 則恐老人傷惜無聊, 以爲羞恨, 故不言之耳. 願母亦不明言其爲油缸也." 寡婦抱其女, 而撫其背, 而曰: "汝眞吾女! 何其智慮之早開也?" 鄰有不孝之婦, 適自籬隙而見之, 大感悟, 歸語其姑曰: "願自今其自安, 勿復搬柴種火, 刮灰掃糞, 繰兒飼蚕, 整器滌鐺, 淸竈灑庭, 績麻拾綿, 而坐臥隨意, 勿慮賤婦之有言也." 其姑泣而搔白首, 曰: "吾於今日, 有何不稱於汝意, 而爲此不情之語也? 翁乎翁乎! 何不速捉我去, 而日日迫困於子婦也?" 不孝之婦, 跪而對曰: "賤婦從前頑悍, 甚失婦道, 而今適有所感悟, 而敢發此言, 願姑安意, 而勿過慮也." 及暮, 其夫歸, 而其婦又言之如語于姑者, 其夫驚怒而罵之, 曰: "今日, 必有迫蹙嘖詈於吾母之端矣! 汝之暴, 使吾母俾不得自便者, 積有年所矣, 此言何爲發哉? 乃是反語而炒爆之甚者也." 其婦曰: "今日, 適見東隣寡婦及八歲女兒之事矣, 其事如是, 其言如此. 彼亦人也, 吾亦人也, 彼乃孝於姑, 孝於大母, 至於斯極, 而吾之所以事姑者, 自覺無狀, 至爲八歲兒之罪人, 寧不可痛哉? 吾則誓心改過, 不復如前日之兇慝矣." 其夫曰: "其然, 豈其然乎?" 其後七八朔, 其婦之孝心不衰, 供養甚備, 其姑甚安之. 其夫大喜, 釀酒椎犧, 大會隣里, 迎其東隣寡婦及八歲女兒, 大卓陳饌, 各進於其前, 跪而語其故, 曰: "吾之取婦, 始不知其性行之兇惡矣. 恒言曰: '婦生二三子, 方見其眞性.' 果生數子之後, 肆其兇悖, 迫困老母, 豈不欲出此婦以安吾母? 而以其多子, 且善持家, 故不能出之. 顧於心中, 如對讎敵, 少無宜家之樂, 而常抱不孝之恥矣. 今賴賢媼母女, 而感化兇性, 免爲不孝之婦,得以小安老母之餘年, 不腆之饌, 敢致謝悃." 鄕黨莫不感嘆而去.

37.(6-30) 邊士行/窮士推奴

邊士行曰: 有窮士, 推叛奴於湖南之海岸, 叛奴族戚蕃盛, 産業饒足. 始見窮士, 欣款無比, 而納其美色處女於寢席, 窮士大悅而深信之. 一夕, 其女以衣裳, 內蔽牕戶, 梳頭爲男髻, 梳窮士之髮, 而爲女髻. 窮士怪問之, 女泣對曰: "賊變期以今夜起, 而父兄囑妾內跳而得免. 伏願主君衣妾衣裳, 而伺變作內跳, 仍尋籬隙而走也. 走必告官而捕賊, 必行誅殺, 伏願爲妾代死之故, 而赦吾父勿殺也. 諸兄與族戚, 則不敢望盡赦矣." 果於夜半, 有操刃者十餘人, 破戶探男髻而出, 爛斫於外庭, 盛之藁包, 疾走投於海. 窮士女服而跳入內庭, 仍披後籬而走, 不暇改服, 而告于縣宰. 縣宰大驚, 發吏卒, 掩捕諸賊而鞫之, 其女之父兄, 果皆合謀作賊者也. 窮士言之縣宰, 而特宥其女之父, 使尋女屍而葬之, 則號泣而對曰: "刃之爲泥, 不盈一斛之包, 夾以大石, 縛而投之海矣, 其何所尋之哉?" 縣宰具狀, 以聞于監司, 監司啓聞而誅諸賊, 以孝女·忠婢·烈婦三行之備, 而旌其女.

38.(6-31) 劍女

丹翁曰: 聞之湖南人, 曰蘇凝天進士, 有聲於三南, 擧以奇士目之. 一日, 有一女子, 拜見而曰: "竊聞盛名久矣, 欲以薄軀, 得侍巾櫛, 倘蒙俯許否?" 凝天曰: "汝不改處子之儀, 然而自薦于丈夫, 則非處子之事也. 豈亦人隷乎? 倡家之女乎? 亦旣事人, 而姑未改笄之狀乎?" 對曰: "人隷也, 而主家已無噍類, 無所於歸. 抑有一段情願, 不欲仰望凡子而終身, 故男服而行世, 不自輕汚, 竊擇天下之奇士,而自薦于座下矣."凝天納之爲妾,與居數年.其妾忽具猛酒嘉膳,乘閒夜月明,而自敍其平生,曰:"身是某氏之婢也,而適與主家娘子,同歲而生,故主家特與娘子而爲使,使爲將來嫁時轎前婢.年僅九歲,而主家爲勢家所滅,田園盡爲所奪,而只餘娘子與乳姆,逃匿他鄉,隷而從者,唯此一身耳.娘子纔踰十歲,而與賤身謀爲男裝,而遠遊求劍師.經二年,始得之,學舞劍五年,始能空飛往來,鬻技於名都會,得累千金,以買四寶劍.乃之讎家,爲將鬻技者,而乘月舞之,飛劍所割,頃刻數十頭,而讎家內外,皆已赫然血氉矣.遂飛舞回來,而娘子沐浴,改爲女服,設酒饌以復讎,告于先墓,而囑賤身,曰:'吾非吾親之男子,雖生存於世,終非嗣續之重,而男裝八歲,方行千里,縱不汚身於人,寧爲處子之道乎?欲嫁必無所售,使得售,何得稱意之丈夫哉?且吾家單子,絕無強近之親,誰爲吾主婚者耶?吾卽自刎而伏於此,汝其賣我兩寶劍,而葬于此,使得以微骸,歸于父母之兆,吾無恨矣.汝則人役也,處身之道,與我不同,不可從我而死也.葬我之後,必廣遊國中,而審擇奇士,爲之妻妾也.汝亦有奇志傑氣,豈其甘心低眉於凡子者乎!'娘子卽伏劍,賤身賣兩劍,得五百餘金,卽葬娘子,而以所餘,買土田,使可繼香火.不改男裝,而浮遊三年,所聞名高之士,莫如座下,故自獻其身,得侍下塵.而竊睊座下所能,乃文章小技,及星曆・律算・祿命・卜筮・符籙・圖讖等小術,而若處心持身之大方,經世範後之大道,則邈乎其未之及也.其得奇士之名,無已太過乎!夫得過實之名者,雖在平世,亦難自免,況於亂世哉!座下愼之,其得全終,必不易矣.願自今無居深山,而隤然闖然,處全州大都會,教授吏胥子弟,以足衣食而已,無他希覬,則可免世禍矣.賤身旣知座下之非奇士,而要終身仰望,則是負宿心,而兼負娘子之命也. 故明曉辭決, 而將遊於絶海空山矣. 男裝尙在, 飄然更着而遊, 寧復爲女子, 低眉斂手於飮食縫紉之事乎? 顧三年昵侍之餘, 不可無留別之禮, 且平生絶藝, 不可終閟, 而不一見於座下. 座下其强飮此酒, 壯其膽魄, 得以詳看之." 凝天大驚, 而椒然嘿然, 不能開一語, 只受所擎之杯, 旣滿平時之量, 止之. 其女曰: "劒風甚冽, 而座下精神不强, 將倚酒力而支持, 非洽醉不可." 更勸十餘杯, 亦自飮斗酒. 旣酣暢, 而發其裝, 靑氈巾·紅錦衣·黃繡帶·白綾袴·斑犀韡, 皎然蓮花劒一雙. 渾脫女襦裳, 而改服單束, 再拜而起, 翩然若輕燕, 而瞥然騰劒, 竦身挾之. 始也四撒, 花零氷碎, 中焉團結, 雪滾電鑠, 末乃翶翔, 鵠與鶴羮, 旣不可見人, 而亦無由見劒. 秪見一段白光, 撞東觸西, 閃南掣北, 而颯颯生風, 寒色凍天. 俄叫一聲, 砉然割庭柯, 而劒擲人立, 餘光剩氣, 冷遍於人. 凝天初猶堅坐, 已而顫縮, 終則頹仆, 殆不省事矣. 其女收劒更衣, 煖酒爲懽, 凝天乃得蘇. 明曉, 其女男裝, 而果辭去, 漠然不知其所向云. 嗟呼! 女子之爲人隸, 而尙能自珍其身, 不忍輕委於凡夫, 況於鴻儒奇士, 而不擇所從! 如孔鮒之於陳陟, 鮑永之於劉玄, 獨何意哉?

파수록
破睡錄

저본 및 이본 현황

저본: 국립중앙도서관본
가본: 고려대본
나본: 고금소총본
다본: 동국고사附본
라본: 천리대본
마본: 규장각A본(김연파수록)
바본: 규장각B본

破睡錄序

客有問于余曰: "我東禮樂文物之盛, 侔擬中華, 嘉言善行, 不可殫記, 則子何取乎齊東野人[1]之語, 而間之以淫聲耶? 如是而能不見譏於禮法之家乎?" 余應之曰: "唯唯, 否否. 子之迂也. 詩三百, 無非閭巷歌謠, 又況淫莫如鄭衛, 而夫子繫之二南之下, 其勸善懲惡之旨, 嚴矣畏哉! 覽是書, 而善則爲法, 惡則爲戒, 隨事自警, 則淫言野語, 何有於我哉?" 客曰: "然則, 何不目以勸懲, 乃曰'破[2]睡'耶?" 余又應之曰: "如宰予者, 以聖門高弟, 名在四科, 夫子深責晝寢, 經[3]曰: '於予[4]與何誅?' 又曰: '不有博奕者乎! 猶賢乎已.' 聖人豈敎人博奕? 甚言優遊素餐, 無所於事之害也. 覽是書, 而潛心着意, 自笑自解, 不知春晝之永夏日之困, 不暇乎友睡魔而伴蝴蝶, 則豈不賢於博奕哉? 然則是編之有補於人者, 多矣, 子何怪焉?" 因以答于客者, 書于卷[5]首. 歲壬戌陽月初吉.

1.

安峽民家, 有女年十七, 嫁于伊川農夫. 于歸數月, 其夫病死, 夫家無朞功之親, 只有媤母一人, 老而又盲. 女之父母及隣人, 憐其早寡而無依, 咸勸改適, 女不聽, 曰: "適人之道, 一與之醮, 終身不改, 況吾雖欲改嫁, 棄此無靠[6]之姑而去, 則天必厭之, 吾不忍爲也." 東西傭賃, 極備甘旨, 如是十年, 不得歸寧. 女之母, 哀其孀居

---

1) 野人: 저본에는 빠져 있으나 다본에 의거하여 보충함.
2) 破: 다본에는 '罷'로 되어 있음.
3) 經: 다, 라본에는 '至'로 되어 있음.
4) 於予: 저본에는 공백으로 되어 있으나 나, 다, 라본에 의거하여 보충함.
5) 卷: 저본에는 빠져 있으나 다본에 의거하여 보충함.
6) 靠: 나본에는 '依'로, 다본에는 '辜'로 되어 있음.

食貧, 使其甥[7]紿書于女, 托母病篤, 願欲一見, 女不得已告于姑曰: "越村有祀神者, 邀我觀光, 我今往見, 當卽還來矣." 引其手而歷指, 曰: "飯在於斯, 水在於彼, 如當飢渴, 飮且食而竢我." 姑曰: "須速歸[8], 毋久留!" 婦曰: "敬諾." 來到本家, 則母實無恙, 女驚曰: "我聞母親病重之報, 不得不來, 而早知如此, 豈有此行?" 母怒曰: "汝何厚於媤母而薄於生母耶?" 女曰: "非敢然也. 母親則[9]有他甥妹之奉養, 而我之媤母, 一日無我, 則難保其生, 豈不可矜?" 母曰: "汝爲此行, 則其將立[10]旌門乎?" 女曰: "只我不忍負夫家而然, 豈或要名而爲此乎?" 母意, 蓋欲因其來而奪其志也. 母好言慰撫, 瀹鷄炮狗, 以食其女, 女不[11]食, 舍其肉, 母問: "欲何爲?" 答曰: "將遺媤母." 母笑曰: "當盡其飽而已, 焉思媤母?" 女心知其母意, 佯言, "我來於積年睽離之餘, 暫訪親戚, 情話[12]而來." 暗持裏肉, 仍向夫家. 夫家相距五十里, 侵昏離發, 摘埴到半程, 山月初吐於蒼藤古木之間[13], 遙望一獸跳踉而來, 狀類虎豹, 而歸心如矢, 亦無所畏. 及當見之, 卽夫家老獿, 女喜而歎, 曰: "半夜峽路迎我者, 唯汝而已." 偕獿到家, 姑苦待不寐, 曰: "來何其遲? 來何其遲?" 婦曰: "耽於觀光, 自爾遲滯." 仍進其肉, 姑索溫水, 婦燃火入廚, 則偕來者, 非獿而虎也. 心竊怪之, 翌朝, 虎故夏[14]隣人之會而去, 隣人始知厥由, 咸共歎曰: "孝哉是婦! 不有至行, 安有此異?" 擧其事而告于

---

7) 甥: 다, 라본에는 '姉'으로 되어 있음. 서로 통함. 이하의 경우도 동일함.
8) 歸: 라본에는 '還'으로 되어 있음.
9) 則: 다본에는 '旣'로 되어 있음.
10) 立: 저본에는 '生'으로 나와 있으나 다, 라본을 따름.
11) 不: 저본에는 빠져 있으나 나본에 의거하여 보충함.
12) 情話: 라본에는 '話舊'로 되어 있음.
13) 間: 다본에는 '上'으로 되어 있음.
14) 夏: 나본에는 '逞'으로 되어 있음.

官, 以復[15]其身.

2.

李平凉子, 不知何許人也, 不詳其名, 亦不詳其居住, 長着平凉子, 世稱李平凉云. 其爲人不類俗, 不食煙火, 但[16]食酒果, 而尤嗜蜂蜜海松子. 且逢人, 未嘗叙寒暄, 其去其來, 如烟如雲而已. 行遍東西, 若聞棊聲之丁丁, 則無關知與不知, 必歷入引枰, 不曾多勝, 只贏數三家, 雖適國手, 亦如此. 臨歸, 取得賭物, 沽酒市果, 引滿而歸, 又不以吟詠誇於人, 而'玉蘊山輝'有略而篇之, 傳於世者. 如詠老妓曰: '一片殘花畵閣東, 幾回經雨又經風. 遊蜂戲蝶無消息, 虛送春光[17]寂寞中.' 詠白鷺云: '軒軒人立夕陽時, 芳草晴沙倦睡[18]宜. 意到忽然翻雪去, 靑山影裡更誰期.' 偶吟曰: '白髮愁同約, 愁來白髮多. 還家愁可已, 其奈白髮何.' 又曰: '步出靑山裡, 忽來湖水邊. 坐看山水色, 仍與白鷗眠.'[19] 此等絶唱, 庶幾頡頏盛唐, 疑或有道者類[20]歟!

3.

有一士人, 已自齠齔, 富有文華. 及長娶妻, 合巹之夕, 新婦低眉而告曰: "文翰雖非女子所尙, 第有痼癖, 適得一句, 未有[21]對偶者, 若足其對, 則惟命是聽, 而否則禮已成矣. 須得其偶然後, 始同衽

---

15) 復: 나본에는 '發'로 되어 있음.
16) 但: 저본에는 '長'으로 나와 있으나 라본을 따름.
17) 春光: 나본에는 '光陰'으로 되어 있음.
18) 睡: 다본에는 '眠'으로 되어 있음.
19) 又曰 … 仍與白鷗眠: 저본에는 빠져 있으나 라본에 의거하여 보충함.
20) 類: 나, 다, 라본에는 '流'로 되어 있음.
21) 有: 나, 다, 라본에는 '思'로 되어 있음.

席, 尙云不晚不知, 可乎?" 士人試問之, 女曰: '彈綿弓響, 白雲堆邊生夏雷.' 士人通夕苦思, 竟未索對, 自愧於心, 曰: "吾以名下良士, 素有文名, 今乃見屈於一女子, 豈不憤乎! 或余不讀群書而然乎?" 東方旣白, 直向近處山寺, 博究墳典, 已閱數霜, 適値秋夜, 與同學諸彦, 盤桓乎月池[22]雲階, 忽得其對, 喜不自勝. 仍向諸人語其事, 而誦其作曰: '食葉蠶聲, 綠樹陰中灑秋雨.' 語竟, 有與士人年貌髣髴者一人, 托以疾恙, 歸家醫治. 是夜徑扣[23]女之所處, 道[24]其對偶, 仍請同寢. 女雖穎悟, 數年前花燭之夜, 旣未熟其面, 況又事若符合貌又類者乎! 自度無疑, 共遂于飛之歡矣. 朝日, 士人始到其門, 擧家驚惶, 莫知攸爲, 女對其父母, 泣而告曰: "禮成於彼, 義結於此, 禮不可廢, 義不可忘, 有一於此, 不如死也." 遂觸柱而死. 其人則雖伏其刑[25], 而何補於玉碎花飛? 副墨子曰: "噫! 女意欲誇詞藻, 激動君子, 益勤其業, 而何物不逞之徒, 暗生偸香之心, 至使深閨之中, 死由非命, 惜哉! 若令此女, 只知在中饋勤女工, 而不事鉛槧[26], 則豈有如[27]是耶? 女子之好弄翰墨者, 可以爲戒世之不能愼言者, 亦庶幾懲也[28]哉! 詩云: '哲婦傾城.' 又曰: '無易由言.' 其是之謂歟!"

4.

昔有位至宰列而居喪者, 楸行歸路, 暮宿逆旅. 又有一棘人, 徒

---

22) 池: 저본에는 '地'로 나와 있으나 나본에 의거함.
23) 扣: 라본에는 '到'로 되어 있음.
24) 道: 나본에는 '語'로 되어 있음.
25) 其刑: 다, 라본에는 '典刑'으로 되어 있음.
26) 槧: 저본에는 '暫'으로 나와 있으나 가, 다, 라본에 의거하여 바로잡음.
27) 如: 저본에는 빠져 있으나 나본에 의거하여 보충함.
28) 也: 저본에는 빠져 있으나 나본에 의거하여 보충함.

步入來, 同處一堂. 及進夕飯, 宰相勸以己之行饌, 其人食而嚼肉, 出而吐之, 索水漱齒, 乃曰: "吾則認以兩班, 曾犬豕之不若, 渠雖居喪, 食肉如茶飯, 安敢勸人食肉乎?" 仍往移他店, 宰相慚愧而歸. 服関後, 對其家客, 說道是事, 曰: "居喪食肉, 雖多其人, 其時羞愧, 實無與比矣." 諸客因說可羞之古談, 以慰其心焉. 一人曰: "昔有酒後必甞者[29], 隨侄娶婦之後[30]行, 酕醄泥醉, 全却夕飯, 鼾睡于稠坐之中. 至暮席散, 被惱酒氣, 盡脫衣服, 及乎夜深, 捫尋溺缸而不得, 裸體起身, 誤開內戶, 出庭放溺. 還向客堂, 而又誤入內房, 雜臥於婚會留宿之婦女間. 翌曉, 諸婦咸起, 或立而整衣, 或坐而傅粉[31]. 獨有一女, 擁裳而臥, 鼻息[32]如雷, 諸婦相䂓曰: '未知誰家內子, 而失曉不起於他家乎?' 試捲其裳, 見其腎囊之微露, 爭[33]笑曰: '曾聞耳谷宅【耳谷地名】脫肛之說, 此必是也.' 繼捲頭部[34], 始知爲男子, 莫不驚怊, 急出戶閾之際, 其中一婦, 胃裳於戶樞之上[35], 拂手頩爾怒, 曰: '速捨速捨! 安敢挽查頓之裳乎[36]云.' 此人此事, 何如大監之羞耻乎[37]?" 宰相曰: "羞耻則果羞耻, 而醉客常事, 豈與吾羞比乎?" 一人曰: "昔有病風而好竊他物者, 知其病者, 則必以可竊之物, 故置其旁, 任其偸去, 旣偸而病間, 則卽還本主矣. 病者爲子娶婦, 偕往查家, 欲偸午饌鍮器, 而十目所視, 故[38]無機可

---

29) 有酒後必甞者: 나본에는 '一村氓'으로 되어 있음.
30) 後: 저본에는 빠져 있으나 나본에 의거하여 보충함.
31) 傅粉: 나본에는 '粉粧'으로 되어 있음.
32) 鼻息: 라본에는 '鼻聲'으로 되어 있음.
33) 爭: 저본에는 빠져 있으나 나본에 의거하여 보충함.
34) 頭部: 다본에는 '面部'로 되어 있음.
35) 之上: 저본에는 빠져 있으나 라본에 의거하여 보충함.
36) 乎: 저본에는 빠져 있으나 나본에 의거하여 보충함.
37) 乎: 저본에는 빠져 있으나 나본에 의거하여 보충함.
38) 故: 저본에는 빠져 있으나 나본에 의거하여 보충함.

竊. 俄而, 奴僕盡歸歇處, 主人適又不在, 忙乘其隙, 潑薂他器倒納頭髻, 着冠端坐. 撤床之婢, 獨語於口, 曰: '薂器不在, 怪矣哉!' 病者勃然大怒, 曰: '過甚哉是婢! 旣無來者, 又無去者, 惟我獨在, 則汝焉敢致疑於我乎?' 主人驚謝曰: '賤婢妄言, 我當痛治, 望勿爲咎.' 病者終不解怒, 曰: '我是士子, 豈可見此辱而蹲坐乎?' 拂衣拜別之際, 冠纓絶而薂器落地[39], 此則何如?" 宰相曰: "雖極可笑, 而豈比乎吾事耶?" 一人曰: "昔有一村[40]媼, 率五六歲穉子, 步尋數十里姻家者, 夜宿其家, 其家有過時之處女矣. 媼悶其子之呼寒, 請於處女, 宿兒於其衾之下端, 媼則不解衣而寢. 翌日, 適不還家, 又請處女使宿衾底, 則兒不悅, 曰: '厭矣厭矣!' 媼叱曰: '誰齧汝肉?' 而乃云: '厭耶?' 兒曰: '彼處女達夜抱臥, 捫我下物, 納其陰戶, 故不得一睡云.' 此則何如?" 宰相大嚽曰: "此則永枳其女之前程, 還甚於吾羞[41]云."

5.

龍仁西村有善虛言者, 荷蕢而過鄕班之前, 鄕班曰: "汝爲我一虛言." 其人曰: "虛言誑語, 皆是閒時事, 適當受還之行, 無暇念及矣." 鄕班曰: "分糶屬耳, 又何有分糶耶?" 其人曰: "生員主不聞否? 官家適有上京之事, 預分來等之意, 俄有面任之知委耳." 鄕班急使家奴, 往受還穀, 則倉庭寂寞[42], 初不開倉, 問于邑人, 答曰: "分還亦有其數, 其將一月十給乎!" 奴無聊之退, 歸語其主, 鄕班招其人,

---

[39] 地: 저본에는 빠져 있으나 다. 마본에 의거하여 보충함.
[40] 一村: 라본에는 '村家'로 되어 있음.
[41] 羞: 저본에는 '睡'로 나와 있으나 가. 다. 라본에 의거하여 바로잡음.
[42] 寂寞: 나. 다. 라본에는 '寂寥'로 되어 있음.

責其虛言, 笑而答曰: "旣使⁴³⁾虛言, 安得不虛言乎?" 副墨子曰: "傳云: '君子可欺以其方.' 欺以其方,⁴⁴⁾ 以子産之智之明, 猶且見欺於校人, 況於鄕曲之人乎!"

6.

有一善戲謔者, 欲辱業醫者, 對醫談古, 曰: "昔者, 冥司⁴⁵⁾推捉妓女·偸兒·醫生, 閻王問于妓曰: '汝則在世之日, 所業何事?' 對曰: '小人則以冶容麗服, 公子王孫之豪富遊閒⁴⁶⁾者, 前迎後送, 備逞妖艶之態, 見金夫而爲生矣.' 閻王曰: '不害! 爲悅人之事, 當令還生於樂地矣.' 又問于盜⁴⁷⁾曰: '汝則業何?' 對曰: '小人則狗偸鼠竊于富⁴⁸⁾乘之家, 已用而有餘, 則或濟人貧乏矣.' 閻王曰: '汝亦不害! 爲平等之道, 當令還生於樂地矣.' 又問于醫曰: '汝則業何?' 對曰: '小人則牛溲·馬勃⁴⁹⁾·敗鼓之皮, 俱收幷蓄, 廣濟萬病, 藉此爲生矣.' 閻王勃然大怒, 曰: '近有發捕, 輒多拒逆, 故吾固已疑之, 果有此畜老生慫慂.' 方命促令具桎梏, 押付酆都, 醫生顧向妓女與偸兒, 曰: '歸語吾家, 此後則使吾妻學妓, 使吾子學盜, 期免地獄之苦, 可矣.'"

7.

有一居喪者, 時當庚熱, 脫掛巾絰于喪次藁索而坐. 聞有吊客之來⁵⁰⁾, 急急着服之際, 不覺藁索之幷結, 受吊將拜, 而牽挽不得屈

---

43) 使: 나본에는 '請'으로 되어 있음.
44) 欺以其方: 다본에는 '不欺以不方'으로 되어 있음.
45) 冥司: 나, 다본에는 '冥府'로 되어 있음.
46) 遊閒: 나본에는 '遊俠'으로 되어 있음.
47) 于盜: 다본에는 '盜兒'로 되어 있음.
48) 富: 저본에는 '貧'로 나와 있으나 나본에 의거함.
49) 勃: 저본에는 '渤'로 나와 있으나 다, 라본에 의거함.

身[51]. 用力絶索, 索絶而氣勢所使, 躬迫[52]吊客, 吊客不知裡面, 驚怪而出. 適逢他客之來吊, 謂曰: "其家喪人發狂蹴客, 君須操心." 其人聞而心疑[53], 雖吊而密察動靜, 喪人挾持苴杖, 跪而將拜, 其人却坐而笑, 曰: "吾則非受蹴之人云." 副墨子曰: "吊之兩人, 可謂胥失. 君子揚人之善, 隱人之惡, 假使眞狂, 何可對人揚惡? 吊者慰也, 慰其人而反弄, 其人可乎? 臧穀雖異, 亡羊則一也."

8.

昔有新婦, 放氣於進幣舅姑之前[54], 姑欲掩其羞澁, 笑曰: "昔我亦然, 其時羞愧, 豈容形言? 而然今有子有女, 享此安樂, 吾婦將如吾多福而然乎!" 婦却立局局然笑, 曰: "欲然而然乎! 已自受幣之日, 細放氣拂拂數矣." 副墨子曰: "詩云: '人而無禮, 胡不遄死?' 無禮如此, 何以立於世乎?"

9.

有蓄妓居室者, 夜闌將寢之際, 自官召妓, 其夫戱曰: "深夜入官, 必得一夫." 妓曰: "入官而每每得夫, 則其將人盡夫乎?" 仍着衷袙示之, 曰: "此乃免之之術耳." 夫笑應, 而終不無疑慮, 暗躡其後, 則妓到官門, 解袙貼置于瓦底而入. 夫忿其紿, 己手把衷袙, 歸坐房中, 明燭待還, 爲永夜所惱, 僵臥[55]着睡矣. 向曉妓出, 而索袙無

---

50) 之來: 저본에는 빠져 있으나 다본에 의거하여 보충함.
51) 身: 저본에는 빠져 있으나 나본에 의거하여 보충함.
52) 迫: 저본에는 '薄'으로 나와 있으나 다본을 따름.
53) 心疑: 나, 마본에는 '甚疑'로 되어 있음.
54) 前: 저본에는 '時'로 나와 있으나 나본을 따름.
55) 僵臥: 다본에는 '强臥'로 되어 있음.

有, 已知其夫之所爲, 歸到窓外, 恐出樞聲, 按戶輕開, 則夫果把[56]祖睡熟. 以渠帽子, 代執其手, 奪祖還着. 蹴起其夫, 夫忿起, 詰責曰: "汝之祖服在我手中, 汝能免欺我悶夫之責耶?" 妓巧言媚笑, 曰: "夜色雖墨[57], 何不辨祖與帽乎?" 夫聞言更見, 則果帽也. 憮然曰: "春夢誠虛事." 隱忍抱宿. 副墨子曰: "噫! 娼妓賤流, 豈以人道責耶? 臂同傳舍之枕, 唇若青帘之杯, 狐媚騙人, 貪財忘情, 賢愚皆知. 自古, 番番良士, 赳赳武夫, 亦多駸駸然入于迷魂之障, 失其操守者, 指不勝屈[58], 可謂惑之甚矣哉[59]!"

10.

有人對客, 語婢曰: "貴客來臨, 入告內間, 炙如松茸之屬【言松茸갓흔것】及如[60]軟鷄之屬, 漉酒以來." 婢入內[61], 還告曰: "阿只氏之主, 以爲如軟鷄者, 卽生雉, 而如松茸者, 未知何物, 須更詳奇." 主人聞而不勝大慙. 副墨子曰: "噫! 易云: '家人嗃嗃悔厲吉, 婦子嘻嘻終吝.' 婦子嘻嘻, 猶當致吝, 安敢以淫語戱其丈夫乎? 如此而能齊其家者, 未之有也."

11.

有一士, 生而不慧, 不辨菽麥. 妻則甚該博, 周旋於父兄仕宦之人, 使夫得宰一邑, 到郡[62], 語其夫曰: "邑務雖甚鞅掌, 必質於我而

---

56) 把: 다본에는 '抱'로 되어 있음.
57) 墨: 나, 다, 라본에는 '黑'으로 되어 있음.
58) 屈: 저본에는 '窟'로 나와 있으나 이본에 의거하여 바로잡음.
59) 哉: 저본에는 빠져 있으나 다본에 의거하여 보충함.
60) 如: 저본에는 빠져 있으나 다본에 의거하여 보충함.
61) 內: 저본에는 '來'로 나와 있으나 이본을 따름.
62) 郡: 다본에는 '邑'으로 되어 있음.

決之, 則庶不致誤." 夫曰: "諾." 一日, 民有訴其牛躓於冰崖而脚折者, 倅入而問之, 妻曰: "於決是也何有? 出而題之, 曰: '旣不能任重, 又不可農而無牛, 斯速椎殺, 筋角[63]則納于官, 賣肉買犢, 以立其本云云.' 可矣." 倅出而決送, 吏民咸曰: "孰道吾倅癡癡者? 固如是乎!" 過數日, 又有一人, 披髮泣訴[64], 曰: "某人打殺民夫, 伏願依法償命." 倅自以手段已熟, 不謀於婦, 直[65]以'題牛之語'語之, 其人大駴, 面斥其倅, 轉訴上司矣. 倅入而對妻, 笑道其事, 妻大驚曰: "有國大政, 莫過殺獄, 而誤決如此, 今則已無及矣. 速勘簿書, 早治行李, 然吾當乘轎, 面可障蔽, 而丈夫則何面見人乎?" 倅曰: "我有向捧之牛皮, 蒙此而歸去, 則好[66]云." 副墨子曰: "噫! 人之愚騃無恥, 至於此極, 何足多評?"

12.

一僧[67]入店, 而見當壚女之色美, 慾火熱中, 實難按住. 及夜, 偵知厥女之獨宿, 而亦不敢遽入, 盡脫衣衲, 納于鉢囊, 懸于窓外. 豫習走法, 赤身向房, 急摘鉢囊, 屢試屢中然後, 乃入房中. 女覺, 問: "誰也?" 僧驚惻, 摘囊走到一舍, 定息細見, 則非鉢囊, 乃鷄伏卵[68]之草䕆. 由是, 而有'不見陰戶空失衣鉢'之諺.

---

63) 筋角: 다본에는 '皮骨'로 되어 있음.
64) 訴: 저본에는 '訢'으로 나와 있으나 가, 라, 마본에 의거하여 바로잡음.
65) 直: 나본에는 '卽'으로 되어 있음.
66) 去則好: 저본에는 빠져 있으나 다본에 의거하여 보충함.
67) 一僧: 저본에는 '僧有'로 나와 있으나 나본을 따름.
68) 乃鷄伏卵: 다본에는 '而鷄産'으로 되어 있음.

13.

平壤外城有一鉅富, 年過不惑, 始生一子, 不任其喜, 於百日之辰, 盛備珍羞, 盡饋一邑男女往來行客矣. 有鶉衣一客, 請見其兒, 主人衣以綺紈, 飾以珠玉, 抱出見客. 客熟視而言曰: "亡家者, 必此兒也!" 主人怒其言不祥, 逐出里外. 其後, 兒之父母, 臨沒, 語其子曰: "吾之産業, 不可勝用, 限汝壽, 縱所慾窮所樂, 不害爲男兒豪事[69], 任汝爲之." 兒年二十餘, 日聚府妓村娥, 散投金銀, 樂觀群女之亂髻裂裳, 相逐爭拾.[70] 如是數年, 而盡蕩家産, 轉乞東西, 餓死路旁. 副墨子曰: "噫! 書云: '以義制事, 以禮制心, 垂裕後昆.' 爲人父者, 雖敎子禮義, 猶恐荒墜, 況乎不存包桑之誡, 反敎逸樂, 何異於敎猱升木乎? 傳云: '其父析薪, 其子不克負荷.' 可謂有是父而有是子夫[71]!"

14.

昔有統帥之子, 爲其覲親, 下往[72]統營, 路見數十農夫, 打麥於槐陰之下, 問於從者曰: "彼打者何物也?" 答曰: "來牟矣." 試使持來見之, 則芒刺觸手, 不與鑿米等, 乃曰: "此亦食乎?" 伊時, 場畔監打者, 卽土班也, 指揮衆人, 捽曳其人, 曰: "汝以汝父之力, 雖曰足衣足食, 不知稼穡之艱難, 民食之所重, 乃曰: '此亦食乎云.' 如汝懿愚[73]之類, 何足深誅? 歸告爾家, 須學事物, 可也." 其人不勝忿怒, 來見其父, 告之故而請治其罪. 父責其妄言, 繼以軍官, 傳令召

---

69) 豪事: 다본에는 '好事'로 되어 있음.
70) 相逐爭拾: 나본에는 '相互追逐'으로 되어 있음.
71) 夫: 저본에는 '否'로 나와 있으나, 나, 다, 라본에 의거함. 가본에는 '矣'로 되어 있음.
72) 下往: 마본에는 '往于'로 되어 있음.
73) 懿愚: 다, 마본에는 '蠢愚'로, 라본에는 '庸愚'로 되어 있음.

土班, 鄕老危之曰: "統帥與子, 素無面分, 又有辱其子之事, 而召之以傳令, 似欲以師律殺君也." 土班笑曰: "君等徒老於年, 未老於事, 如欲殺我, 一紙關文足矣, 安用傳令爲乎? 是必有故也." 仍卽往現, 帥謝其不善敎子之失, 仍信任之, 與同去就. 副墨子曰: "噫! 溺愛則難明, 而統帥之愛其子, 而知其惡, 豈不韙乎? 至若土班, 則身作禍階, 而卒受其利, 此蓋有是人而遇是人故也. 不然, 則難乎免於禍夫! 老子曰: '禍兮福所倚, 福兮禍所伏.' 不其然乎!"

15.

昔有一名士, 還自南邑, 適見路傍有舍堂歌詞者, 雖不濃粧艶[74]服, 倩笑盼目, 鬢髮如雲. 一見戀愛, 情難自抑, 顧語從者曰: "汝等欲聞彼歌否?" 對曰: "不敢請固所願." 名士曰: "前路不遠, 春日且長, 少歇前進, 亦好矣." 仍憩店舍, 則厥女隨來禮拜, 名士試使唱詞, 態度之嬌艶, 節奏之協律, 令人口呿神搖. 名士引之上堂, 問曰: "汝知書文否?" 對曰: "粗辨[75]魚魯, 敢曰能之?" 名士試呼韻字, 應聲製吟曰: '三月離家九月歸, 秦山楚水[76]夢依依. 此身恰似隨陽鳥, 飛盡南天又北飛.' 名士大驚握手, 曰: "觀汝此作, 決非尋常賤女, 須說來歷." 對曰: "假使眞箇士族婦女, 旣爲舍堂行次, 則只認以舍堂而已, 何必更問來歷乎?" 名士反覆思惟, 或恐得罪名敎[77], 仍令厚給以送. 逢人則說道是事, 不能忘情.

---

74) 艶: 라본에는 '麗'로 되어 있음.
75) 辨: 나, 마본에는 '解'로 되어 있음.
76) 秦山楚水: 나본에는 '楚山吳水'로, 마본에는 '秦水楚山'으로 되어 있음.
77) 名敎: 나본에는 '於人'으로 되어 있음.

16.

昔有好忘而作宰者, 通引告以伋唱某人遭子喪, 請由矣. 倅誤認以自家子喪, 椎胸大哭, 通引乘間, 更告厥由, 倅憮然止哭, 曰: "我本無子而誤哭." 副墨子曰: "傳云: '好忘者, 徙家而忘其妻.' 甚言其忘也. 此人則有浮忘妻, 可不絶倒乎!"

17.

昔[78]有士人, 行過山谷, 見四五村女, 把鋤耘田, 一女唱謠, 諸女隨應, 而聞其謠詞, 則乃書之「無逸」, 詩之「豳風」. 士人班荊坐塍, 細觀動靜, 抵暮荷鋤歸家. 士人追躅唱謠之女, 艱得蹊徑, 以赫蹄書付于女, 而通其情[79], 其詞曰: '詩書一秩誦分明, 客子停驂忽有情. 虛閣夜深人不宿, 捲簾空對月三更.'[80] 女以詩答曰: '終日相看十目視,[81] 有情無語似無情. 褰裳涉洧非難事, 曾與農夫許[82]不更.' 又曰: '昔在長安日, 何不曰[83]黃昏. 晚作農家婦, 沙田去草根.' 士人大慚而返. 副墨子曰: "噫! 易云: '不恒其德, 或承之羞.' 正心修身[84]者, 士[85]之恒也, 爲士而不守恒心, 乃犯鷰雉之譏, 其受侮也, 宜哉!"

18.

洛有[86]一章甫, 弱冠登司馬科, 與其叔, 將榮親於南邑任所. 暮入

---

78) 昔: 저본에는 빠져 있으나 라본에 의거하여 보충함.
79) 情: 다, 라, 마본에는 '意'로 되어 있음.
80) 其詞曰 … 捲簾空對月三更: 저본에는 빠져 있으나 다본에 의거하여 보충함.
81) 終日相看十目視: 다본에는 '昨日相逢十目明'으로 되어 있음.
82) 許: 다본에는 '誓'로 되어 있음.
83) 曰: 다본에는 '語'로 되어 있음.
84) 修身: 마본에는 '修己'로 되어 있음.
85) 士: 저본에는 '世'로 나와 있으나 다, 라, 마본에 의거함.

一村舍, 則竹戶荊扉, 翠蕩蒼松, 左右交鬱, 幽邃可愛. 主翁邀坐客堂, 繼進夕飯, 野蔬山果,[87] 精潔可口. 是夕, 宿於客堂, 其叔則憊於長程, 臥卽睡熟, 生不勝淸興, 徘徊月地. 以年少氣銳之故, 潛入後庭, 聞有女子詩聲, 隱隱於修竹之間, 尋聲進步, 見數間茅屋, 翼然臨池. 中有閨秀, 卽主翁之女, 有沈魚落雁之容, 閉月羞花之態, 眞國色也. 生不勝豪情, 開戶入坐, 女徐問曰: "客是何爲者耶?" 生具述來由, 且曰: "旣到此地, 願借一宿." 女見生美姿, 沈思良久, 乃曰: "我本農家女也. 當婚農家, 而自恨爲女子之身, 生於斯長於斯, 歸於斯死於斯, 不見王都之盛[88]·宮闕之美, 與草木同腐矣. 今夜結緣, 不我遐棄, 則宿願可伸, 不知可乎?" 生曰: "吾當告于家嚴, 約日御[89]去, 如負此約, 有如皎月.[90]" 女喜而從之. 鷄鳴, 女乃先起, 綷縩整衣, 勸生出去, 伸之以誠約, 贈之以別章, 曰: '臨岐相送却忘行, 別淚無聲雨暗聲.[91] 水絶渡頭流不盡, 淺深何似此離情.' 生袖詩還客堂, 則其叔尙爾困睡, 不知生之有此事矣. 生趨庭榮親, 仍處子舍約日將迫, 而以其父性嚴, 趑趄不敢, 荏苒過芽. 翌年春, 生之父使生還家, 勤修學業, 生又與其叔, 治行[92]啓程, 歷到其家, 則主翁見生慟哭. 其叔驚問厥由, 翁始道顚末, 且告女兒之捐生. 其叔怒責生, 曰: "如難告於家嚴, 則何不語我斡旋, 貽此積寃, 豈不大害於汝之前程乎? 然事已遂矣, 雖責何益?" 生自此以來, 疾病纏綿, 不食雉膏而終. 副墨子曰: "噫! 斯干之詩云: '無非無儀,

---

86) 有: 나본에는 '中'으로 되어 있음.
87) 野蔬山果: 나본에는 '山蔬野果'로 되어 있음.
88) 盛: 저본에는 '城'으로 나와 있으나 나, 다, 라본을 따름.
89) 御: 라본에는 '迎'으로 되어 있음.
90) 有如皎月: 나본에는 '死亦可愧'로 되어 있음.
91) 聲: 나, 다, 라본에는 '城'으로 되어 있음.
92) 行: 저본에는 '任'으로 나와 있으나 다본을 따름.

唯酒食是議[93], 無父母貽罹.' 女子有儀, 尙有其誠, 况乎有才有貌, 而不畏行露, 何以令終? 夫子曰: '自古皆有死, 人無信不立.' 士貳其行, 又不守信, 亦何以食其報乎? 觀此者, 須知男女會合之必由正道, 毋苟然, 可也."

19.

客有見耦牛而耕[94]者, 問曰: "何牛善耕乎?" 答曰: "惟君蓋行耶? 無落吾事." 偲偲乎耕而不顧, 客怪其不言, 行數十步, 其人撤耕, 趕到附耳語曰: "黧[95]牛果善耕矣." 客笑曰: "此胡殷勤之語? 不言於問時, 耳語於此處耶?" 答曰: "牛雖畜物, 若聞短處, 能無寃乎? 是以不言.[96]" 客謝而歸. 副墨子曰: "噫! 如此農夫, 近乎沮溺之流夫!"

20.

遊[97]閑文士, 會于山寺, 賦詩煮艾. 適有弊縕過客, 來[98]求食一盂, 諸士戱之曰: "有價然後, 可食!" 客曰: "如有其價, 豈庸乞食?" 諸士曰: "所謂其價, 卽詩也." 客請問韻字, 諸士故欲困之, 試呼强韻, 客隨呼隨製, 曰: '偶然爲客到南閭, 藥圃新栽九節菖. 寺外玉峯連北極, 佛前金葉自西羌. 身同野鶴寧須[99]鶩, 意似寒蟬不羨螳. 日暮山齋仍進飯, 盤中異味雜椒薑.' 諸士人大驚服, 延之上坐, 盡歡而罷[100]. 副墨子曰: "世稱文人多窮, 疑或窮於文者乎!"

---

93) 議: 저본에는 '儀'로 나와 있으나 다, 라본에 의거하여 바로잡음.
94) 耕: 라본에는 '耘'으로 되어 있음.
95) 黧: 마본에는 '犁'로 되어 있음.
96) 是以不言: 저본에는 빠져 있으나 다본에 의거하여 보충함.
97) 遊: 저본에는 '有'로 나와 있으나 나, 다, 라본을 따름.
98) 來: 저본에는 빠져 있으나 다본에 의거하여 보충함.
99) 須: 나본에는 '隨'로 되어 있음.

21.

昔有送子娶妻者, 戒之曰:"言語之間, 如用文字, 則人不敢侮. 汝到婦家, 若勸坐席, 則答以'不寒不熱好時節, 何處不可坐乎', 如值月夜, 則曰:'月明窓外愛無眠.' 如見梧桐, 則曰:'可合琴材云.' 則人必以汝爲有識人[101]矣." 卽到婦家, 果勸坐席, 都忘父敎, 依俙錯憶, 乃曰:"不速不速, 何處不坐乎?" 適見梧桐, 乃曰:"斷棄上下, 用於斫刀板, 好矣." 夜値月白, 推窓而言曰:'月明窓外愛梅母.' 適其妻名愛梅, 而其妻母在庭矣, 聞而驚避. 且於翌朝, 進匜也, 傍置漱齒水與飛露白鹽, 郎是初見者[102], 乃和合[103]飮之, 妻母見而嗤笑, 曰:"使洗塵垢, 而乃飮[104]之." 郎曰:"欲滌喉中垢云." 副墨子曰:"噫! 知子莫如父, 父[105]不問賢愚能知其子者, 蓋相知非一事一物也. 父而不知其子之才淺識短, 適足取拙, 良堪一笑. 莊周稱, '褚小者, 不可以懷大 ; 綆短者, 不可以汲深.' 此人父子之謂歟!"

22.

遐方方言, 飮食之謙辭, 曰'劣物【方言좀것】, 食之曰'爲之【方言하야】矣. 有一媼, 於嫁女之翌朝, 問於新郞曰:"昨夜入送劣物, 善爲之否?" 此指夜饌而言, 新郞則認以指新婦, 低頭而答曰:"三次爲之矣." 媼深[106]愧失言[107], 板然默坐. 媼之幼子, 心非新郞之誤答,

---
100) 罷: 나본에는 '歸'로 되어 있음.
101) 人: 마본에는 '字'로 되어 있음.
102) 者: 마본에는 '物者'로 되어 있음.
103) 合: 저본에는 '會'로 나와 있으나 다본을 따름.
104) 飮: 나본에는 '何飮'으로 되어 있음.
105) 父: 저본에는 빠져 있으나 나, 다, 라본에 의거하여 보충함.
106) 深: 저본에는 빠져 있으나 라본에 의거하여 보충함.
107) 言: 저본에는 '心'으로 나와 있으나 이본을 따름.

獨語曰: "妹夫人事, 還不及論金." 論金, 卽其家迷劣之奴也. 新郎聞言, 大怒曰: "兒乎兒乎! 數日程驅馳之餘, 何以加爲乎? 十餘次爲之, 則快於汝心乎?" 聞者莫不駭愕. 副墨子曰: "傳云: '唯上智與下愚, 不移.' 此眞下愚而茅塞者矣."

23.

有牽驢而履過薄冰者, 戰戰兢兢, 連呼南無阿彌陀佛, 與觀世音菩薩. 及夫盡涉, 反辱阿彌陀佛, 一躍登岸, 回首見之, 驢則尙在彼[108]岸, 渠則只牽鞚勒而來, 乃更祝阿彌陀佛, 而復涉. 俗所云: "還爲阿彌[109]陀佛." 此也. 副墨子曰: "詩云: '靡不有初, 鮮克有終.' 書曰: '愼厥初, 惟厥終, 終以不困.' 古語曰: '行百里者, 半九十里.' 言末路之難也, 奈何不愼于終?"

24.

有尹生[110]者, 客遊關西, 留一村舍, 滯雨未歸. 主媼雖老, 而言貌擧止, 不似村姿模樣. 一日, 媼笑而言曰: "行次必忉忉, 吾爲古談, 以助一笑, 何如?" 尹生[110]曰: "好矣." 主翁不悅, 曰: "不緊之語, 今又欲言耶?" 媼曰: "君我俱老矣, 言之何妨?" 仍言, "我本楚山妓也. 年十六, 昵於主倅, 寵以專房, 主倅意外徑遞, 臨別, 乃以所用什物, 都付於我. 且厚給盤纏, 而語曰: '吾歸之後, 汝卽上來, 同過百年, 可[111]也.' 我泣而許之. 主倅去後[112], 情不自抑, 以其所給, 換得

---

108) 彼: 저본에는 빠져 있으나 나, 라, 마본에 의거하여 보충함.
109) 阿彌: 저본에는 빠져 있으나 나, 라본에 의거하여 보충함.
110) 生: 저본에는 빠져 있으나 나본에 의거하여 보충함.
111) 可: 저본에는 빠져 있으나 나본에 의거하여 보충함.
112) 去後: 라본에는 '離發之後'로 되어 있음.

輕寶, 率一小奚, 治任離行. 纔到數日程, 時值隆冬, 大雪飄紛, 迷失去路. 使童捨馬尋路, 誤陷壑雪, 竟死其中, 躊躇中途, 寒甚折膝[113], 而日又昏矣[114]. 遙望疎燈明滅於林間, 認爲人家, 艱尋扣焉, 乃一佛庵, 而寂無人跡, 卓上只有白衣一佛而已. 自度於心曰: '房堗旣溫, 燈火且明, 而僧則無之, 怪矣怪矣!' 然而事到窮處, 無異藩谷[115], 躬解馬卜, 作粥啜之, 獨臥房中, 轉輾不寐. 少焉, 凍體解而煩熱甚, 以其無人也, 故盡脫衣裳, 只着單襠[116], 露體偃臥. 不意一僧直來强奸, 雖欲不從, 半夜深山, 其誰來[117]救? 原來此僧, 已自十餘歲, 祝髮出家, 學得辟穀方, 獨居庵中, 年方二十八, 上所云 '卓上白衣佛'者也. 戒行雖高, 情慾所動, 如何可抑? 翌日, 開戶視之, 則積雪連簷, 欲歸無奈, 荏苒經冬, 兩情俱洽. 僧曰: '我不求君, 君不尋我, 而那知尺雪作我斧柯? 我行因君而毀, 君節緣我而虧, 事機至巧, 湊合至異, 殆天所以做成, 君我之好箇因緣也. 何必往訪故夫, 作了副室哉? 與我偕老, 共享安樂, 何如?' 我亦思之, 言實有理, 仍隨其僧, 來居于此, 有子有孫, 家亦稍饒, 斯豈非天耶? 彼翁, 卽當日山僧." 翁亦笑而不言. 副墨子曰: "噫! 釋氏言曰: '雲駛月運, 舟行岸移.' 邂逅少艾於暗室之中, 若非魯男子, 則孰能守其操而不運移者乎? 良亦奇遇也[118]."

---

113) 膝: 저본에는 '膠'로 나와 있으나 다본에 의거함.
114) 昏矣: 나본에는 '昏黑'으로 되어 있음.
115) 藩谷: 라본에는 '觸蕃'으로 되어 있음.
116) 單襠: 마본에는 '單衣'로 되어 있음.
117) 來: 저본에는 '求'로 나와 있으나 다, 라본에 의거함.
118) 也: 저본에는 빠져 있으나 나본에 의거하여 보충함.

25.
昔有過時而受幣之處女, 不勝其喜, 乃於如厠之時, 屈指計日, 仍誇於尨[119]曰: "某日卽吾婚日也." 尨適張口而欠, 女盟曰: "如非其日, 則吾眞汝女云." 副墨者曰: "喜其星期, 對尨猶夸, 可見其情慾之已動, 而能守貞, 固以待迨吉之庶士, 比乎[120]桑中采唐, 不可同日而語哉!"

26.
有一鄕軍, 寒夜巡邏, 見深巷長廊, 燭影煐明. 時聞男女戱嬲之聲, 乃屛息窓外, 穴壁[121]窺視, 則有年少美男女作房事, 而布列美饌. 女爲牝馬, 男爲牡駒, 蕭蕭其鳴, 凄凄其雨, 時吃美饌, 或輕[122]戱踢, 蠟燭煒煌, 雪膚豐盈. 其人健羨于心, 曰: "吾歸吾家, 亦當爲[123]此矣." 及歸其家, 所張者短榮, 所饌者炮太, 使妻裸體, 則三夏鋤耘之餘, 肌色黧黑, 間帶塩花, 豈[124]如冶容誨謠之女乎? 一見其肌, 十分深[125]情, 九分消磨[126], 雖然旣始之事, 難於中止, 敎以馬鳴戱踢, 因跨作房事. 其妻蕩情所動, 不覺猛踢, 其人盛怒拳毆, 曰: "吾固厭之, 而浪作此事云." 副墨子曰: "噫! 記云: '刑不上大夫, 禮不下庶人.' 何責禮防於此類? 而易稱, '男女正, 天地之大義,' 則人所以異於禽獸者, 以其有倫也. 人而反學牛馬之相風, 豈不悖哉?"

---

119) 尨: 가, 라본에는 '犹'으로 되어 있음. 서로 통함.
120) 比乎: 다본에는 '叱曰'로 되어 있음.
121) 壁: 저본에는 '窓'으로 나와 있으나 이본을 따름.
122) 輕: 나본에는 '相'으로 되어 있음.
123) 爲: 라본에는 '如'로 되어 있음.
124) 豈: 저본에는 '能'으로 나와 있으나 나, 라본을 따름.
125) 深: 저본에는 '心'으로 나와 있으나 나, 라, 마본을 따름.
126) 消磨: 다본에는 '消落'으로 되어 있음.

27.

　有人出遊關北, 眄愛一妓, 將別, 妓泣曰: "君今歸鄉[127], 後期難必, 前後貽我, 雖云不少, 豈若身體髮膚乎? 願得君一齒, 以寓深情." 其人愛而從之, 行到鐵嶺, 回首關雲, 不禁悲泣. 適有一客, 追到流涕, 試問厥由, 客曰: "吾愛某妓, 拔齒表情, 而猶不能忘懷[128]故耳." 思之又思[129], 卽自家所眄也. 纔聞客語, 丘山之情, 雲消雨霽[130], 送奴推齒, 則妓以一囊落齒, 投之, 曰: "我不知何齒之爲汝上典所拔, 汝須擇去云." 副墨子曰: "噫! 娼妓之爲物, 前門招而後門出, 人盡夫也, 張郎婦而李郎妻[131], 情有常乎! 然世之悖子弟, 不顧父母, 疎棄糟糠, 袨服麗冠, 沈溺聲妓[132], 春風秋月, 等閒虛度. 及夫金盡而情疎, 則齟齬靑樓, 始訪荊布之妻者, 滔滔接武, 吁! 亦一笑. 詩云: '縞衣綦巾, 聊樂我員.' 垂戒于此也."

28.

　昔有遊春諸士, 會于山寺, 偶誇妻良, 未定甲乙. 旁有老僧, 靜聽良久, 長歎而言曰: "僉碩士無爲可笑之言, 須聽我言. 小僧卽昔日之搢紳也, 喪室再娶, 愛其姿色, 不忍暫離. 適當胡騎之猖獗, 溺於妻愛, 不能執殳前駈, 携妻逃難, 爲胡騎所獲. 胡見妻美, 小僧則縛置帳下, 挽妻同寢, 旗皷頻接, 雲雨屢濃, 男欣女悅之聲, 言[133]之醜也. 夜半, 女語胡酋曰: '本夫在旁, 終涉不安, 殺而滅跡, 何如?' 胡

---

127) 歸鄕: 저본에는 '大歸'로 나와 있으나 다본을 따름.
128) 懷: 마본에는 '情'으로 되어 있음.
129) 思之又思: 저본에는 빠져 있으나 나본에 의거하여 보충함.
130) 霽: 저본에는 '磨'로 나와 있으나 다본을 따름.
131) 張郎婦而李郎妻: 마본에는 이어서 '薛郎妾而宋郎妾'이라는 내용이 첨부되어 있음.
132) 聲妓: 다본에는 '群妓'로, 마본에는 '酒色'으로 되어 있음.
133) 言: 나본에는 '聞'으로 되어 있음.

曰: '娘言甚善, 我何不從?' 小僧旣忿其淫, 又驚此言, 用力伸臂, 綁繩幸絶, 偸取胡釰, 直入帳中, 幷斬男女, 脫身逃歸, 落髮被緇, 苟全性命. 由是言之, 僉碩士內相之賢, 何可盡信?" 諸士憮然無言. 副墨子曰: "噫! 女之貞淫之不同, 如人面之各異, 豈可比而同之? 又況爲人之子, 食君之祿, 而背主棄親, 惟妻是從. 此人罪惡, 可謂上通于天, 猶不知懲, 乃反呶呶責人之誇妻, 能不顔厚有忸怩乎?"

29.

有一書生, 失路入深[134]峽, 日已暮矣, 旣無人居, 又無蘭若, 乃依巖藉草, 將欲經夜. 少焉, 月出東山, 忽有一物, 狀類于人, 而黑毛蒙茸蓬蓬然, 御風而來坐生前. 生素多膂力, 猛把其脚, 其物作人語稱痛, 生驚問曰: "汝是何物?" 答曰: "我亦[135]是人也, 捨我則當陳顚末." 生乃捨而問故, 其人垂淚而言曰: "我本京華士族, 曾於四十年前, 推奴嶺南, 荏苒未歸五年. 而始還將入宅舍, 聞有哭聲, 衷情更[136]惻, 退問隣舍[137], 答以其家主人, 一[138]往嶺外, 斷絶音書, 認其必死, 葬以衣履, 今日卽祥朞也. 我聞此語, 心忽回曲以爲, '家人旣服我喪, 我若入去, 豈不爲變禮之大乎?' 仍不入門, 逃隱山中, 飮露餐英, 食果采薇. 未幾, 毛生而身輕, 自是以後, 不憂寒暑, 無畏虎豹. 今日之夕, 見君失路, 慮有豺狼之患, 聊此來訪, 而語及往事, 不覺淚零." 生大驚異, 試問洛下故事, 其人歷歷詳陳, 而終不言自家來歷. 翌曉, 指生歸路, 臨岐一哭, 飛騰樹梢, 悠然而逝.

---

134) 深: 저본에는 빠져 있으나 가본에 의거하여 보충함.
135) 亦: 저본에는 빠져 있으나 나본에 의거하여 보충함.
136) 更: 다본에는 '驚'으로 되어 있음.
137) 隣舍: 나, 다, 라본에는 '隣童'으로 되어 있음.
138) 一: 다본에는 '年前'으로 되어 있음.

殆若猩猩之緣木焉.

30.
有人將奸瞽者之妻, 語于瞽曰:"吾適期一美姝, 願借君家, 欲同一枕, 君其爲我卜之." 瞽許其宿, 而卜之曰:"試叩蓍龜卦, 是其夫當門, 須速了事, 可也云." 副墨子曰:"世無聖人, 縱未能曰階曰席, 必試[139]瞽者, 奈何面欺其夫而奸其妻乎? 人之無良, 胡至此極!"

31.
有一倅, 不率家眷而性急政猛者, 吏校不堪其苦, 相與謀曰:"苟政猛於虎, 居則死於杖, 逃則死於法, 等死, 盍思?" 皆[140]以逐之約成, 使通引批倅頰, 倅大怒拿入左右, 衙役嗤笑不應, 倅不勝忿慎, 大叫咆哮, 狂奔疾走. 吏校輩[141]委以狂疾, 告營遞送, 倅因以眞狂, 未幾而終. 副墨子曰:"世間萬事, 莫不躁而失緩而得, 何況居官臨民乎? 緩若害事, 張觀之誨[142]人, 劉寬之問爛, 朱夫子豈取乎是哉? 觀此者, 可不爲弦韋乎!"

32.
昔有一倅, 素多愚氣, 居常搖扇於腦後. 通引中有機警者, 心笑其事, 語其儕流[143]曰:"吾當使案前搖扇於頤下, 若然則若曹能饋我酒饌否?" 齊應曰:"諾." 乃入密告曰:"小人俄逢一人[144], 行止殊常

---

139) 試: 저본에는 '式'으로 나와 있으나 다본에 의거함.
140) 皆: 저본에는 '所'로 나와 있으나 나본에 의거함.
141) 吏校輩: 저본에는 '將吏'로 나와 있으나 나본을 따름.
142) 誨: 저본에는 '侮'로 나와 있으나 나, 다본에 의거하여 바로잡음.
143) 儕流: 마본에는 '諸僚'로 되어 있음.

云, 必¹⁴⁵⁾是御史矣." 倅瞠然大驚, 頻頻揮箠於頤下, 曰: "汝須詳探也." 敬諾而出, 受食酒肴於同儕. 少焉, 更告曰: "小人仔細偵探, 則果過客, 而非御史矣." 倅又高擧右手, 緩搖¹⁴⁶⁾於腦後, 點頭連應, 曰: "然矣然矣!" 副墨子曰: "詩云: '人而無儀, 不死何爲.' 無儀且愚, 何以字¹⁴⁷⁾衆牧民乎?"

33.

有好耽女色者, 其妻挽止而不聽. 一夕, 妻曰: "卿若不悛, 我則更夫." 夫怒曰: "呼壻爲卿, 於禮已極不可, 又安有良人好色, 而其妻效尤者乎?" 妻曰: "此則我不聽於野語, 見於經傳." 夫曰: "經傳豈有是語耶?" 妻曰: "'王安豐之婦, 呼壻卿卿.' 此非傳乎?『大學』序中'河南程氏兩夫子', 果非兩夫而非¹⁴⁸⁾經乎?" 夫笑而怒解, 曰: "甚矣! 婦人之誤也. 程氏兩夫子, 卽有宋伯叔兩程子, 子何妄發耶?"

34.

嶺南有金姓者, 膂力過人, 射藝絶倫. 赴擧上京, 失路入山¹⁴⁹⁾, 秋日將暮, 更前數百步, 中有廣廈, 旁列小屋, 乃一大村. 而屋舍蕭條, 闃無其人,¹⁵⁰⁾ 扣門再三, 莫有應者. 及抵重門, 有一絶代佳人, 年可十六七而未笄, 含悲含喜, 而問曰: "客從何處來乎?" 金語之故, 請借外堂一宿, 女迎金于客席, 躬備夕炊以進, 雖無魚肉¹⁵¹⁾, 蔬

---

144) 人: 나본에는 '行人'으로 되어 있음.
145) 必: 저본에는 빠져 있으나 나, 다본에 의거하여 보충함.
146) 緩搖: 나본에는 '緩緩搖扇'으로 되어 있음.
147) 字: 나본에는 '治'로 되어 있음.
148) 非: 다본에는 '作'으로 되어 있음.
149) 山: 저본에는 빠져 있으나 나, 라, 바본에 의거하여 보충함.
150) 闃無其人: 나본에는 '闃寂無人'으로 되어 있음.

菜之屬, 精潔可食. 金飢餒之餘, 頓食一飽, 而疑鬼疑人, 方欲一問, 女對金垂淚而言曰: "我本士族, 家甚富饒, 左右村落, 皆我奴也; 東西田園, 皆我土也. 一室之內, 雍雍然自作逸民而居矣, 不意一箇悍奴, 言其力, 則當世之烏獲; 語其凶, 則今日之盜跖也. 耽慕姿色, 上自父母, 下至臧穫, 次第戕害, 劫我欲奸, 非不知一死之爲快, 而我若殺身, 則深讐其誰報之, 至冤何以伸乎? 忍痛含冤, 迫不得已好言諭賊, 曰: '事已到此, 死何益焉? 但衰麻在身, 服闋從君, 尙未晩矣. 不從我言, 則有死而已.' 凶賊認我如囊物, 又恐我經死, 姑不犯我, 故苟存視息[152]. 思所以殺賊, 而吾家僻矣, 旣無來者, 雖有親戚, 到必見殺, 終若至見辱之境, 則自分一死. 彼蒼垂憐, 貴客忽到, 能爲我洩此至冤乎? 由我無狀, 禍延骨肉, 思之腸斷, 言[153]之胸隔." 語竟, 玉筋濟濟, 雙袖龍鍾. 金雖憚凶賊之勇, 一聞憤惋, 膽氣衝亘[154], 乃曰: "我不殺此賊, 則非丈夫也, 須望寬抑." 女喜曰: "此賊難以力勝, 必須用計." 乃言, "洞外有林, 林間有潭, 潭水千尺, 路繞潭邊, 而曾聞此賊, 泅泳潭水, 以取捷徑云. 隱伏林間, 可以專我之力, 游泳潭上, 待其[155]减賊之勇, 乘此機而圖之, 則庶幾成功, 不知可乎?" 金深然其計, 曉往其處, 張弓挾矢, 狙伏而待. 朝日, 奴問: "昨來者, 何人而在何處乎?" 女曰: "卽我外族, 而淸晨作行矣." 聽未畢, 追到潭邊, 顧眄東西, 脫衣泳涉, 依俙若鳧鷺之弄層浪. 金暗從背後, 一發飮羽, 賊哎呀一聲, 回身而來, 金刷勵精神, 又射又中, 矢穿于項, 委四肢而僵浮於水上. 金知其已死,

---

151) 肉: 저본에는 '矣'로 나와 있으나 나, 라, 바본을 따름.
152) 視息: 나본에는 '頑命'으로 되어 있음.
153) 言: 저본에는 '吾'로 나와 있으나 이본에 의거하여 바로잡음.
154) 亘: 저본에는 '互'로 나와 있으나 나, 라, 마본을 따름.
155) 待其: 저본에는 '可以'로 나와 있으나 나본을 따름.

猶發乘矢而歸, 女以羅巾, 掛於樑間, 苦待成敗, 以決死生. 見金殺賊而回, 忙忙然下堂, 迎金稱謝, 千萬千萬稱謝, 曰: "至寃少伸, 至痛少洩, 山恩海德, 何以報之[156]? 生我者父母, 活我者君子, 此身毫髮, 皆君之賜, 惟君左右之." 金曰: "我之辦此, 只爲一段義氣, 而彼賊之斃於箭頭, 非我勇也. 蓋緣罪惡貫盈, 假手於我, 我何賴焉? 惟望小姐, 自求多福, 好過好過." 言訖, 不告[157]姓名, 拂衣而歸京[158], 高登科第. 然金本遐土無勢者, 往來京鄕, 不霑仕祿者, 已閱十餘年矣. 其時, 女殺賊之後, 始訪親戚, 剖其腹而食其肝, 卜日葬親. 整頓家事後, 爲洛中一宰相之繼室, 甚有婦德, 琴瑟好合, 而未嘗見對人之笑顔[159]. 宰相怪而問之, 泣道其事, 曰: "我生之時, 不報此恩, 則死猶不瞑目[160], 何以笑爲?" 宰相惻隱于中[161], 必欲訪其人, 而報其德. 及爲大司馬, 每逢鄕弁, 則使各言自己經歷之事, 欲以尋訪, 而夫人必坐屛後潛聽矣. 一日, 金刺謁後, 語及其事, 金之儀形眉目, 曾已銘鏤于夫人之心肝, 雖閱[162]百年, 豈有不知之理乎? 一聞其語, 直出外堂, 親握其手, 呼之以甥[163], 而涕淚橫流, 不敢言他. 宰相爲金, 定一舍於比隣, 待以姻親, 金亦因此, 竟至顯官. 副墨子曰: "噫! 在坤之文, 言曰: '積善之家, 必有餘慶.' 金之謂也. 在剝之上九, 曰: '碩果不食.' 女實有之矣."

---

156) 之: 저본에는 빠져 있으나 가, 나, 라본에 의거하여 보충함.
157) 告: 라본에는 '言'으로 되어 있음.
158) 歸京: 저본에는 '來'로 나와 있으나 나본에 의거함.
159) 對人之笑顔: 저본에는 '夫人之笑'로 나와 있으나 나본을 따름.
160) 目: 저본에는 빠져 있으나 나본에 의거하여 보충함.
161) 中: 나본에는 '心'으로 되어 있음.
162) 閱: 라본에는 '過'로 되어 있음.
163) 甥: 나, 라, 바본에는 '姊'로 되어 있음.

35.

有一士人, 貌若潘杜. 適[164]避雨入崇禮門外閭家, 其家女子, 見生美風姿, 使丫鬟送以燒酒[165], 有詩于盤中, 曰: '何處騎驢客, 蕭蕭帶雨來. 隔窓無限意, 紅露[166]數三盃.' 士人心鄙其行, 不飲而去, 終身不顯. 副墨子曰: "山巨源云: '天地四時, 猶有消息, 而況人乎!' 人豈無從權合經之道哉? 惜哉[167]!"

36.

有人新得東床, 而問曰: "嬌客解識書文[168]否?" 曰: "未也." 聞而慨歎, 曰: "今夫蠻貊之人, 言語侏儺, 衣服殊制, 卒然遇之, 能得[169]其情者, 文軌所同故也. 人而不知書, 觸處墻面, 何以通事物乎?" 仍言, "君知松柏之長春[170]乎? 知鶴之善鳴乎? 知路樹之昂藏乎?" 壻曰: "俱不知矣." 其人卽又解諭, 曰: "松柏之長春, 中心固也; 鶴之善鳴, 長頸故也; 路樹之昂藏, 閱人故也. 君若能文, 則自應解知, 而可恨魯於文也." 壻乃答曰: "竹之靑靑[171], 亦中心固耶? 蛙之善鳴, 亦長頸故耶? 嶽母之昂藏, 亦閱人故耶?" 其人知其見欺, 面騂無言.

---

164) 適: 저본에는 빠져 있으나 나본에 의거하여 보충함.
165) 燒酒: 다본에는 '美酒'로 되어 있음.
166) 露: 다본에는 '醪'로 되어 있음.
167) 惜哉: 저본에는 빠져 있으나 이본에 의거하여 보충함.
168) 書文: 다본에는 '文字'로 되어 있음.
169) 得: 나본에는 '通'으로 되어 있음.
170) 春: 다본에는 '靑'으로 되어 있음. 이하의 경우도 동일함.
171) 靑靑: 다본에는 '長靑'으로 되어 있음.

37.

江陵有崔秀才者, 本士族, 代不絶小科, 善屬文, 筆法又妙. 然早失怙恃, 窮不能自存, 年三十未娶, 托身山寺. 人士之來寺修業者, 推崔爲接長, 具食與衣. 一日, 同學諸人謀曰: "曾聞南村鄭風憲之女, 年長及笄, 聰慧有女行云, 欲爲崔秀才求婚, 而鄭之門閥, 雖不及崔, 崔貧鄭富, 必不肯許. 吾等乘夜, 納崔於鄭女之房, 先同寢席, 仍又求婚, 蔑不濟矣." 咸曰: "諾." 諸人探知鄭女之所在, 使崔踰垣而入, 女獨坐針線, 見崔而問曰: "君是何人, 敢入人家內間耶[172]?" 崔曰: "我是某之孫某之子, 而貧不能娶妻, 將廢大倫, 出萬死一生之計, 乃到此地. 惟小姐, 念之憐之." 女沈吟良久, 斷給衣裾, 曰: "君可持此而歸." 崔曰: "事須及熱, 願同一宿." 女正色, 曰: "君是士子, 何不知禮之甚? 我若一聲, 則君豈無事歸乎? 我之爲此, 意有存焉, 君何不知禮之甚乎?" 崔愧謝而出, 道其事於諸人, 諸人亦爲之喜. 翌日, 請鄭父而言曰: "彼崔秀才之家閥, 君亦[173]所知也. 只緣貧甚, 未有室家, 貴家有女, 方求東床云, 俾結秦晉之好, 毋同楚越之視." 鄭難於面拒, 乃曰: "婚姻大事, 不可片言而決, 我將歸而謀諸婦." 歸語其妻, 妻驚曰: "假使渠雖三韓申族, 一身無托, 殆同乞人, 吾豈以愛女歸于渠乎? 獨不聞俗所云'烹食家閥'之語乎?" 女聞言, 低聲告曰: "非不知處女之不可干涉於此等事, 而女之百年榮辱, 一生苦樂, 在於丈夫之賢不肖, 則豈可以一時之羞澁, 不言於父母之前乎? 彼崔秀才, 旣是士族, 又有才華, 則所欠者, 只貧窮而已. 少君德曜之辭富貴而從寒士者, 取其賢也, 崔誠賢矣, 安知他日不富貴乎? 且彼貧, 故求婚於我家耳, 彼若不貧而

---

172) 耶: 저본에는 빠져 있으나 라본에 의거하여 보충함.
173) 亦: 저본에는 빠져 있으나 나본에 의거하여 보충함.

富, 則豈求於我輩乎? 親莫親於父女之間, 重莫重於婚姻之禮, 故敢暴衷情矣." 父母久, 乃曰: "汝言頗有理, 豈不樂從乎[174]?" 卽許其婚, 涓擇吉日, 送于崔, 崔之同學及寺僧, 哀其窮而喜其娶, 各出錢米, 以助昏需. 然崔無主婚之人, 只有姓曺之疎戚, 持錢米而訪曺, 具述厥由, 曺佯喜, 曰: "吾何不樂主此事[175], 俾成其美乎?" 及期, 曺鎖崔于後堂, 裝送其子, 蓋鄭女之有才色女行, 藉藉于鄕堂, 久矣. 曺慾火所迷, 不顧廉防[176], 作此禮外之擧也. 及當交拜, 女擧顏一見, 翻身入內, 告于父母, 縛置曺子, 自服其甥[177]之衣, 而急向曺家, 有老嫗巷哭. 因其哭而問之, 嫗曰: "我是某村崔秀才之乳母也." 仍言曺之所爲, 鄭女直入後堂, 脫出崔郞, 先送其家, 語其村人曰: "曺之行事, 甚於禽獸, 若失此漢, 必累隣人, 須善守之." 仍向官府, 備[178]陳其狀, 曺之父子, 以法用律, 鄭女竟爲崔家之[179]婦. 鄭[180]女之處事得宜, 實無愧於烈丈夫, 奇哉奇哉!

38.

湖中有家富而藝居者, 只有穉子, 奴僕則分處廊底矣. 一日, 初昏藝率童婢, 明燭紡績, 見五六賊人, 各冒黑袱, 從燈後黑暗處, 匍匐入廳事底. 藝婦明知綠林之黨, 而慮徑惹鬧, 遭其毒手, 乃故呵童婢, 曰: "夜旣不深, 我又不寐, 汝何敢昏昏醉於睡乎?" 將呼奴撻之, 婢曰: "小人眼若曙星, 不曾欲眠[181], 橫被榎楚, 豈不冤乎?" 藝

---

174) 乎: 저본에는 빠져 있으나 가본에 의거하여 보충함.
175) 事: 나본에는 '婚事'로 되어 있음.
176) 廉防: 나본에는 '廉恥'로 되어 있음.
177) 甥: 나, 라, 바본에는 '妍'으로 되어 있음.
178) 備: 저본에는 '俾'로 나와 있으나 나, 라, 바본을 따름.
179) 家之: 저본에는 빠져 있으나 라본에 의거하여 보충함.
180) 鄭: 저본에는 '崔'로 나와 있으나 나, 라, 바본에 의거함.

婦大加叱責, 曰:"有罪無罪, 惟我撻汝, 則焉敢發惡於上典之前乎? 如此惡婢, 可謂殺無赦." 仍令盡呼奴僕, 旣列于前, 迺曰:"婢果曖昧, 而呼入汝等, 意在捉賊." 指揮捕賊, 送于官治之. 副墨子曰:"古語云:'健婦持門戶, 猶勝一丈夫.'信哉是語!"

39.

無論營閫, 爲幕客者, 若眄妓女, 則所眄之妓, 必移置衣服針具于幕府, 殆同治産樣. 旣近一妓, 又眄他妓, 則自中之猜妬, 還甚於好妬之婦女. 昔有一人, 爲湖幕, 先昵春浪, 又注意於紅蓮, 而苦其猜妬. 夜半, 乘[182]春浪睡熟, 暗向[183]紅蓮, 誤踐春浪之腹, 而不果, 還臥所寢, 而詠曰:'欲採紅蓮南浦去, 洞庭春浪孤舟驚.' 語雖淺近, 形容則善.

40.

洛中[184]有富人鄭姓者, 倜儻有文筆, 不修細行. 五十後, 喪其耦, 喟然歎曰:"吾有女三人, 又有無父母之兄子, 而年踰知命, 不可飄白髮, 作新郞, 被人嗤笑, 亦不可率置賤畜, 以亂家庭. 待姪成立, 付以家事, 不亦可乎[185]!" 三女揣知父意, 相與謀曰:"如無仁也, 則此家許多財物, 自歸吾等, 而公然付他, 吾等則便作局外之人, 豈不憤惋乎[186]? 盍思所以去之乎?" 仁者, 卽從甥之名也. 自是厭

---

181) 眠: 다본에는 '睡'로 되어 있음.
182) 乘: 저본에는 '棄'로 나와 있으나 라, 바본에 의거하여 바로잡음.
183) 向: 저본에는 '問'으로 나와 있으나 라, 바본에 의거함.
184) 中: 저본에는 빠져 있으나 나본에 의거하여 보충함.
185) 不亦可乎: 다본에는 '亦穩當矣'로 되어 있음.
186) 乎: 저본에는 빠져 있으나 나본에 의거하여 보충함.

後,[187] 三女浸潤交譖, 膚受進愬, 鄭之待仁[188], 頓異於前, 仁自度於心, 曰:"吾不幸早喪父母, 托身叔父, 可謂無父而有父, 叔父之待我, 不承權輿,[189] 職[190]由諸姊之譖間, 亦恐財貨之歸我也. 我若洟泗不去, 則必有不可測之患, 生於不可測之地, 財產雖貴, 何如身命乎? 吾謹避之, 以觀動靜." 乃不告其叔, 脫身逃去. 鄭惑於三女之簧舌, 不問其由, 自念, '仁已逃去[191], 吾之産業, 無人可托, 不如均付三女, 托身優遊以終之爲愈也.' 乃嫁三女, 家舍[192]田土, 盡分于女, 先托于長女, 留之數月, 女從容語曰:"父親之居此, 非不好矣, 上有舅姑, 下有娣姒, 我亦不得自由, 實多難便, 姑歸妹家, 未審何如?" 父已知女意, 憮然應曰:"汝言旣如此, 吾何不去?" 轉托兩女, 留之未幾, 兩女之言, 如印一板. 鄭往來東西, 衣冠藍褸, 糊口亦艱, 忿憤于中, 曰:"吾以疎濶世事之故, 遭此逼迫, 飄泊無依, 生亦何爲? 不如一死之爲快." 暗持砒霜, 步出彰義門, 適有樵夫, 拜而問候, 見之則[193]乃仁也. 鄭驚曰:"汝何在此而喫盡此苦?" 仁泣而對曰:"小侄雖無狀, 豈不知叔父子視之恩? 而前日之事, 恐遭姊氏之毒手也." 仍陳諸姊搆陷之事, 且曰:"近娶某宰宅靑衣, 托於廊下, 販柴爲生, 而妻之人品, 極其良順, 故身雖勞苦, 心則安閑矣." 鄭聞言下淚, 曰:"自汝出矣, 吾之困苦, 十倍於汝矣." 乃道決死之由, 其侄涕泣堅挽, 偕到其廊, 使妻拜見, 處叔渠所, 侄販樵蘇, 婦執炊爨, 已經數歲, 少無怠意. 鄭處彼旣久, 自然結交于主

---

187) 自是厥後: 다본에는 '伊時後'로, 라본에는 '自是以後'로 되어 있음.
188) 仁: 저본에는 '人'으로 나와 있으나 나, 라, 바본에 의거함.
189) 不承權輿: 나본에는 '都增諸娣之猜忌也'로 되어 있음.
190) 職: 라본에는 '只'로 되어 있음. 서로 통함.
191) 去: 나본에는 '走'로 되어 있음.
192) 家舍: 나본에는 '舍屋'으로 되어 있음.
193) 見之則: 저본에는 빠져 있으나 나본에 의거하여 보충함.

人, 宰相得執家事. 未久, 而宰相出伯關西, 委鄭事務, 鄭竭力奉承, 幕府所貺, 則一一鳩聚, 送于其侄. 其侄一無所用, 籍記藏置, 以待鄭之還. 此時, 三女始聞其父之在箕營, 付以書信, 各求土産, 鄭笑而不答. 及其[194]還京, 三女盛備珍饌, 出郊迎父. 其侄亦爲迎叔, 沽得濁醪, 肴以鷄卵, 着平凉子小長衣, 出而逢諸姉, 諸姉責曰:"汝因何事, 無端逃去[195], 作此貌樣, 何顔來見乎? 須避幽處, 勿爲貽羞!"少焉, 鄭行乃到, 三女迎見其父, 於十年之後, 話其睽離之情, 慰其行役之勞, 勸以酒饌, 父托以滯氣, 不爲下筯. 話間, 其侄來謁, 鄭問: "汝所持者何物?" 乃索而酌飮, 女曰: "何不飮美酒, 乃取濁醪?" 鄭曰: "適欲飮醪." 仍語從者, 各給籠卜一駄于三女, 曰: "我爲汝輩, 求得土産, 滿盛此中, 汝須誇於親戚而用之." 女受而歸, 見所盛者, 盡糠粃, 而上有一冊, 備書鞠之育之之勞. 末曰: "汝輩眞犬豕, 須食此物云." 其後, 三女雖深謝前愆, 鄭尤怒其炎凉, 終不相見. 竟與其侄, 贖其婦, 更立家産, 以終其身.[196] 副墨子曰: "噫! 人之善惡, 在乎天性, 不在貴賤, 故自古賢婦孝女, 亦多出於微賤. 由斯言之, 人性之本善如此, 鄭之三女, 抑何心哉? 雖然, 記曰:'其嗟也可去, 其謝也可食.' 女旣謝過, 見之可矣, 何必[197]較短量長, 終絶天倫[198]乎?"

41.

有夫婦, 行房事於春晝者, 雲雨方濃之際, 婢到窓外, 問曰: "夕

---

194) 其: 라본에는 '夫'로 되어 있음.
195) 去: 저본에는 빠져 있으나 이본에 의거하여 보충함.
196) 竟與其侄 … 以終其身: 저본에는 빠져 있으나 이본에 의거하여 보충함.
197) 何必: 라본에는 '豈可'로 되어 있음.
198) 倫: 저본에는 '親'으로 나와 있으나 가, 다본을 따름.

飯當用幾升米乎?" 婦答曰: "五升五升五五升!" 婢乃炊三斗五升, 婦見而責多, 對曰: "五升五升非一斗乎? 五五升非二斗五升乎?" 婦笑曰: "汝何不斟酌聽之? 當其時, 吾豈知人事乎?" 副墨子曰: "男女情慾, 人孰無之? 而徒循情慾, 不以禮制之, 其違禽獸不遠. 故在家人初九, 曰: '閑有家悔亡.' 爲家之道, 防杜於暗室然後, 可立, 奈何亂乎?"

42.

原州酒泉面, 有李氏女, 靑年喪耦, 志在守節, 風聞西村[199]安姓人, 方謀負去奪志之說, 李女以其服衣其娚, 而脫身隱伏矣. 半夜深更, 安謀得無賴十餘人, 踰墻負去, 只認以李女, 使宿於其妹之房. 其妹未笄而貌美[200], 呼李爲妯, 款款爲譬[201], 李故作女子之態, 低頭不答. 安姝請李共宿, 李是老總角, 春心安得不動? 脫衣同寢, 穩經一宵. 翌日, 安始知其事, 懊悔無及, 仍以其妹歸于李, 而李女則竟守其節. 副墨子曰: "噫! 曾子曰: '戒之戒之! 出乎爾者, 反乎爾者.' 其此之謂歟!"

43.

有方姓者, 行貨爲業, 家累千金, 年過不惑, 未有一息. 隨价赴燕, 燕有賣卜翁, 一卜千錢, 方試卜嗣續, 翁書給一句, 曰: '靑山歸路, 白足是嗣.' 語甚虛誕, 而中心藏之, 未嘗或忘. 其後, 行過靑山, 逢一闍梨, 年二十, 形貌甚美, 方曰: "如汝穎悟者, 何事不做, 誤投

---

199) 西村: 라본에는 '西隣'으로 되어 있음.
200) 貌美: 나본에는 '貌儀極美'로 되어 있음.
201) 爲譬: 나본에는 '慰女'로, 다. 라본에는 '慰譬'로, 바본에는 '爲撫'로 되어 있음.

脚於空寂之門耶?" 僧於邑[202]曰: "如小僧者, 行年二十, 尙未知父[203], 敢比人數乎?" 仍言, "吾母摘綿田間, 不知何處過商野合, 而不言姓名, 吾母斷裾爲信, 因以有娠[204]生小僧. 小僧已自十餘歲, 托身沙門, 周流八方, 欲訪生我之父而已, 豈樂乎[205]誦經念佛化身於給孤園中也?" 方悅覺自家少有此事, 問曰: "然則有憑信者否?" 僧出衣裾, 曰: "此其物也." 方乃携僧到家, 窮索篋笥, 果得其衣, 出而試合, 合如符節. 翁言至是乃驗. 副墨子曰: "『羲經』有曰: '鳴鶴在陰, 其子和之.' 父子之間, 雖隔千里之遠, 豈有不逢之理乎?"

44.

有柳姓者, 五十後登第, 竟到宰列. 未宰時, 有女過年, 而窮不能成婚. 時爲完伯者, 有半面之識, 柳借人奴馬[206], 僅達完營, 則門庭寂寥, 吏人亦稀, 問於門卒, 答曰: "某使已移京職, 方在境上交龜處, 而新使卽某也." 柳狼貝殊甚, 只切悶鬱, 適有年少[207]妓, 熟視柳, 而來前問候, 柳曰: "汝何曾知我?" 妓曰: "見兩班而拜, 妓之行也, 豈有知不知之別乎?" 柳問其名姓, 紅[208]玉其名, 李其姓, 妓曰: "試觀行次貌樣, 似是欲見使道而來乞者也." 柳以悶懷, 向妓說道, 妓乃呼其娚靑銅, 先送奴馬, 使備夕飯, 偕柳歸家, 極其款待, 夜與同寢. 臨岐,[209] 妓以百金助婚需, 而言曰: "贈我一詩, 留作他日面

---

202) 於邑: 나본에는 '嗚咽'로 되어 있음. 뜻은 서로 통함.
203) 父: 나본에는 '天字'로, 라, 바본에는 '天'으로 되어 있음.
204) 娠: 저본에는 '身'으로 나와 있으나 바본에 의거함.
205) 樂乎: 나본에는 '有意於'로 되어 있음.
206) 奴馬: 가본에는 '奴僕'으로 되어 있음.
207) 年少: 나, 라본에는 '年妙'로 되어 있음.
208) 紅: 저본에는 '仁'으로 나와 있으나 이본에 의거함.
209) 臨岐: 이본에는 '臨歸'로 되어 있음.

目." 柳書一句於羅裙, 曰: '青銅房子挑燈夜, 紅玉佳人勸酒時.' 仍反覆思惟, 莫測其事, 怪而問曰: "妓之取人, 有三焉, 家富而多金也, 年少而容美也, 位高而名揚也. 我則三者無一, 而如汝美而艶者, 乃取乎老且窮之如我者, 抑何故也?" 答曰: "妓女擇人, 各有主意, 又何怪焉?" 柳之受金雖甚慊, 然勢不獲辭, 歸過女婿. 其後二年而登第, 又三年而爲完伯, 五六房妓, 來候境上[210], 而紅玉預焉. 柳與話舊, 而問曰: "汝有何術, 知我有今日?" 笑而對曰: "小人有何知覺而然乎? 偶然而然也." 柳下車月餘, 折簡而招, 近邑之宰, 大張宴席, 而言曰: "今日此宴, 吾欲報人之恩也." 備說其事, 乃以累千金, 帖給紅玉, 席上諸倅, 亦有厚給者. 柳問紅玉曰: "汝欲依舊處於妓籍乎? 欲爲我副室乎? 惟願是從, 須陳其情." 對曰: "名屬敎坊, 本非所願, 爲人小星, 尤非素志[211]. 見今本夫, 卽農夫也, 永除娼籍, 夫耕妻耘, 老死其中, 是所願也." 柳卽聽而許[212]之, 紅玉遂與其夫, 移家北徙, 安樂終身. 副墨子曰: "噫! 如紅玉者, 可謂識宰相於塵埃中矣, 又善處其身者也夫!"

45.

昔[213]有一邑倅, 方食稚脚, 通引中有欲奪而食者, 暗以秸藁, 輕輕[214]戞鬢. 倅認以蒼蠅, 以執炙之手, 揮而揚之, 其人唯諾而受食[215], 倅笑而勿問. 副墨子曰: "勿問固善矣, 豈若顧顔先之察色施

---

210) 境上: 나본에는 '營下'로 되어 있음.
211) 素志: 라본에는 '所願'으로 되어 있음.
212) 而許: 저본에는 빠져 있으나 나본에 의거하여 보충함.
213) 昔: 저본에는 빠져 있으나 다본에 의거하여 보충함.
214) 輕: 저본에는 빠져 있으나 이본에 의거하여 보충함.
215) 食: 저본에는 빠져 있으나 라본에 의거하여 보충함.

炙而受其報乎?"

46.

人有訪知舊, 而不在, 問于童子曰: "汝之嚴君何往?" 答曰: "往于往處." 其人心非兒行, 問曰: "汝年幾何?" 答曰: "與越村石禮同甲." 其人曰: "石禮年則幾何?" 答曰: "與我同甲." 其人曰: "汝何狡詐? 吾當割食汝腎." 兒曰: "冠者之腎, 亦可割食否?" 其人曰: "何不可之有?" 兒曰: "想必多食, 吾見陰毛之附頤云." 副墨子曰: "傳云: '敎子以義方, 不納於邪.' 先儒之言曰: '敎婦初來, 敎子孩提.' 蒙養之謂也. 子弟之如此, 父兄之過也, 可不愼哉?"

47.

有人欲往婚姻會, 呼奴刷馬具鞍, 奴[216]不悅, 曰: "小人則厭矣." 其人怒曰: "不從上典之命, 安有如許綱紀?" 對曰: "生員主則長飫酒肉, 故久坐忘返, 而小人則不耐飢寒故也." 其人曰: "此則汝不周通之致也. 乘吾受饌, 來立吾後, 何不給乎?" 奴樂[217]而陪去. 及進盃盤, 奴立其後, 故咳告來, 其人給以一器, 隨咳隨給. 只餘一器膽, 而奴又警咳, 其人大怒, 曰: "汝坐于吾坐, 吾當代汝執鞭, 以圖一飽." 副墨子曰: "飲食之於人, 爲駐命所關, 則豈曰不重? 而徒事飮食, 不顧廉恥, 人必賤之, 況可與奴隷爭飽乎!"

48.

有夫癡而妻黠者, 妻與隣人, 潛通久矣. 一日, 癡夫黠妻, 同耘山

---

216) 奴: 저본에는 '怒'로 나와 있으나 이본에 의거하여 바로잡음.
217) 樂: 이본에는 '諾'으로 되어 있음.

田, 隣人荷空石【方言오장이】, 立于田畔, 語其夫曰: "雖君之妻, 何可作房事於田間乎?" 夫驚曰: "本無是事, 君何云然?" 隣人曰: "君不我信, 我當替君耘田, 試負空石立, 此觀之, 果不然乎?" 夫依其言, 負空石而立, 隣人眞奸其妻, 夫笑曰: "君言不爽." 由是而失妻於人, 有'負空石'之諺. 副墨子曰: "噫! 易曰: '三人行, 則損一人; 一人行, 則得其友.' 夫子繫之曰: '言致一也.' 女之行, 必致一乎! 夫夫者, 妻之天也, 夫雖愚騃, 天可欺乎? 至若愚弄本夫, 奸騙欺天之女, 於白晝田間者, 厥罪惟均. 此人此女, 可謂人面獸心."

49.

洛有破落戶朱五·金三者, 朱曰: "吾等年將四十, 尙無所業, 實愧世人. 試爲賣酒, 而雖吾兩人之間, 誓不給債, 以觀其殖, 如何?" 金曰: "善!" 乃辦一壺酒, 又議曰: "煩囂處賣買, 必不從容, 盡向靜處." 乃登北岳, 無人可賣. 金三適有三葉錢, 出給朱五, 而飮一盃, 朱五又以其錢, 給金三而飮一杯, 互賣互飮. 抵暮, 朱五曰: "雖在爾我, 未嘗給債, 酒則已盡, 而錢則只三葉而已, 未知何人盜我錢乎?" 乃破酒壺, 酩酊而歸. 副墨子曰: "爲人而上不養其父母, 下不育其妻子, 自暴自棄, 至於此極, 何異於猩猩之人語乎?"

50.

楊州有廉姓者, 素來貧寠, 居無數椽之屋, 又乏擔石之儲, 三旬九遇食, 時或未易. 其妻語廉曰: "貧困如此, 盍思所以生道乎[218]?" 廉曰: "使吾夫妻相離十年忘家, 則豈無好道? 而顧戀妻子, 有懷未

---

218) 乎: 저본에는 빠져 있으나 나본에 의거하여 보충함.

遂爾." 妻曰: "富有可求之道, 何難乎? 十年離別, 君其圖之." 於是, 廉辭別妻孥, 周遊京鄕, 轉到松京, 得交於大賈姓朴者, 替管家事, 人旣謹幹, 文翰亦贍, 朴甚加親信, 恨相見之晩也. 一日, 朴以千金付于廉, 曰: "君旣閒遊, 須學吾道, 試出行商." 廉曰: "非曰能之, 願學焉. 旣有其路, 則豈不樂爲乎?" 仍向平壤, 問於主人曰: "此地卽國之西京, 江山佳麗, 風景絶勝, 地靈所鍾, 必有名妓, 抑有其人乎?" 答曰: "有春色者, 卽其人也." 廉遂昵於春色, 散盡千金, 執鞭東歸, 言于朴曰: "我到西京, 不禁男子[219]之豪情, 千金之貨, 盡於[220]一妓, 實愧主人." 朴笑曰: "是固男兒常[221]事, 何愧之有?" 又給千金, 曰: "試爲再行." 廉更向厥妓, 復盡其貨, 空手還歸. 朴曰: "俗不云乎? 每事三度得決, 君其努力." 廉又乾千金於春妓, 臨歸, 妓曰: "三千重貨, 由我盡沒, 丈夫胸襟, 雖曰磊落, 能無介於懷耶?" 廉曰: "我自樂爲, 安有介懷之理?" 妓曰: "我家什物中, 須擇一物, 用表我情焉." 廉笑曰: "是亦好意, 我何不從?" 指一釜, 曰: "然則貽我彼物." 妓捧腹而笑, 曰: "固哉! 廉君之取物也. 捨美玉而取砥砆, 棄梧檟而養樲棘, 孰道松人之博物? 雖然, 君旣欲之, 吾豈阻焉?" 廉遂載釜還歸, 朴曰: "今者之行, 果善賈否?" 答曰: "復踵前行而已, 敢曰善賈." 仍出釜示之, 朴大加稱歎, 曰: "奇哉! 是人旣有其才, 豈無其能? 於今始服, 君之博物也. 此卽倭夷之烏金釜, 而壬辰之年, 失於西京者也. 自我少時, 慣聞此說, 思欲求得, 而至今頭髮白紛如, 終不知下落, 君能知是物, 豈不異哉?" 轉送倭館, 倭人相顧大驚, 更不問價, 乃以累萬金, 易之以去. 朴以其半予

---

219) 男子: 나, 다, 라본에는 '男兒'로 되어 있음.
220) 於: 라본에는 '散'으로 되어 있음.
221) 常: 저본에는 빠져 있으나 이본에 의거하여 보충함.

之, 廉辭曰: "本君之物, 而亦君之福, 我何敢利人之物乎?" 强之乃受, 歸到本家, 妻孥固無恙, 而間爲七年, 家遂富饒, 以終其老. 副墨子曰: "噫! 書云: '弗思胡獲, 弗爲胡成?' 如使此人, 弗思弗爲, 甘作曳尾之龜, 則雖有知璞之才, 終餓且死而已, 何所用才乎?"

51.

昔有好使酒者, 其友欺飮以泔水, 飮竟又使酒氣, 友人揶揄, 曰: "前日酗酒, 果非眞而僞也. 飮泔水, 而猶作駭擧, 豈不怪乎[222]?" 其人怩恨, 强笑曰: "吾亦怪其無靈而心厭." 副墨子曰: "書曰: '兹乃不義, 習與性成.' 觀於[223]此人, 益信哉!"

52.

有一宰相嘗言, "我爲嶺伯時, 家兒寵一妓妾, 及我遞歸, 與之偕來. 數年之後, 我始覺得, 責以率畜娼妓, 是豈士子之行乎? 仍令逐送. 旣逐之後, 我問: '汝別厥女之時, 女有何言?' 答曰: '別無他語, 只言, '奉事巾櫛, 數年于兹, 忽有此別, 悠悠我懷, 如何形言, 須[224]呼韻字, 俾作別章.' 卽呼君字, 則女曰: '何必更呼他字乎[225]?' 仍詠曰: '洛東江上初封[226]君, 普濟院頭又別君. 桃花落地紅無跡, 烟月何時不憶君.' 詠畢, 飮泣[227]辭去矣.' 我聞詩語, 決知其死, 送人招還, 已投身於樓巖江矣. 吾兒因此得疾, 數月而逝, 我亦自有

---

222) 豈不怪乎: 저본에는 빠져 있으나 나본에 의거하여 보충함.
223) 於: 저본에는 '人'으로 나와 있으나 나, 다, 바본에 의거함.
224) 須: 저본에는 '次'로 나와 있으나 이본을 따름.
225) 乎: 저본에는 빠져 있으나 나본에 의거하여 보충함.
226) 封: 이본에는 '逢'으로 되어 있음.
227) 飮泣: 이본에는 '掩泣'으로 되어 있음.

是事, 轗軻將老, 父子之間, 猶如此, 況於他人而可積寃耶!"

53.

有寡婦之子, 長於慈愛, 因以愚騃. 與頑奴推奴, 向大邱路次, 問於奴曰: "大邱爲幾里【方言몃니】?" 對曰: "大口上齒十六, 下齒十六, 合三十二矣." 將入店, 其人曰: "房中有席子乎【方言자리】?" 奴曰: "無宿者, 則與我同宿, 可矣." 又問曰: "房中[228]無咬物乎【方言물 것】?" 奴曰: "無咬物, 則咬我腎, 可矣." 其人怒曰: "打臀則好矣【方言써리】." 奴曰: "雖無打破, 本是兩片." 其人不堪困辱, 中路還歸, 告于其母. 其母將縛奴痛治, 奴曰: "小人果說其語, 而說時只有書房主及小人, 居其間, 訐訴抹樓下者, 眞鼠子也." 其人挿手袴間, 排徊廳事, 曰: "我則不傳云." 副墨子曰: "噫! 子曰: '愛之, 能勿勞乎; 忠焉, 能勿誨乎!' 先儒解之, 曰: '愛而勿勞, 禽犢之愛; 忠而勿誨, 婦寺之忠.' 余於此人, 益信愛而勿勞之害夫! 後人因此, 足可誡之也.[229]"

54.

洛有浮浪子[230], 行過窮峽, 峽村有葬其親, 而題主人金風憲者, 入官未回. 方切罔措, 適逢洛客, 懇請題主, 洛客許其請, 而書陷中, 曰: '春秋風雨, 楚漢乾坤.' 書粉面, 曰: '靑山萬里一孤舟.' 少焉, 會葬者, 指點來人, 曰: "金風憲今始來矣." 洛客自知所爲之做錯, 預納芒[231]鞋, 方謀逃走, 金到而熟視所題, 曰: "乃眞書也!" 洛

---

228) 中: 저본에는 빠져 있으나 마본에 의거하여 보충함.
229) 後人因此, 足可誡之也: 저본에는 빠져 있으나 다본에 의거하여 보충함.
230) 浮浪子: 다본에는 '破浪者'로 되어 있음.

客[232]始無所畏, 乃曰: "若如君言, 則諺文題主乎?" 仍多受賻物而歸. 副墨子曰: "噫! 冠婚喪祭, 禮之大者, 於其所不知闕如, 可也. 旣不能以禮律身, 又不能以禮處人, 乃反揚揚然, 自以爲能, 是豈人所爲乎?"

55.

有一名士, 將涉銅雀津, 移舟丈餘, 見一武人, 乘款段招招舟子, 勿使刺船. 名士呵篙師, 曰: "旣移之舟, 何可更泊?" 武人挾其馬, 一躍登船, 曰: "同舟而濟, 有何不可, 而乃禁長年之回船? 腐儒事類, 如此偏狹.[233]" 名士雖忿其言, 觀其驍勇, 不可威制, 自念, '彼是鞿鞃, 當以文勝.' 乃語武人曰: "風景良佳, 一字唱和, 何如?" 答曰: "好矣!" 乃呼邊字製咏, 曰: '淸江淸兮白鷗邊, 白鷗白兮淸江邊. 淸江不厭白鷗白, 白鷗長在淸江邊.' 名士則猝乍間, 實難搆思. 俄而, 舟泊南岸, 武夫先下而去. 名士使人, 問其鄕貫姓名, 笑曰: "我是鄕弁, 又非士夫, 雖使納交於汝之進賜, 不敢望平統之類, 知之何益?" 言訖, 飄然而去. 副墨子曰: "此正易所謂'觀我生進退', 莊子所謂'野馬溟鵬, 各任其眞'者也. 勇而能文, 又守其分, 人誰敢侮?"

56.

客有過峽裡者, 暮投村舍, 只有一老嫗, 許其宿, 曰: "隣洞有禱神者, 請我來見, 而以男丁之不在, 有意未果. 客旣到此, 暫爲我守家, 如何?" 客許焉, 老嫗去後, 其家老狖, 直入上房, 引置空器, 疊

---

231) 芒: 저본에는 '方'으로 나와 있으나 이본에 의거함.
232) 客: 저본에는 '宅'으로 나와 있으나 나, 마, 바본에 의거함.
233) 如此偏狹: 저본에는 빠져 있으나 나본에 의거하여 보충함.

作踏橛, 躍登其上, 舐食架上之餠[234]. 夜深媼歸, 手捫架上, 而稱怪, 客問其故, 媼曰: "昨有餽我蒸餠者, 藏置此架矣. 貴客則決無食理, 而搜之不在, 豈不怪哉?" 客自度, '我不明言, 難免我食之累.' 乃道所見, 媼曰: "物久必神, 信哉是言! 此犬已過數十年, 故作此凶事, 明日當召[235]庖丁處置." 猧聞言睨客, 有含毒之意, 客心動畏之, 隱身他處, 衣衾則仍舊貫布置, 以觀動靜. 少焉, 猧入房中, 猛齧衣衾, 搖身肆毒, 久乃出去. 客毛骨竦然, 蹴起主媼, 使出尋猧, 猧已氣盡斃矣. 客封[236]人, 每道其事, 曰: "獸猶惡聞其過, 況於人而可說短處耶!"

57.

客有滯留湖南[237]者, 節屆授衣, 羈愁膠擾, 轉輾旅榻, 夜不能寐. 主媼見而慰之, 曰: "吾有古談, 客欲聽之否?" 客曰: "願一道之, 破我愁城." 媼曰: "我本京城士夫家靑衣也. 別父母遠兄弟, 仰役洛下, 年十七時, 懷想故土, 恨不能奮飛, 迺變着男服, 脫身逃還, 行到銅雀津. 有一僧追到, 問我曰: '秀才居在何地, 而將向何處?' 答曰: '方歸湖南之故鄕矣.' 僧曰: '邂逅相遇, 適我願兮, 我亦歸彼, 與之同行, 如何?' 我觀其僧, 貌旣美麗, 年又靑春, 匪直也憐愛, 長程炎徹, 女子獨行, 亦云觀念, 因與作伴. 暮入葛山店, 適無他客, 只我二人共宿一室. 夜半, 僧乃挽我, 而欲穿褻帶, 亦不無情慾之動, 開脚引納于溫柔之鄕. 僧是初識風流穴者, 難任其樂, 不覺疾

---

234) 餠: 이본에는 '饌'로 되어 있음.
235) 召: 저본에는 빠져 있으나 이본에 의거하여 보충함.
236) 封: 문맥상 '逢'이 되어야 함.
237) 湖南: 라본에는 '湖南海曲'으로 되어 있음.

聲大呼, 曰: '此是何處?' 適有隔房店傭, 睡波朦朧之餘, 錯認以尋店之過客, 驚起急應, 曰: '此乃葛山店, 房燠[238]而無蚤虱, 請入留宿.' 豈不絶倒乎? 其夜之僧, 卽今日之主翁爾." 諺曰: '天有不測風雨, 人有暫時禍福.' 此類之謂也.

58.

有許姓者, 貪多務得, 專事不法, 家貲鉅萬. 時値于秬之時[239], 指揮僮僕, 牛載朽止之茶蓼. 適有老僧, 弊衲芒鞋, 到門乞飯, 許怒曰: "吾平生所憎者, 僧尼之不耕不織, 遊衣遊食, 爲民蟊蠹耳. 汝何敢求食於吾家乎?" 乃以錢鏄之屬, 盛糞鉢盂而給之, 老僧默受而歸. 隣有梁姓者, 家雖貧, 而性本好施, 見而憐之, 曰: "聖人猶云: '一簞食一豆羹, 得則生, 不得則死, 嘑爾而與之, 行道之人弗受, 蹴爾而與之, 乞人不屑.' 此又非[240]簞食豆羹之比, 而君何受之?" 對曰: "長者尊者之賜, 少者賤者, 猶不敢辭, 況於山僧而敢辭尊者之賜乎!" 梁乃取鉢盂, 洗滌飯僧, 僧叉手謝, 曰: "檀越厚意, 何以報之? 處我靜室, 給我秔莖, 勿通人跡, 則當有報恩之道." 梁依言施之, 過一旬餘, 老僧呼梁試見, 梁入而見之, 則吉貝泉貨, 充牣一室. 大驚小怪, 始知其神僧, 徒跣下庭, 僕僕致謝. 老僧莞爾笑曰: "君有積累之善心, 報應之條理, 當如此, 何以謝爲?" 仍言, "明年此日, 我當更來, 與君相逢." 言訖, 飛錫而去. 梁自是以後, 家道漸豐, 不羨東家之許. 許怪而來問術焉, 梁具道所以然, 許曰: "僧若更來, 須使我知." 梁曰: "諾." 及期, 老僧果到, 許親迎歸家, 待以

---

238) 燠: 다, 라본에는 '溫'으로 되어 있음.
239) 時: 나본에는 '際'로, 라본에는 '節'로 되어 있음.
240) 非: 저본에는 '比'로 나와 있으나 이본에 의거함.

盛供, 跪而拜懇, 曰: "側聞老尊師, 有鍊砂成金之神術云, 伏願爲我試法." 老僧許焉, 許喜甚定舍辟人, 如梁之爲, 才過七日, 洞開戶闥, 僧無去處. 許往見之, 有類許者一人, 出而蹴許, 曰: "我是此家主人, 汝乃何爲者耶?" 許之妻子, 驚怪詳見, 則面目機發, 言動擧止, 毫髮不爽, 眞許假許, 曰主曰客, 捽曳互爭. 妻孥罔知所措, 叩之神, 而神不應; 訟于官, 而官不辨. 眞假兩許, 長事鬪鬨, 用金用帛, 同於水火, 家産耗盡, 無復餘地. 一日, 老僧復到, 語許曰: "悖入而悖出, 理之常也. 子之一生, 不恥不仁, 不畏不義, 已致鉅萬, 而猶不知足, 益行悖道, 災安得不生乎?" 說罷, 仍擧錫杖一推, 假許卽生芻一束也. 老僧下階數步, 仍忽不見. 副墨子曰: "噫! 易云: '何校滅耳凶.' 夫子繫之, 曰: '善不積, 不足以成名; 惡不積, 不足以滅身.' 旨乎是哉! 實萬世之格言."

59.

有人問於相士曰: "聞君善相人, 試爲我相之." 相士熟視, 而言曰: "相君之面, 福氣盈溢天庭, 晚來必臥致富貴." 其人聞而大喜, 歸夸妻子, 長臥家內, 專不事事. 人或問之, 則答曰: "我當臥致[241] 富貴, 相士豈欺我哉?" 及餓且死, 荷荷而語妻子曰: "我爲相士所誤, 以至於斯." 副墨子曰: "噫! 士農工商, 各有其業, 先於其業[242] 然後, 天命可待. 豈可徒信術士, 無意修業, 殆同守株待兔乎? 傳曰: '民生在勤, 勤則不匱.' 書曰: '若農服田力穡, 乃亦有秋.' 天下萬事, 勤則得之, 不勤則失之, 不種而有黍稷, 余未之聞也."

---

241) 臥致: 저본에는 빠져 있으나 이본에 의거하여 보충함.
242) 先於其業: 저본에는 빠져 있으나 라본에 의거하여 보충함.

60.

有五六歲童子三人, 俱讀周興嗣『千字文』, 適聞村女渡溺之聲, 一兒曰: "空谷傳聲." 一兒曰: "川流不息." 一兒曰: "如松之盛." 其師聞而評之, 曰: "裵行儉有言, '士之致遠, 先器識而後文藝.' 是故, 夫子戒於闕黨. 汝曹年幼而語老, 學淺而才奇, 當以才華鳴世, 而達則吾不知也." 及長, 果如師言.

61.

公州有金生者, 逢人嘗言, '妻雖貌陋, 決不可棄.' 仍言, "昔我幼少時, 甚有文才, 一鄕皆譽, 我亦自期以娶妻, 必娶淑女, 赴擧必得科第. 不幸早失怙恃, 托于叔父, 叔父爲我擇配, 聞我名者, 爭送媒妁, 叔父語我曰: '某處某處地, 相似也, 年相若也, 眞所謂魚與熊掌, 俱我所欲. 我則實難取舍, 汝其自擇.' 我答曰: '張三李四, 何處不可? 而但先人在時, 曾定於某處, 須繼先志, 毋背宿夙約, 似²⁴³⁾好矣.' 叔父深然吾言, 涓吉納幣. 及到花燭之夜, 細見新婦, 則體矮²⁴⁴⁾肥黑, 魑顏而一目眇少, 無嬌艶之色. 只有奇怪之形, 鄙其狀貌, 方欲起來, 新婦向我言曰: '我之鄙陋, 我亦自知, 豈有男子而能不棄我者乎? 然平生默禱而希望者, 和琴瑟, 享安樂, 雖不敢望, 只願無見棄於花燭之夜. 今果不副所望, 實不欲生, 惟望君子, 特垂大德, 坐此經夜, 朝日出去, 更求賢妻, 共享榮華, 則我雖瞑然長逝, 庶不爲泉下寃魂, 不知可乎?' 我以年淺, 未經歷之故, 尤憎其言, 拂衣出來. 行到半程, 婦家蒼頭來, 傳新婦自縊之訃, 一邊惻隱, 而亦認作無妨矣. 自有是事, 一身蹎突, 萬事跋鼇, 大小科場,

---

243) 似: 저본에는 빠져 있으나 이본에 의거하여 보충함.
244) 矮: 다본에는 '倭'로 되어 있음. 서로 통함.

得參初試者爲十九, 而未得一第, 白首窮廬, 作此老學[245]究, 此豈非貽人積冤之報耶?" 有李生者, 自少[246]從金受學, 習聞其說. 壬寅春, 余見李生於蕊城, 時年七十餘, 爲余道之如此.

62.

辛亥春, 余適寧邊, 滯宿[247]數月. 其隣卽老妓玉梅家也, 時來余處, 或歌或語, 慰余岑寂[248]矣. 一日, 向余言曰: "小人年今七十, 而頭髮已星星, 於四十之前, 非我獨然, 妓必皆然." 余問其故, 答曰: "妓女從人, 亦有多端, 有貪貨而從者, 有慕色而從者, 有愛其風采而從者, 有拘於人情而從者, 有切憎其人而慴於威令而從者, 有邂逅而從者, 有偶然目成而從者.[249] 毋論如此如彼, 從之旣久, 則自然情深, 不忍相離, 而其誰爲我久留關外者乎? 及其將歸, 遠送南浦, 離歌一曲, 各道保重, 此時心懷, 殆同千斤頑石直撞胸膈樣也. 瞻望征塵, 雨泣歸來, 如不欲生, 日月稍久, 更從別人, 則都忘前程, 而送別之懷, 每每[250]如此. 人非木石, 安得不易老且衰乎?" 副墨子曰: "噫! 余曾讀『五代史』, 至馮可道事, 未嘗掩卷痛恨. 人臣事君, 夷險一節, 死生以之, 豈可朝唐暮晉? 惟恐失之, 如娼家之愛張悅李, 惟利是從乎! 聞於玉梅送迎之語, 益覺道罪之貫盈, 而王介甫之雅愛, 抑獨何心哉?"

---

245) 學: 저본에는 빠져 있으나 이본에 의거하여 보충함.
246) 自少: 저본에는 빠져 있으나 나, 다, 라본에 의거하여 보충함.
247) 宿: 다, 라본에는 '留'로 되어 있음.
248) 寂: 저본에는 빠져 있으나 이본에 의거하여 보충함.
249) 有偶然目成而從者: 저본에는 빠져 있으나 라본에 의거하여 보충함.
250) 每每: 다본에는 '還復'로 되어 있음.

63.

高麗時, 有仕宦人薛姓者, 家貨甲於一國, 晚得一子, 溺愛不敎, 吹或慮飛, 握或恐傷. 及長, 娶于姓謝, 名宦之女, 謝之傔僕, 以薛生有容無學, 常目曰: "可惜錦袱, 乃裹狗矢." 謝之子弟, 亦外視生, 不齒于類矣. 一日, 生侍謝坐語, 傔輩刀絶生帶, 以嘲之, 生擧帶示謝, 請治其罪, 謝不惟不治, 乃反責生, 曰: "身爲士子, 不能修身篤學, 受侮宜矣. 不思自反, 反請治罪[251], 良堪一笑." 生外慚內憤, 歸語其妻曰: "今日之事, 誠欲溘然而無如, 初旣見侮於下隷, 終焉, 受責於岳丈, 皆我自取, 復何怨尤? 今雖欲矢心向學[252], 烏乎晚矣! 雖悔曷追?" 妻曰: "宋之老蘇, 行年二十五, 始知讀書, 爲世大儒. 有爲者亦若是, 況君年才弱冠, 豈曰晚乎?" 生曰: "卿言甚佳[253]! 我當勉焉." 妻曰: "君雖欲在此修業, 舅始愛君甚, 或恐生病, 必不肯可. 莫若逃隱深山, 沉潛乎性理之學, 周旋於翰墨之場, 道成德立然後, 揚名雲衢, 以顯父母, 則舅姑庶不爲罪, 不知可乎?" 生許焉, 妻乃以首飾佩物之屬, 輕裝十年之資, 泣別送生. 生纔到百餘里, 足繭身疲, 苦楚萬端, 間關入峽, 投一僧庵. 有一大師, 率衆弟子, 縱橫說法, 迎生問曰: "觀君行色, 似是貴介公子, 胡爲乎跋涉到此?" 生悉陳顚末, 乃曰: "願修弟子之列, 俾成所欲之業, 惟大師慈悲之." 語罷, 泣下沾襟, 大師曰: "儒家之書, 吾未之學也, 糟粕則嘗知之耳. 子若不挾貴, 而惟我訓是從, 則豈不樂成人之美乎?" 生喜曰: "旣行束修之禮于大師, 敢不惟命?" 仍處庵中, 孜孜勤業焉. 如是八年, 生之文章大進, 立書千言, 未嘗起草, 曲臻其妙, 大師喜

---

251) 治罪: 가, 나, 라본에는 '治隷'로, 바본에는 '罪隷'로 되어 있음.
252) 學: 저본에는 '擧'로 나와 있으나 나, 라본을 따름.
253) 佳: 라본에는 '嘉'로, 바본에는 '好'로 되어 있음.

曰:"吾子八年之工, 勝我五十年所得, 可謂後生可畏. 今世之所謂老師宿儒, 必不先子着鞭, 子其勞力[254]靑雲." 生迺辭[255]別大師與衆弟子, 歸告妻所, 妻悲喜交集, 揮涕而問曰:"所業果何如?" 生曰:"庶不愧于別人." 妻曰:"自君之出矣, 妾身其雨之懷, 尊姑倚閭之情, 已矣勿道, 尊舅以憶子之故, 疾病頻作, 鬢髮盡白. 君可速覲, 以慰懸懸[256]之望." 生趣謁父母, 父默然良久, 盛怒責生, 曰:"不肖悖子, 無端誤入, 避父離母, 阻絶音耗, 八年于慈矣. 汝焉敢更入門庭乎?" 乃呼健奴, 逐生閫外, 生不得已往拜外舅, 外舅及子弟[257], 白眼看生, 落落無延接之意. 惟生之友堉蘇生者, 沽酒市脯, 殷勤饋生, 款款責善, 曰:"遊覽勝地, 雖是男兒快活事, 子有雙親, 揆以告面之禮, 烏免咻咻之人言? 然傳稱'人誰無過, 改之爲貴', 子如改之, 不害爲善人, 愼勿自慊, 益勉謹飭." 生謝曰:"金玉之言, 我當服膺, 豈或敢忘?" 未幾, 有科擧, 生請於蘇曰:"君充觀國之賓, 將入禮闈, 願隨後塵而觀光." 蘇曰:"好矣! 然君之不學, 通國所知, 無乃不緊乎?" 生始告遊學之事, 蘇驚曰:"與子酬酢, 較昔大異[258], 吾固已疑之, 果有此事!" 生笑曰:"士別三日, 猶當括目相對, 何況別已八年乎?" 乃與蘇生, 同入場屋, 纔懸策題, 生操紙筆, 立書先呈, 次納蘇券, 珠玉其文, 風雨其筆. 蘇生大驚大愧, 憮然如偶人, 不敢贊一辭於其間. 少選, 五雲深處, 高掛金榜, 薛占[259]壯元, 蘇參探花. 生迺錦袍牙笏, 浮蓋擁樂, 歸到門外, 泥首席藁, 待罪于父

---

254) 勞力: 나본에는 '留意'로 되어 있음.
255) 辭: 저본에는 빠져 있으나 이본에 의거하여 보충함.
256) 懸懸: 나본에는 '顯顯'으로 되어 있음.
257) 子弟: 나본에는 '外從'으로 되어 있음.
258) 異: 저본에는 '疑'로 나와 있으나 나, 바본을 따름.
259) 占: 저본에는 '在'로 나와 있으나 라, 바본을 따름.

母, 父母失喜欲狂, 捉生入來, 愛之如初. 其後, 生歷敭淸要, 竟至大官[260]. 副墨子曰: "噫! 張文潛有言, 曰: '物不受變, 則材不成; 人不涉難, 則知不明.' 如使薛生, 不被奴隷之辱, 不聽賢妻之勸, 終同乎庸衆人而已, 胡可改行易操, 能成其名乎? 此正范雎所以相秦於折脇, 周處所以忠普於世棄者也."

---

260) 官: 나, 라, 바본에는 '爵'으로 되어 있음.

기리총화 綺里叢話

저본 및 이본 현황

저본: 임형택본
가본: 동빈문고본
나본: 연세대본
다본: 연민본

卷上

上-1. 先輩淸介

東山尹相公趾完, 位望嵬顯, 退處安[1]山郡, 貧而枯槁, 飢多於飽▣. 與之從游者, 惟艮齋崔相公奎瑞·迂齋趙副學持謙, 而二公皆居鄰郡, 精白自堅, 家食難[2]艱, 可稱尹公之名友也. 崔公與尹公, 隔一岡而居, 兩家朝晡, 或辦一盂飯, 則必分半相饋. 尹公頗好酒, 嘗與趙公對飮酒, 尹相敵, 然不免子桑之飢, 難謀淵明之醉, 每以爲恨. 一日, 糶一碩米于邑倉, 公乃謀諸夫人曰: "可捐三四斗, 爲我釀濁醪." 夫人曰: "無麯, 何以釀?" 公頷之, 曰: "然矣." 徘徊堂上, 悵惘且久, 忽大悟, 曰: "可召徐同知確議也." 蓋徐與公同閈, 而有世好於公者也. 卽準敎上謁公語以故, 徐歸家, 以數十斤麯納之, 遂調和入甕, 數日將熟. 公復謂徐曰: "甕酒已注矣. 欲迎趙副學, 與之揚觶, 而此公貧浮, 於余無所服乘, 且道途云遠, 不啻由旬官尊年老者, 義不可徒行. 聞賢有瑩蹄, 許我速朋, 可乎?" 徐諾之. 公使一奴, 控牛詣趙公, 公跨牛而至, 延之入室, 不及寒暄, 亟索酒, 酒又無肴矣. 徐又以蝦醢進, 連倒大白, 竝不及朝廷雌黃, 亦不言鄕吏謠俗. 趙公但云: "兄書架上有『左氏傳』否?" 曰: "不." 仍取出, 趙公展卷, 指摘某事某句, 曰: "余近究此帙, 不無一二疑晦, 故質之耳." 尹公對以己見互相問難論辨之頃, 迭以巨觥轟飮, 穀核亦無他味. 如是者四五日, 只以『左傳』下酒而已. 一日, 尹公入內室而還, 曰: "酒已渴矣, 子姑去." 又借牛至堂下, 趙公亦不告, 別乘牛脊, 飄然而去. 日者, 有人語余曰: "金侍郞相休, 嘗言如此." 又曰:

---
1) 安: 저본에는 글자 윗부분이 지워져 '女'자만 확인되나 의미상 반영함.
2) 難: 판독이 어려우나 문맥상 반영함.

"趙與吾家有世讐, 然蓋其人有漢晉風骨, 非今世乾沒者可比也."

上-2. 聖考神明

正廟季年正月甲子奎開日, 特赦禁直諸臣年少者, 皆令歸宿于閨中, 是日, 滿城士庶, 亦效焉. 上諭內營衛士, 曰: "若曹外多嬖娼, 內有曠婦, 今日各歸汝家, 勿或中途遲滯逢人飲酒諧謔, 違者罰之!" 衛士領旨盡散, 有一衛士, 路被一友, 握手請款, 衛士掉頭不酬, 只要快走. 友怒而挽袖, 詬辱備至, 衛士曰: "欽奉宸諭, 不得不已, 非我冷薄." 友曰: "爾我相逅, 豈無一杯相屬也?" 衛士辭之, 友曰: "聖上豈得燭察此事? 與其路上相持, 淹延晷刻, 孰若霎入靑帘快飲卽去?" 衛士頗然之, 卽入酒肆, 一飲而歸. 翌朝復命, 天威震怒, 嚴旨誕下, 曰: "日昨諄諄之命, 汝當敬遵無違, 而却信無賴之類乖理之說, 敢萌欺君之計, 致有放飲之擧. 固宜科治其罪, 而念汝被人脅勒, 情實可原, 特降浩蕩之典, 以開自新之路, 須勖來嗣." 衛士惶恐而退, 感淚沾衿, 自語曰: "微此惡友, 詎速聖慈之俯誨也? 恨不手辦此厮." 乃稱病而出, 卽往友家, 將欲拳殺其友, 已自御營衛奉旨杖配矣, 衛士益懍越. 噫! 牛馬走窮畸, 無祿生世苦, 晚不能獲覩. 聖考如天之大德, 如日之赫臨, 而只憑遺老之言, 掇拾敬書, 嗚呼痛哉!

上-3. 寧考聖學

李尙書書九, 聰明强記, 每看書四五行俱下. 有人艷歎之, 李公泫然淚下, 曰: "不佞愚迷, 何足道? 昔日待罪, 經幄竊觀, 正廟讀書十行俱下, 豈啻霄壤之分截耶?"

上-4. 癡人策事

仁廟中年, 有一禁旅, 其叔[3]貌極寢陋, 言語如歉, 音不易了, 人以癡憨嘲之, 亦不怒於色也. 嘗乘春, 與其友數人, 訪花於南漢山城, 登一墩坮, 忽西面悲鳴, 聲震山谷, 涕泗交頤. 其友意其狂, 曉解之, 痴人曰: "行見吾君, 爲虜兵所蹙, 孤栖于此城, 不保朝夕, 寧不悲乎?" 鳴聲益壯, 諸人掩口, 曰: "毋妄言!" 益信其狂易也. 其友有纆跡於金相國門下者, 與相國閑話, 獲及此事, 相國方當路秉國之成, 機慧穎敏, 揣知當有北虜之警, 常用憂慮. 及聞此言, 意其非凡人, 使輿俱來至, 則空洞一木偶也, 未之奇焉. 痴人猝以一木龜進, 曰: "無物表誠, 聊以此爲進見之資, 願相公自愛." 金相審視, 則木理麤甚, 不足以充玩好, 乃抛擲於廳事之隅, 頗疑其人之有心蟊, 反悔其招至也. 及丙子, 虜果東牧, 猝入畿甸, 仁廟避兵, 南漢被圍受困, 至有城下之盟. 亂已, 金相以其子慶徵之僨誤於江都, 待罪家居, 賓客零落, 獨處寢室, 長吁而已. 周佇於戶閫之外, 見木龜, 宛轉歎曰: "舊物皆已淨盡, 而木龜獨在, 異哉!" 因想痴人之言, 爲之一笑. 仍以手模之翻覆, 相看木體, 半磨一隙穿露, 若有物焉. 以刀折開, 則有摺紙實其腹, 展視之, 蠅頭細字滿焉. 讀之, 乃曰: "丙子之間, 必有兵變, 若遇其事, 必究竟以若玆凡數十條, 無不動中機宜. 若燭照龜卜, 至於江都失陷事, 亦有救藥之方." 金相嘆曰: "向使吾早知如此, 豈使國事板蕩家計消亡也? 雖死不足塞其責也."

上-5. 病有年運

銅峴有一藥鋪, 處京兆四達之交, 素業豊裕, 藥裹畢備, 人之求

---

3) 叔: 의미상 '狀'이 되어야 할 듯함.

珍劑者, 必輻湊幷臻焉. 一日, 有老學究, 弊衣篓屩, 似鄉愿, 突如而入, 坐於室隅, 貌甚閑暇, 移晷不去. 主人怪, 問曰:"何處人氏以底事賜臨? 願安承教."學究曰:"某與客, 約會于此, 故今方苦跂, 淹留貴第, 竊爲椒然."主人曰:"是固應爾, 何至過謙?"已而, 主人就食, 請進飯于學究, 學究不應, 走出門, 以囊錢買飯于市舖, 飽啜之, 復入藥舖, 痴坐如前. 如是數日, 所待之友, 終不見至. 主人雖竊怪之, 而亦不敢顯妄辭却也. 忽有一庶人, 來告曰:"妻方臨蓐, 猝然僵仆, 願賜良劑, 以救此急."主人曰:"爾輩無見識, 每以謂販藥者, 能通醫技, 有此來質, 然我非醫也, 焉知對症投劑?"庶人曰:"本不識醫士門下, 望以一劑活人!"學究勸祝曰:"若服藿香正氣散三貼, 則可立愈."主人笑曰:"此乃消痞解鬱之方, 若投之産病, 則便是水火, 君徒熟於口而發也."學究固執前見, 庶人曰:"事已急於燃眉, 雖此劑萬望合劑見賜."仍問價投錢, 主人不得已, 秤量與之. 向夕, 又有一庶人, 來謁曰:"某與某甲隣居, 某甲妻方産殊絶, 得良藥于此舖, 得以回甦, 此必有良醫, 故修謁耳. 某之子方三歲, 患痘瘡甚危兇, 望以珍劑沾丐."學究曰:"亦服藿香正氣散三貼!"主人曰:"庶人輩未嘗服藥, 故其强壯者, 或以此劑收效, 容或無怪, 而至於襁褓之兒, 決不當服此, 況其症形不啻千里之差乎!"庶人固請, 主人又與之. 旣而, 庶人來告, 果得顯瘳. 自是, 聞風者踵門, 而請學究, 莫不以正氣散應之, 無不霍然良已, 捷於桴鼓. 殆數月, 學究未嘗去, 所俟客亦不至. 一日, 有一宰執之子, 乘健驢入舖, 主人下堂迎之, 汎掃惟謹, 擧家顚倒先後, 而學究獨箕踞坐木橫上, 不動一毫. 宰執子謂主人曰:"親癠沈綿, 進食絶少, 已經數月, 榮衛殘破. 昨邀嶺南一儒醫, 命補劑, 醫言,'陳根腐草, 難以得力, 須造藥舖以時新之劑, 刀切圭測, 可望痊可.'故有此親訪."主人遂按方逐剡之際, 宰執之子, 低聲謂主人曰: "彼箕坐者, 誰也?" 主人曰: "此間有異事!" 遂縷述前狀, 宰執之子, 仍整衿詣其前, 備告其親證候, 仍請良方. 學究無所改容, 但曰: "藿香正氣散最佳!" 宰執子暗笑而起, 貼藥而回, 反面于其親, 因作閑話, 爲消鬱之策, 復進曰: "兒逢一奇事." 遂及學究事, 宰執曰: "此劑未必不適, 試服之如何?" 其子及門生·故吏, 交謁更諫曰: "積敗之餘, 豈可進峻削之物? 決不敢奉命." 宰執嘿然. 旣而, 以銀錘熨藥以進, 若非十全大補湯, 卽補中益氣湯也. 宰執曰: "姑置臥內, 候神定飲之!" 迨夜, 覆之于溺器, 使左右潛製藿香正氣散三貼, 而還混而爲一, 以大鐺合煎之, 分三服之. 詰朝起坐, 則神淸氣逸, 病根已釋. 其子候起居, 則答曰: "宿疴已袪體矣." 其子曰: "某醫眞華·扁也!" 宰執曰: "是何言也?" 仍擧其故, 且曰: "學究未知何方人, 而可謂神醫也. 吾數朔貞疾, 一朝氷釋, 恩莫大焉! 汝須親往迎之, 適館授食, 以其緇衣表情, 可也." 其子承命而往, 感謝之言, 不絶於口. 仍請臨弊廬, 學究拂衣而起, 曰: "吾誤入城闉, 致此汚衊之言, 吾豈作入幕之賓耶?" 遂飄然而去. 宰執之子, 憮然而退, 致意於其親, 益信其耿介拔俗之高士. 旣而, 上候違豫, 輾轉沈篤, 良醫迷其所向, 擧朝莫不焦遑. 宰執時任藥院提擧, 適感學究事, 因入診之際, 獨奏其事, 上曰: "此劑未必有補, 亦無所害." 因命煎入進御, 而翌日乃瘳. 上嗟異之, 令物色訪其人, 而終不得. 識者曰: "異人也! 蓋醫書有年運之循環, 一時之間, 百病雖異類, 而其根則年運所使也. 苟知其年運, 而投入襯合之劑, 雖不相當之症, 無不如石投水. 近世業醫者, 專昧此理, 故但隨症而試藥, 治其末而舍其本, 所以孟浪殺人. 此學究, 必預知上躬之當有眚度, 而非此劑, 則無以能救, 故假此而自達耳."

上-6. 靈光怪聞

靈光邑里有李生者, 鄉品也. 其子纔學語, 患痘疫, 症且危殆. 一日, 兒忽蹶然起坐, 大呼其父姓名, "某來某來!" 父怪而應之, 兒曰: "汝須負我, 隨我所指而往!" 父曰: "痘病不可以風, 汝將安適?" 兒大哭自爬其痘, 父懼而負之, 兒指官門, 曰: "可往這裡!" 父不聽, 兒又哭, 父不得已到衙下, 兒欲入黃堂, 父沮之, 閽吏又攔之. 兒頓足大呼, 聲達于內, 太守詰之, 閽吏道其詳, 太守命聽其自入. 父負兒到堂級, 兒忽躍下, 大步入太守上座, 兀然隱几而坐, 怒呼太守小字, 曰: "汝何無禮? 吾乃汝亡父! 因吾屬纊之時, 病瘖不能言, 家事未得盡囑, 泉坮之下, 遺恨難夷; 陽界之上, 會面無階. 近得爲疫鬼, 在邑中李生家, 幸因密邇, 得成奇遇, 從此游魂, 永謝塵慮矣." 太守惝怳無措, 疑信交薦于中, 兒曰: "如我不信, 當自說家裡事狀, 以驗眞僞." 因道地閥·子孫·田宅, 一動一事以詔之, 果無差爽. 太守大慟請罪, 兒曰: "汝妹零丁孤苦, 命途畸薄, 我每擬以某處負郭田十畝, 以充嫁資, 因病猝劇, 有意未卒, 而汝妹一寒到骨, 矜惻轉深. 汝家饒世業, 官有豊廩, 而汲汲於妻子之計, 罔念同氣之情. 此吾所以纏恨包愁, 特來相戒也." 太守泣曰: "緣子不肖, 憂貽幽途, 當式悛前愆, 亟分資業." 兒曰: "李生之家, 甁無儲粟, 未辦供神, 飢餒且甚, 汝須周貧." 言訖而僵倒, 左右亟救, 良久回甦, 則兒叫叫而泣, 渾不記俄者動息也. 仍輿送于李生家, 且以米錢厚賚. 其夕, 兒病忽痊云. 噫! 鄙野之說, 未足以舞管弄毫, 以實其事, 而余與湖南人士交游, 甚十口雷同, 證據甚悉, 姑存于此, 以待後日之刪定.

上-7. 尹氏聖童

英廟季年, 魯城尹氏之門, 有一措大, 八松先生煌之裔也. 有二子, 長冠而愚駭, 次卽聖童也. 生而有異質, 稍長, 不好弄無妄語, 終日危坐, 淵默不洩. 始敎之經史, 一經師授, 而無不通曉, 旨義率口, 而讀言從字, 順如就熟文, 讀未屢遭背誦, 不錯一字. 至於義理精微之際, 心性顯晦之間, 儒師之所不能深解者, 聖童皆抽鍵啓鑰, 卜毫析縷, 精義入神, 多發前人所未發. 且善卜事爲之得失, 利病痛剖無餘, 故鄕黨稱之, 曰'聖童'. 其父嘗躬斫大樹于後圃, 聖童諷諫不聽. 方在塾讀書, 有客來訪, 其父見其無有, 詰之, 聖童曰: "大人適之他, 某當奉迎." 卽自舍外而出, 迂回入後圃, 詣其父, 伸其意, 父曰: "吾方在家, 何必謂之他適? 又況此有捷徑, 胡爲舍近取遠也?" 曰: "兒若告大人在此, 則某丈必知伐木之擧, 而心非之, 故敢此迂行者, 明其不在家也. 此所謂直在其中者矣." 父感悟, 遂不復斫木. 一日, 其兄入園, 以長竿剝秋柿, 仰面諦視之, 聖童進曰: "柿微物也, 而注眼甚勞, 恐利慾之端入於阿睹." 其兄慚服. 族黨長老, 有語以懷尼之甲乙, 且質其是非, 聖童曰: "是明翁之自取也. 三十年師事懷川, 旣知其心術隱微之際, 則豈不料橫逆之來而往丐墓道之文乎?" 尹相國東度, 其尊行也, 以丞相謁告返鄕上塚, 召聖童, 撫其貂帽·犀帶, 曰: "此吾稽古之力也, 汝若勤力於黃卷, 則何患不到此座?" 聖童勃然變色, 曰: "獲睹淸儀, 意謂以聖人之道, 發蒙牖迷, 反以名利爲訓, 非所望於今日也." 尹公斂容而謝. 其後, 聖童至十三歲, 學術日進, 無所不通, 忽嬰一疾, 自知不起, 然談笑如平昔. 一日大雨雷, 聖童伏枕, 吟一句, 曰: '老龍貯水千年計, 仙鶴叫雲萬事空.' 遂瞑目而逝. 其父痛悼震剝, 遂得狂疾. 噫! 若使斯人得其年, 則當爲一代鴻儒, 而竟罹夭札之患, 天之喪斯文也. 孰能力回之乎?

上-8. 柳將軍精靈

肅廟朝, 柳將軍赫然, 久典禁兵, 八旬後, 株累逆獄, 栲掠而死. 蓋金淸城錫冑, 主治此獄, 而赫然則實無辜也. 其子亦死, 而只有孀婦居室. 一日之夜, 有喝道聲, 自外而至, 十卒前衛, 一貴人下馬入內閫, 視之則赫然也. 家人驚異羅拜, 赫然曰: "金錫冑命運已盡, 吾當殄之而歸, 汝具五升飯·數斗酒以待." 因忽不見. 少頃, 已還持一人頭, 曰: "此某也!" 仍大嚼酒飯而去. 淸城果以是夜, 無疾暴逝, 異哉! 肅廟每幸行, 宿衛之士, 每恍惚見赫然, 豪鞭鞭弝, 乘馬從行, 仍料其死, 審視則無睹矣. 肅廟在鼎盛之年, 以痘瘡不豫. 一日大漸, 官府焦迫無措, 寢殿悤欄外, 忽有咳聲, 寺人責問爲誰, 則對曰: "臣赫然, 以王候靡康, 待罪于此, 已有日矣. 自今當有濔復之慶, 故敢此辭退." 再問之, 則寂然矣. 是夕, 患節始灑然而輕, 漸臻太和之域. 肅廟感其精爽誠力, 特命洗冤復爵.

上-9. 尹家神助

尹相國東度, 幼在襁褓, 患痘瘡方劇, 其父一蕭然寒士也. 家徒四壁而苦, 無一錢一粒, 雖見其兒未分死生, 而未能訪醫合藥, 只自傷心而已. 夜夢, 神人告曰: "兒疾甚亟, 須往叩某醫, 則必開生路." 其父夙聞其醫, 爲當世倉公. 然時痘疾大熾, 貴戚大臣之家, 爭延納之, 自分躬往理無得接半面, 而事有不可知者. 遂步至其門, 則車馬駢咽, 無住足之地, 仍鑽入升堂, 則客屨滿焉. 醫師頗有傲色, 口應指授, 莫不虛而往實而歸. 尹公在末座, 最後自言誰某, 醫忽顚倒下拜, 延之上座, 語之曰: "某夢見神人, 告曰: '明日必有尹秀士來, 問于病其子, 當大貴而失今, 則不可救矣.' 此言歷歷如常時酬酢, 敢不進見也?" 父大喜而歸, 醫果至, 曰: "今日, 騎他人之馬, 以權辭稱塞, 先到于此." 診視之, 曰: "此兒陽氣太盛, 非紫草茸一劤, 不可救也. 然近日痘憂極熾, 此劑踴貴, 一戔之重, 不下數三十金, 顧何以辦此? 雖然, 不可廢藥方." 覓紙書之, 因他往. 父憂甚不知所出, 其內子請故, 父語之, 相與發歎. 內子偶入樓房, 適有一筐紫草, 乃前日懇乞於族黨家, 欲以渲染衣襦也. 試撥之, 則箇箇抽新茸, 不計其數, 可爲一斤有剩. 蓋屋穿雨漏浸漬, 生萌蘗, 然若有神助, 亦豈有是理? 擧家大驚謹呼, 卽和藥納口, 服盡一斤, 病遂蠲復. 往謝醫師, 悉告之, 醫曰: "若非貴人, 豈有此靈怪之驗?" 自後, 往來於公家, 不少倦. 後公釋褐從仕, 身都宰樞, 醫師之子孫, 厚被恩遇, 多蒙拔擢焉.

上-10. 北軒麤豪

金北軒春澤, 麤豪而有智數, 富文史. 少日, 從事於場屋之間, 試院之內, 吏隷·軍卒, 潛結爲心腹, 幻謀權術, 惟其指使. 至今豪家擧子, 慣用此格, 蓋權輿于此云. 李公日躋, 當時盛名之士也, 長於騈儷之文, 眼高一世, 未有許借者. 一日, 赴科圍, 因狼貝失侶, 栖遑於頒題板下, 有雨傘五六箇, 圍成一隊, 燈竿帷帳, 極其靚麗, 珍味妙羞, 廚傳狼藉. 李乃披帷而入, 有一少年秀才, 隱几坐熏氈上, 十數善書生, 各持試券, 環坐其傍, 皆聽秀才之口呼, 繕寫如飛. 秀才左酬右應, 略無難色. 李從傍竊觀, 則排敍中窾, 對耦精緻, 箇箇成警策矣. 李大驚曰: "此世焉有此人?" 請問姓名, 秀才頎然一笑而已. 篇俱完, 秀才使一卒呈之, 卒良久復曰: "券已黜矣." 秀才又給一券, 曰: "第又呈之!" 卒又告見落, 秀才又呈一券, 如是者凡五六, 遭丹墀日未斜矣. 秀才大笑而起, 曰: "幾篇佳作, 未被一選, 天也, 何容更呈也?" 因捲傘而出, 李詰于從者, 乃知其爲金也. 金旣廢科曰, 嘗爲子弟之赴擧, 指畫方略, 貢院收券之軍, 每以自家傔僕, 換名冒入. 而當一大比被有力者, 先占軍額, 盡充無一罅隙, 計無所施矣. 然若得一軍有缺, 則家傔當補差, 乃於昏夜, 袖鐵如意, 往叩於一軍之門, 而字呼之軍, 果應聲而出. 乃以如意, 撞破其面, 因疾走還家, 莫有識破其爲者, 軍果被傷, 不能赴役於南省, 家僮遂充其代子弟. 或有諫者, 金大怒曰: "古人不云'急則用介胄之士'乎?" 嗟呼! 世之短北軒者, 訾謷譏誚千億其說, 而余未嘗備諸巾衍者, 以其或涉於不經也, 或近於偏倚也. 今此北軒之族黨至親, 以其聞於家內者, 言之, 故信筆贅及. 藥泉南相公, 所謂'留一日則有一日之弊云'者, 豈惑誣於北軒也哉!

上-11. 崔承宣傳

仁廟時, 有宦族宋氏, 孫枝寒替, 祖緒銷墮. 其宗適之家, 冢嗣之人, 又盡淪喪, 只有孀婦凄楚, 孤兒零丁. 但有一小僮, 名做莫同, 幹理家務, 以替外庭. 一日, 忽逸去, 闔家嗟惜, 莫詗其跡, 倏過四五紀. 宋之支派, 有一老生, 家貧不能自給, 往投于關東一知縣, 徑于高城郡, 日暮店遠. 遙尋人烟, 到一崗, 崗下千家同井, 碧瓦欲流, 溪山冶艷, 亭榭參差, 乃就而問之, 則洞之豪者, 崔承宣也. 生踵門請刺, 有一少年秀才, 肅生而入, 館于一舍. 坐未定, 一青衣傳承宣言, 曰: "靜閴無以陶寫, 敢邀客位入座請款." 生隨敎踵至, 有一老人, 豊頤廣顙, 兩眼燁燁有光. 見生遜順致禮, 容觀鄭重, 剪燭劇談. 坐到三鼓下, 承宣屛左右, 緊閉重關複壁, 因免冠, 拜伏于生之前, 號泣請罪. 生莫知端倪, 吃了一驚, 曰: "令公何故爲此駭怪之舉?"承宣曰:"小人卽貴奴莫同也. 厚負主恩, 暗地逃竄, 一罪也; 娘娘守寡, 待如手足, 而莫體盛意, 永世忍訣, 二罪也; 冒姓誑世, 猥占仕祿, 三罪也; 身旣榮貴, 不續音面于舊主, 四罪也; 相公辱臨, 待如敵己者, 五罪也. 賤生負此五罪, 顧何以自立於世乎? 望相公笞之責之, 以稱積罪之萬一, 如何?"生瞿然無所容措, 承宣曰:"主僕之義, 與父子君臣, 不等一間, 今此恩情阻隔, 體貌掣碍, 卽欲無生, 以償此恨."生曰:"假如令旨, 顧今時移事往, 水流雲空, 何必提起使賓主俱困? 願安坐閑話."承宣卽問宋宗大小族黨無恙與否, 道故感新, 相持興喟. 生曰:"令公自幼誠有器局, 然旣耐匹夫, 何得起家至此?"承宣曰:"正是更僕難盡. 小人童幼執役, 竊覘主家命運否, 替興復無期, 自知一生不免飢寒, 日夜自計略有經營, 倉卒逃出. 而志高膽雄, 誓不老於輿儓之品, 乃假冒崔門之有顯閥而無其後者. 初居京華, 潛殖貨財, 數年之間, 得數十百金. 乃退居永平縣, 杜門讀書, 謹敕自持, 鄉里已知其有士子之行, 而又散財而買貧民之心, 厚賫而箝富豪之口. 繼使洛城游俠之徒, 華其車服, 權稱顯者之姓名, 聯絡來訪, 邑人益信無疑也. 如是者四五年, 又移鐵原郡, 修己如昔, 鐵人自探于永平, 備悉行義·閥閱, 不待鄙言而待之, 以一鄉之高門, 始乃聘一弁官女, 蓋稱再娶也. 生子生女, 而或慮事覺, 又移卜于淮陽府. 少焉, 轉向此郡搬居, 則淮人問諸鐵人, 高人問諸淮人, 奔走相傳, 推我爲甲閥. 而小人以明經, 幸竊黃甲, 得捷于槐院, 歷敭栢府薇垣, 多賴孔方兄, 而旋以大鴻臚, 擢授通政階, 參知騎省, 同副喉司. 初計欲免笞罵, 晚成忽致崇顯, 自念難節者人慾也, 易缺者圓滿也. 若又冥升不已, 無少謙退, 則神怒人猜, 僨誤可期, 從此更不踏軟紅塵土, 優游田社, 以卒餘景. 而五子二女, 皆與顯族結親, 敝庄前後左右, 都是姻婭之家.

長子以文科, 方在殷栗任所, 次子篤信性理之學, 朝紳交章薦之, 特授太子洗馬, 不赴. 次登國庠. 小人年踰七耋, 子孫滿堂, 歲收萬斛, 日食千錢, 度分較量, 詎不自足? 而但念主恩未報, 夢魂猶悲, 每欲趂謁, 恐或發露, 又欲周貧, 恨無門路, 此所以潛自疚懷怳惚獨語者. 而今天借相公, 使得邂逅, 死且瞑目矣." 生請安坐閑話, 承宣曰: "敢留相公數朔, 用副微悃, 而但以尋常行客, 忽被款厚奉留, 則惹生傍觀之惑. 敢欲晝而稱姻戚, 以耀微閥; 夜以定主僕, 以昭法紀, 能肯納否?" 生諾之. 言訖, 天已曙矣. 子弟門生, 迭進問候, 承宣曰: "昨夜逢奇事." 諸人曰: "何謂也?" 承宣曰: "昨夜渴睡, 偶使宋生敍氏族, 正爲吾再從侄, 貫脉昭據, 信不誣矣. 吾昔在京華, 與其父追游同學, 情好如同胞. 伊來四五十年, 不幸有存沒之感, 兼以道路夐脩, 山川間之, 未聞六尺之孤安在. 今者相逢, 必有吾亡戚兄默佑也." 子弟大喜, 敍寒暄, 呼兄爲弟, 相携於山亭水榭, 茂林脩竹之間, 以絲竹爲日用, 飮啜爲課程. 一日, 生辭歸, 承宣曰: "謹以萬金之財, 壽之相公, 須廣謀田宅, 與主家分飽." 生大喜而去, 車服輜重, 照耀長程. 及歸家幹辦, 猝成素封, 知生者, 莫不怪之. 生有一從父弟, 自是潑皮最陰毒者, 苦問生潤屋之由, 生曰: "被某知縣周恤, 感鏤骨髓." 潑皮不信, 他日又問之, 生曰: "路左幸得銀甕!" 潑皮又冷笑, 乃稱貸釀酒, 邀生共飮, 醉倒如泥. 潑皮忽大哭, 生詰之, 潑皮曰: "我早失怙恃, 終鮮兄弟, 惟依仰替事在兄長, 兄長遇我少恩, 何也?" 生解之曰: "我有甚薄意, 汝安起鬪墻?" 曰: "情曲不通, 疑晦轉深, 誰執其咎?" 生曰: "汝不諳我生財之由, 至成怨怒, 我當瀉倒肝肚." 仍述其狀, 潑皮大怒, 曰: "兄長包羞忍恥, 反受叛奴之厚賂, 看作子女之玉帛, 我當卽走南邑, 悉暴此奴悖狀, 一以雪兄長汚衊, 一以扶衰世綱紀." 言已, 納履而束出. 生大懼, 急雇善步者, 馳書于承宣, 語故詳悉, 引咎剴切. 雇者兼程而至, 則承宣方與近局諸公飲博, 及呈書閱看, 略無怖色, 大笑而起, 曰:"却悔少日學得少技." 諸人動問之, 承宣曰:"日者, 宋侄之來, 語到醫人之事, 我偶詑素工鍼治之技, 此侄大喜言, 渠有一弟狂易, 當專送療治云. 余謂戱言, 今忽迻之云. 尋當得抵, 諸君各須歸家, 屛息關門, 毋使狂者肆橫也." 諸人大懼而散, 各自戒嚴, 一洞爲之斂跡, 曰:"承宣家有狂夫來!" 居無何, 果然潑皮性如烈火, 胡叫亂嚷而至, 曰:"某也吾之奴! 某也吾之奴!" 一洞大笑曰:"眞箇大狂, 眞箇大狂." 承宣安坐不動, 令健奴數十輩, 曰:"汝齊出, 綁縛此病狂! 相公少勿以吾家至親饒貸, 卽拘囚於屋後庫庾中, 以便鍼治." 奴應聲而出, 圍札而擒, 潑皮氣火騰上, 狂奔不省, 乃幽于深院, 封鎖甚密. 鄕里諸人, 又團會, 承宣噸眉, 曰:"不圖此侄若是嬰疾, 若不經吾, 疾幾成痼." 諸人曰:"可惜名家少年, 有此心蟲! 吾輩見病狂者, 多矣, 未有若此之甚者也." 人人因說狂猖, 典攷溯及, 曾捐米顚, 談鋒紛紜, 渾成一部稗官, 夜深席散. 承宣持一大鍼, 獨造潑皮, 潑皮張口肆罵, 承宣全不酬話, 以鍼亂刺, 皮肉盡綻, 潑皮不勝苦楚, 願活縷命. 承宣亦務深刺, 潑皮益篤, 乃正氣厲責曰:"我自守本分, 先發來歷, 則固當好意相待, 而今忽摘人釁累, 湛滅乃已, 我白地創家, 豈無智慮而被汝庸愚者所敗耶? 初欲以劒客邀擊汝中途, 而特念汝先世之恩, 姑存性命. 汝若革心改圖, 則當成一箇富兒, 若迷執前失, 則我不過爲殺人之庸醫, 惟汝自裁." 潑皮感其忠厚, 參其利害, 乃曰:"如不悛過, 便爲狗子." 承宣曰:"自今昧爽, 必呼我稱叔父, 若箇人如問如此如此, 汝必答以如此如此." 潑皮曰:"敢不惟命, 雖呼爺何傷?" 承宣回語子弟曰:"宋侄病祟, 幸不深在膏肓, 旣盡意試鍼, 當奏神效, 須厚辦腻味, 以補虛耗." 子弟準敎. 翌朝, 承宣帶傔僕·子弟, 入見潑皮, 潑皮喜且拜, 曰: "自經叔父療治, 神氣淸霽, 病根頓祛. 更願安臥靜室, 調養數日." 承宣泣曰: "天將不餒宋氏鬼耶? 我昨日忍所不堪, 忍亂刺汝肥膚, 可謂骨肉相殘." 因衣以新衣, 携出外舍, 盡意撫饋. 居無何, 鄕里哀集, 承宣使潑皮, 面面拜謁, 潑皮磬折惟謹, 且曰: "僕昨日疾大作, 不省所爲, 能無慢悖於諸丈耶?" 諸人笑曰: "只見詬辱尊叔." 潑皮曰: "此疾先於親, 不得不爾自顧慚恧." 自是, 潑皮禮貌甚恭, 閑住五六箇月, 以緡錢三千送之. 潑皮終身感戴, 不敢以此事有洩. 及承宣垂沒, 語子弟以故, 曰: "我只緣戕傷舊主, 我死之後, 只以短褐殉身, 以贖罪戾云." 君子曰: "賢哉, 承宣也! 自立門戶, 智也; 不忘舊主, 義也; 臨沒思過, 仁也. 惟智與義與仁, 非賢何哉?"

上-12. 金龍釵

古有一宰輔, 爲書生時甚貧. 一日, 赴泮試, 使小僮負白笈前行, 至梨峴, 僮於路上, 拾一物甚長, 獻之, 以堅創之紙, 十襲包裹, 開視則金龍釵也. 制度奇巧, 其價不貲, 生曰: "此必有人誤墮, 當復來尋." 遂植立道側以俟. 俄而, 有一女子, 以長裙蒙其身, 露半面, 汲汲促步而至. 其傍左右諦視, 若有所求. 生疑其失釵之人, 未判眞贗, 倩僮問之曰: "何故栖遑?" 女子曰: "適遣失金釵, 故如是耳." 生復使僮傳語, 問其形模及長短巨細, 女悉對, 無不符契. 生仍出諸懷袖與之, 女驚喜泣下, 叩生姓貫, 生不答而去. 其後, 生釋褐登科數十年, 蹈藉崇顯, 不少鈍滯. 其判吏部也, 從幸廟宮, 暫歇一宵吏家, 其家偏狹, 外舍與內屋相連. 吏部方閑坐, 忽聞內屋有祈禱聲, 潛聽之, 則乃昵昵婦女語也. 祝曰: "昔日, 梨峴還金釵之爺爺, 神其扶佑, 使之爲公爲卿, 百代富貴." 吏部因憶章甫時事, 命左右,招其主胥吏, 主胥吏俯伏堂下, 吏部曰: "適才內屋所禳者, 何事?" 胥吏惴恐, 曰: "無知匹婦, 不識尊威, 致勤俯聽, 罪合萬死." 吏部曰: "不必懼罪, 事必有以, 若不悉告, 當不饒恕." 胥吏囁嚅而言曰: "雖涉鄙瑣, 敢不陳達? 三十年前, 小人之妻, 親狎於一戚畹宅, 其夫人娘娘以重價, 給小人之妻, 使之貨金釵, 以爲婚媾之需. 而小人妻, 方市釵而往, 偶失墜於道, 晚乃覺之, 還視之, 則有一章甫, 適拾而還之. 小人家獲免罪過, 得有今日, 莫非其力, 是日卽失釵之辰也. 每年遇今日, 必以飯饌酒果, 禱神祈福, 至今不廢." 吏部曰: "還釵之人, 卽余也! 然未記爲何日, 今聞爾言, 始知爲是日也. 吾之富貴榮達, 未必不由於汝妻之精誠所感也." 胥吏大喜, 入告其妻, 使之出謁, 其妻僕僕稱謝, 驚喜而泣. 自後, 來往於吏部家, 如故舊焉.

上-13. 峽庄祝辭

有一京華章甫, 以事迤往窮峽, 投宿于一村庄, 庄主衣冠出迎, 自謂宦族. 俄而, 一洞喧傳老爺來, 章甫詰之, 則是夜卽庄主之喪餘, 而邀一文士於由旬之地, 欲書祝程, 故致此撓擾云. 果有一老學究, 威儀舉舉, 傲色滿面, 跨牛而至. 庄主館于內舍, 奉之惟謹, 章甫曰: "我粗解祝辭, 丕願書呈." 庄主搖首, 曰: "這老爺最善於此事, 遠近皆云. 非此未有如不祭之歎, 今日辛勤奉迎, 方副孝思[4], 豈可假於君也?" 章甫曰: "祝文如印一板, 則豈有別箇善手?" 庄主冷笑不答. 章甫訝之, 達宵不寐, 竊聽其祝, 祝辭果非常規, 只云: "今年凶年, 去年凶年, 若干祭物, 斟酒尙饗." 章甫大駭. 翌朝, 詰責

---

[4] 孝思: 문맥상 '孝恩'이 되어야 할 듯함.

老學究. 學究大怒曰: "伊來凶歉, 俎豆多異於昔日, 恐致神道怒不歆, 故曲解其由, 可謂辭盡意. 逼如君蔑學, 何敢非十數邑尊師之此身乎?" 章甫竊笑而去.

上-14. 許公篆隷

眉叟許相公穆, 善篆隷. 初調一縣尉, 縣當海湄, 潮水每泛濫, 多損田畝. 公樹一碑于海隅, 寫蝌蚪八字, 自後, 潮水不復陵暴. 許公復書碑上八字于紙, 貯之篋笥, 人莫曉其意. 其後百餘年, 有老論縣尉, 謂其妖誕, 命折碑. 自是, 潮水復上, 民不堪其憂, 縣尉不獲已遣人, 訪于公家, 得一本于篋中, 遂移摸于碑而竪之, 至今迄無潮患. 余嘗見眉叟篆書于鍾峴, 大家方礎之面, 字畫如鐵索, 于今百有餘年, 風雨攸萃, 而墨跡不渝, 吁亦異哉! 綺里居士曰: "世之操觚而著書者鮮, 不以黨伐同異爲激揚予奪之權. 余嘗病之, 故遍摩是書, 果不以立論之稍崖, 遂沒其可記之善也. 觀者可以諒余心之不陂也."

上-15. 擇婿良方

近有閥閱家老人, 以其女多許老宰執之後妻, 或譏之, 老人曰: "余擇婿, 必得壽富多男子人, 豈非良方耶?" 或無以應.

上-16. 詞律政格

朴尙書宗慶, 判吏部, 有一宰輔, 於公座戲之, 曰: "尊兄休爲詞律政事!" 朴曰: "何謂也?" 曰: "尊兄銓注, 多以老論爲首副擬, 少論爲末擬, 是以, 少論押韻也, 豈非詩律體格耶?" 朴大笑曰: "從此當作大古風." 聞者絶倒.

上-17. 賀蜂王表

近有一人, 擬蜂王羣臣賀表有大戰于甘退藏于蜜之句, 甚爲奇巧, 而恨未得全篇耳.

上-18. 孝廟挽辭

正廟朝, 文孝世子薨, 葬于孝昌墓. 徐判書有防, 挽辭曰: '咫尺松杉連懿墓, 千秋共作聖人兄.' 時聖躬未誕, 盖斯且遲, 而徐公詩意, 已摹寫今日氣像, 眞警覺矣. 懿昭墓, 實正廟之兄也.

上-19. 良史

肅廟朝, 定齋朴公泰輔之極諫被逮也, 天威震疊有過中之敎, 起居注直書之. 良久, 聖心卽回, 俯諭起注曰: "此句不必書之." 起注踵書曰: "上曰: '此句勿書云.'" 可謂良史, 而但恨失其姓名耳.

上-20. 賢娃局識

金竹下箕書, 余之父友也. 嘗言, 少日, 以其先人丞相公, 被罪削籍, 屛居結城之梨湖, 絶意於世, 遂潛究性理之學, 以砥礪自高. 一日, 隣人告曰: "有一處子自云: '良家子特來, 願覿一面.'" 竹下正色辭而闢之, 隣人復促之, 曰: "女子又言, '若不賜一見, 雖十年誓當守而不去.'" 竹下不獲已衰衣博帶, 矩趨繩步, 至其處, 則果有一未字女, 豊頤廣顙, 白而長身, 垂手凝立, 卽之儼然. 竹下傳語責之, 曰: "古之女子, 服父母之敎, 佩姆傅之訓, 雖門閾之間, 其行其止, 無不咨之而後動, 此宋伯姬所以不避烈火也. 今汝潛身獨行, 干謁于人, 不顧禮防, 不別嫌疑, 無異桑中之淫奔, 此豈父母姆傅之願也? 吾所以輒來者, 非欲徇汝之志, 實欲導汝使改其愆尤也." 女曰:"妾豈專昧於此義, 自陷於汚穢耶? 但竊有微意焉, 非敢爲踰墙之行也. 妾一鄙賤之踪也, 然其志則遠且大, 及笄以後, 妾父許歸一亭長. 妾自念, '身雖鄙賤, 而頗不碌碌, 若又托身於駔儈最下者, 則是何異於以鴉配鸞以玉委泥也?' 雖死不忍自誤, 晝夜忖度, 私謂獻身之羞小, 失身之恨大, 所以有此浼告也. 妾雖巾幗之類, 嘗側聞大人地位最高, 文學極博, 一鄕推詡, 風聲藉甚, 故妾願言之心, 不能自已, 與其操匹夫之井臼, 孰若奉君子之巾櫛乎? 奔之爲妾, 寔所甘心, 願君子自裁." 竹下曰:"吾旣不聽汝父母之言, 則豈可畜汝? 況圖存於劫灰之際, 畏約於風樹之餘, 何敢爲畜媵之計同於平凡之人? 汝須速回!" 仍不顧而還, 居二十餘日, 女終不返. 隣人患之, 屢告竹下, 竹下又自往戒之, 仍問其父母姓名居停, 女曰:"姓朴, 爲本縣軍官, 居邑里." 竹下遣人, 招見其父, 其父替使其兄來謁, 竹下引女視之, 其兄驚喜, 而謝曰:"某夜, 夫其在疑爲虎所食, 擧家哭泣屢日, 今蒙逮下之澤, 得接生面, 眞不啻從天降也." 竹下因擧前狀, 且令率歸, 其兄曰:"實感大人開導之盛德, 願充執役之婢, 以酬此恩." 竹下牢辭之, 迫令速歸, 女曰:"惜哉! 大人不能知我命也." 頻行櫛髮, 染黑可鑑, 長可丈餘, 委地如雲, 蓋貴表也. 旣去, 不復相聞. 後竹下之先人得伸雪, 竹下以蔭補官, 旅食京邸, 瑣尾忒甚, 不堪其苦, 遂卜姓於閭家, 粗慰靡室之懷. 及出知堤川縣, 遭悼雲之慟, 意不自聊, 因休暇還結城, 忽憶往事, 試詗昔所遇女蹤跡, 則已適人於洪州有年矣. 暨還任道洪州, 因訪其夫家, 則室廬精楚, 秔稻充羡, 童幼奴僕, 雜遝於前, 其夫亦非鄕里鄙下之人. 竹下語之曰:"聞得良妻, 果然否?" 主人曰:"某本極貧, 自娶婦入室, 財産稍集, 生殖日繁, 歲入素封千有餘斛, 莫非荊妻臆中之力也. 且擧五男, 無一夭折, 其樂無比矣." 其諸子侍前, 皆瑤環瑜珥可念也. 竹下始悔悟無及. 嘗以爲恨, 囑余書于巾衍, 毋使賢娃寥寥, 顧余何敢辭諸?

上-21. 李都督詩
李都督潤成, 以鈇鉞, 鎭咸鏡北道, 北評事賦詩李, '有干霄寶氣將軍, 劒擲地金聲學士.' 詩之句, 對耦精緻, 氣格豪邁, 不可輕也.

上-22. 鬼不能禍人
鳥嶺之巔, 叢祠在焉, 頗靈異. 前後觀察嶺嶠者, 逕于此, 必下輿膜拜, 釃錢賽神, 不者踵罹奇禍. 近古有一方伯, 剛果堅確, 未嘗以禍福忧於心. 其之任也, 過祠下, 將吏交謁, 更進以故事白, 方伯斥其妖誕, 一馳而度. 行未到牛鳴地, 果有迅風急雨, 集于車下, 衆大懼. 方伯令驍者, 焚其廟, 違者殺之, 衆勉强從之. 俄而, 藻井·鵰甍, 俱爲一炬冷灰, 因促駕戒行, 宿于聞喜館. 夢一老人來, 刺曰: "我鳥嶺之神, 香火空山, 廟食百世. 君旣不爲禮, 又毀其巢, 吾當陰誅君之長, 果報此寃." 方伯叱曰: "牛鬼蛇神, 占據淫祠, 我奉命巡按, 除妖去害, 以修其職, 爾敢唐突控訴簧鼓邪說, 冀欲驚懼乎?" 鬼怒而去. 左右攪寢, 曰: "大郞君因路憊纏病, 忽至沈劇!" 方伯往省, 則已不可救矣, 哭而殮之, 轉赴本營. 是夜, 鬼又入夢, 曰: "君如不悔前失, 妥我英靈, 則君之次子, 又當不祿矣." 方伯毅然不動, 叱退如前. 睡未覺, 而家人又告, 第二郞君暴逝, 方伯又痛悼庀喪. 居無何, 鬼又來, 曰: "一摘再摘, 君之子葉, 幾稀矣. 第三郞又當次第被殛, 而事旣酷烈, 特來先告, 須速營我廟, 用免此禍." 方伯無少撓奪, 辭氣甚厲, 鬼萬般脅勒, 眩幻其說. 方伯大怒, 欲手刃之, 鬼退伏于庭, 曰: "僕從此永無依歸矣, 而僕不能禍福人, 惟能揣知人禍福. 尊家雙玉, 命當夭札, 鬼符且至, 故僕貪天之功, 自示威柄, 而至若第三郎君, 位當調勻十鑪鑄貨, 豈敢有犯也? 今此慌說恐動, 計出孤注, 而大人守正不回, 難欺其方, 胤玆以裔, 永辭軒下矣." 方伯曰: "汝久棲荒祠, 閱盡千劫, 我豈欲造次撤毁而深怒於汝者? 以其欲妖術制人也. 今汝自述奸狀, 剩有惻怛, 當重構汝宅, 不使一物失所. 而若又侵毒行人, 不悛前惡, 當卽壞破, 永不寬饒耳!" 鬼感泣而去. 方伯更建廟宇, 塑其夢顯之像, 自後, 迄無鬼患. 方伯之第三子, 年位俱隆, 一符鬼言云.

上-23. 罪人斯得

尹副正爔, 余之丈人行也. 余才成冠, 遇公於湖右客館, 怡然閑話, 因及其爲金吾郎. 時當聖上初服, 鋤治西洋之學, 會鞫大臣, 一日出片紙, 書'黃嗣永'三字, 亟令逮捕. 自家以曹例, 當行馳到黃之家, 則黃已知幾宵遁, 只有一區空宅. 詗探隣里, 則皆言, '賊嘗閉門深居, 比舍五六年, 未省其顏, 其去住秘不覺察云.' 因廣搜京師, 摸着不得. 自分獲戾法, 不敢旋踵, 乃縱馬加筆, 曰: "任汝所之!" 因馳五六晝夜, 到一邑, 邑市方開, 有一眇目者, 設卜肆. 自家下馬就之, 權稱訪人, 請決疑. 蓋思渴情窮, 强欲試之也. 瞽者不解, 叩蓍龜, 又不能說卦, 只以短筇搖之, 沈吟良久, 曰: "君可到某邑村, 則必有一人販柴, 須執而問之." 說罷, 收賀錢, 向他人談命. 自家甚覺虛蠹, 而旣無別箇良圖, 莫若姑從其言, 卽又轉到其處, 果見一蒼頭販柴于市, 乃執而栲之, 果賊之奴也. 奴曰: "賊方在深山地窖中, 高枕肆志, 敢不指導也." 自家始異占辭, 偕其奴, 迤到巉岩窮谷, 有板門在地上, 上鋪塵沙. 乃踢而入, 土窟軒廣, 房櫳悉具, 賊方挑燈, 讀邪書. 自家入, 曰: "拿命下矣!" 賊曰: "吾已料汝之來也. 某邑某市賣卜者, 必爲之倀也. 如汝蟣虱之命, 吾殺之易, 然而今日, 卽吾當逮之日也. 命運不可逃, 惟汝自任." 自家因拿捉而出, 卽爲復命, 人皆神之, 王靈攸曁, 天鑑孔昭. 從古以玆, 爲國被逮者, 無不斯得耳.

上-24. 詩人畸薄

英廟之季, 有愼處權者, 午人之最單寒者也. 以詩馳名於膠庠之月課, 蓋其詩逸韻間出玉璘鳴也, 故奇章秀句, 塗人之吻. 晚擧進士, 居北山下彰義洞, 門巷幽僻, 都無人跡, 攻苦食貧, 饘粥不給. 然愼素善推數, 以生年干支, 測百年休咎, 利病生死, 計其時日, 不一紕繆, 而未嘗向人自命, 故人不知也. 嘗籌某年六月京察, 己當沾一命之祿, 每銳意俟之. 及至某年六月某日, 爲京察之期, 而亦未嘗倩人延譽於吏部, 可謂疎漏矣. 逮其日, 語內子曰: "今夕, 吾必登仕, 可備饗朝餐以食我." 內子料其必有吏部宿諾, 欣然遣樵靑于隣閈, 告以故, 乞柴米, 隣人或與之, 卽炊之土銼, 刺齒而啜之, 足以充數月食粥之膓也. 午牌以後, 妻孥趍立門限以俟, 迨人定鍾鳴, 斷無好音, 內子嘆曰: "旣以不根之說, 遍告隣閈, 何面目更對隣人乎? 哀哉! 前生有何罪孼, 而命途之畸屈, 乃爾哉?" 愼曰: "今日必不虛度, 第俟之." 已而三鼓下, 倦極而睡, 及覺則已黎明矣. 愼亦疑怪, 復搩指推步, 終不差釐. 申牌後, 數三輿儓, 衣袴褶叫門, 以片紙上, 果除寢郞. 蓋李相國天輔, 判吏部行京察, 時權戚數人柄國, 氣焰薰灼, 各薦五六人于吏部, 俾補筮仕之剡. 李公深嫉其所爲, 不欲循其干請, 且念不從其志, 而別用己所親熟者, 則慮有臺參. 遂簡寒素文行之士, 不呈身不識面者, 充闕員, 而有一窠未補. 方沈思摸索之際, 忽憶己爲國子時主泮試, 遂思及愼處權秦京桃李別人春, 楚雨桄榔何處村'之句, 乃己所擢爲魁元者也. 卽以處權名, 首擬寢郎, 得預恩點吏部, 屬隷例書注望, 鉤尋要錢, 而僮隸目不識字, 只尋申進士家. 蓋申愼同音, 故屢遭誤着. 有人悲之, 曰: "此午人也, 往探于南城外萬里峴, 則可得." 如其言, 遍尋午人, 則一人指愼處權, 始至焉. 後愼累遷郎署, 以輪對官入對, 英廟俯詢姓名, 愼具對, 上曰: "聞汝工詩, 如有平日得意句, 進奏." 愼以 '秦京桃李, 楚雨桄榔'之句, 敷奏, 上不懌, 曰: "不佳不佳!" 蓋此句與孟浩然'不才明主棄'之義也. 以是, 屢靳天點, 最後得木川縣邑, 至殘也. 然愼忽萌侈心, 華其衣服, 飾其鞍馬, 如貴介公子, 其友諷之, 曰: "子忍忘疇昔之骯髒飢窘而倒行逆施之耶?" 愼曰: "我曾推數, 終於一縣, 故暫以錦綉珠玉, 聊爲平生創有之事, 以娛餘年, 而亦可作送死之具也." 果沒於木川, 一符其言云.

上-25. 張漢喆漂海錄【漢喆濟州人, 官至高城郡守】

歲庚寅之季冬, 余以鄕貢赴禮部會試, 與友金瑞一及舟子二十四人, 登船, 風順海濶, 其疾如飛. 起坐舷頭, 以手指點, 曰: "彼火脫島距此幾里?" 篙師目余而不答, 或在傍, 密謂曰: "舟中之人, 不得擧手指點, 海上之不問前路遠近者, 卽然, 不可不知也." 已而, 火丁炊飯, 搖鼓以賽水神. 分饋訖, 忽看西天, 赤日午透, 一抹雲烟之氣, 起自波間, 雲影日彩, 明滅相盪. 俄而, 雲成五彩, 平浮半空, 若有物突兀高起, 依俙若層樓重閣, 遠不可卞矣. 良久, 日隱重雲, 樓閣之形, 變成萬堞層城, 極目橫亘於銀波之上, 逾時而廓開, 無所睹矣. 此乃蜃樓也, 篙師驚愕, 曰: "是爲風雨之徵, 愼勿放心!" 已而, 獰風怒號, 急雨繼作, 孤舟出沒, 漂泊無涯. 舟中人, 或有昏倒不省, 或有堅臥痛哭, 連叫觀音菩薩者. 夜氣昏黑, 咫尺莫卞, 自舟底而水多漏入，自船上而雨如翻盆，船中水深，已沒半腰．舟人自分必死，不欲卸水，余乃權辭曰："東風甚急，孤篷如飛，一日千里，吾觀地圖，以知琉球國在耽羅之東，水路三千里，今夜必炊飯於琉球之廚矣．"衆乃大喜，躍然而起，頃刻卸水．度了三晝夜，風雨稍減，但見水天相接，不見端倪．金瑞一向余曰："吾兒與君之子孫，當世世結讐諸！"篙師皆曰："以君浪生科慾，使我無罪之人，舉將判命．我死之後，當困君之魂，以雪此冤．"余乃好言慰之，諸人猶皆慟哭，呼父呼兄．强令炊飯，以飯之善否，占吉凶，飯果善，諸人稍慰．船上甘水已盡，余使篙師用竹筩承雨水，諸人大笑曰："龍王宮何患無水，必欲賚雨入去耶？"因慟哭，哭不絶．已而，大霧四塞，船猶隨風自去，不知其所屆也．日將夕，忽有異禽，飛鳴而過，舟人曰："此水鳥也．晝而浮游海上，暮必歸宿洲渚，今日暮而禽始歸，可知洲渚之不遠．"皆欣踴喜笑．及至夜深，霧開天晴，風息浪和，中天有大星，靈芒射海，瑞彩盤空，疑是南極老人星也．翌日，天未明，霧又作，至午開廓，見船在小島之北，而隨風漸近於島矣．滿船喜踴，下舟登岸，諸人曰："此島若無甘水，當坐而待死．"余曰："見蒼鹿跳躍林間，夫鹿者，食野之萃，或飲于池，必有甘泉矣．且海中之原，未三十里者，蹄角不生，亦可知此島之廣也．"衆曰："然則必有人居．"余曰："沙汀之上，無漁人之跡；草樹之間，無海採之路，知是空島．"衆皆唯唯，登岸望之，則此島東西狹而南北長，幅圓可四五十里，又有一道清泉，味極甘爽．滿島雜樹蓊蔚，多杜冲松栢，其他雜卉，方在臘節，亦已吐新蘂而敷春容，政如我國二三月候也．岩石間，多如椽之竹，獐鹿成羣，烏鴉繞林．島中有三峯競秀，高可五十餘丈，泉源出自中峯，曲曲爲長溪，東入于海．余愛其清溵，盤桓不能去，忽有一大橘，自上流浮來，緣溪而上，果有雙橘樹, 朱實交映. 諸人爭摘, 噉之已饜, 包其餘而歸. 採藥汲水採薪, 又入水採鰒魚, 積于草幕下. 搜檢行橐, 只有一斗稻米, 六斗粟米, 不過數日之資. 乃細剉山藥, 糅之以穀末少許, 炊作饔飧, 又膾生鰒, 味甚適口. 使舟子伐竹爲竿, 裂衣爲旗, 立于峯上, 積柴燃之, 使往來舟楫, 知有漂人而來救也. 過了四箇日, 一舟人採得一大鰒, 剖其甲, 則有雙珠, 玉彩射目, 大如玄鳥之卵. 偕行商人曰:"以此給我, 則歸國後, 以緡錢五十酬之." 舟子爭價, 至夕鬪鬨, 乃以百金牢定, 寫下文券, 商人之重利也, 固如是夫! 居無何, 有一點帆影, 來自東溟, 舟人增薪吹火, 以起烟光, 揮竿於岸上, 連聲大呼. 日將夕, 船近於本島, 而船上人頭戴靑巾, 上穿黑衣, 下無所掩, 乃倭人也. 彼船過島而去, 落落無相救之意. 舟人叫呼大哭, 忽自彼船發送小船於本島, 船上人十餘丁登岸, 腰間皆帶長劍, 氣色暴戾, 眉睫不佳. 闌入圍我, 以書問曰:"你這方人的?" 余答曰:"朝鮮人! 漂流到此, 乞垂慈悲, 活我衆命. 不知諸相公何國人, 今向何處?" 彼人答曰:"俺南海佛, 將向西域. 你以寶物禳我, 有可生, 不則死." 余答曰:"本島素不産寶物, 且逢風漂流, 萬死一生, 船上物件, 皆已投海, 身外安有隻物?" 卽見彼人, 相與喧噪, 而語音侏離, 不可曉也. 良久, 彼人揮劍咆哮, 赤脫余衣服, 綁縛倒懸于樹上. 又取諸人, 脫衣縛倒, 遍探其囊中, 獲商人之雙珠及生鰒, 只遺粮米衣件, 相與咻噪, 乘小艇去了. 於是, 諸人自相脫縛, 如得再生. 諸人欲去峰上旗竿及烟火, 毋致復逢水賊, 余曰:"往來舟楫, 未必盡爲水賊. 南國之人, 不若倭奴之殘忍, 見我垂死, 必有拯活者, 何可因噎廢食?" 舟子曰:"彼南海雲烟間, 蒼茫而見者, 必是琉球國也. 其遠似不過七八百里, 若得北風之送帆, 三飡而可適, 豈可坐此餓死?" 皆曰:"此言甚好." 乃登山斫木, 以備檣楫修船板, 度了三日,未能便發, 忽見西南遠海, 有三隻大船, 直向東北過去. 雖揮竿起烟, 叫呼不絶, 望望然過去. 蓋若遇漂人, 則難於處置而然也. 諸人號哭乞憐, 合手叩頭, 彼船忽回棹, 五人乘小艇來泊, 皆以紅色畫布, 裹其頭, 身着翠錦狹袖. 有一人, 鬢髮不剪, 頭載圓巾, 以書問余曰: "汝是何國人?" 余對以朝鮮人, 漂到至此, 乞蒙慈悲得還故國. 着巾者, 喜形於色, 復問曰: "你國地方, 有中土人漂落者, 你知其人可數以對否?" 余疑其大明遺民也, 以書答曰: "皇明遺民, 果多流入我國者, 我國崇尙禮義, 莫不厚遇, 錄用其子孫. 未知相公在何國?" 答曰: "俺大明人, 遷居安南國, 久矣. 今因販豆, 將往日本, 你欲還本國, 隨俺抵日本." 余涕泣而書曰: "吾屬亦是皇明赤子也. 壬辰倭寇, 陷我朝鮮, 魚肉我, 塗炭我, 其能拯我於塗炭之中, 措我於衽席之上者, 豈非皇明再造之恩耶? 噫嘻, 痛矣! 甲申三月, 崩天之痛, 尙何言哉? 以我國忠臣義士之心, 孰欲戴一天而生也? 然而父母之亡, 孝子不能殉從者, 以其天命不同, 存亡有異也. 今於萬里萍水, 幸逢相公, 非徒四海之兄弟, 同是一家之臣子." 着巾者, 讀我書, 悲咽之色, 溢於辭色, 援筆點之, 且讀且點. 仍與彼中人, 有何言語, 而或搖手, 或掉頭, 莫曉其意也. 已而, 着巾者大笑, 卽款款然携余手, 引我諸人, 登小艇, 泛中流, 轉上大船. 余謂諸人曰: "我國以禮義, 聞於天下, 你等必須相愛相敬, 以示仁厚之風." 上船後, 以香茶·白燒酒饋, 我訖, 又進饘粥, 別置我二十九人於一房. 諸人向余俯伏, 以示不敢同處之意, 彼人會其意, 分賜二處. 翌朝, 諸人拜謁於余, 禮貌甚恭. 彼人相顧, 喧笑指我而云云, 指諸人而云云, 蓋歎我國之禮貌也. 余問着巾者姓名, 乃林遵也. 問遵曰: "船上有不剪髮着巾者, 有削髮裹頭者, 何不同?" 曰: "明人逃入安南國者, 甚多, 不剪髮二十一人, 皆明人也." 問所泊小島名, 乃琉球地方虎山[5]島也. 明人胡瑠·陳增問曰: "你國稱臣奉貢于淸國耶?" 余難於爲答, 曰: "吾等所居, 距王京隔遠, 生長鄕曲, 跡未嘗入京城, 凡係朝廷事, 皆不知也." 欲周覽船制, 則船如巨屋, 房室無數, 聯軒交櫳, 疊戶重闥, 器玩什物, 屛幛書畵, 俱極精妙. 林遵引余入船腹, 由層梯而降, 則船廣百餘步, 其長倍焉. 一邊多葱畦蔬圃, 鷄鴨自近人不驚飛, 一邊多積柴薪, 或雜器用之屬. 又有一物, 其大若十石缸, 而上圓下方, 旁通一孔, 以朱漆木釘之大於指者, 塞其孔, 拔其釘, 則水出如湧. 林遵曰: "此水器也. 盈器之水, 用之不竭, 添之不盈云云." 又由層梯而下, 則米穀·錦繡·百貨藏焉, 而限其一邊, 區而別之, 多作羊柙·羔圈, 狗彘之畜, 或友或羣. 又由層梯而下, 則乃船之底也. 蓋船制共爲四層, 人在上層, 房屋相連, 其下三層, 間架井井, 百物幷畜, 百用俱通矣. 船底藏二小艇, 其一卽余船也. 船底儲水, 容泛小船, 而又有板門, 通于海, 半沒水間, 半沒波上, 惟意開閉, 小船之出納, 由是焉. 板門開閉之時, 海水通入于船底, 而旋自水桶中瀉出船外, 如懸瀑焉. 蓋水桶長二丈餘, 圓徑一拱, 而下巨上細, 如囉叭狀. 中通外直, 下有雙環, 把其雙環, 左旋右斡, 吟作短歌之音, 則船底之水, 自水桶中瀉出于外, 極其奇巧. 彼人不許詳看, 引余由層梯而上, 蹋二則已在船之上層, 一下一上, 其路不同焉. 翌日, 西南風大作, 波濤如山, 彼人輩無難色, 高張白布帆, 船往如飛, 達夜而行. 安南人方有立, 問余曰: "你國人有淪落于香偽島者, 知否?" 余曰: "未知." 有立曰: "昔余漂入此島, 島在靑黎國. 島中有朝鮮村, 村中有金大坤者, 爲里中之望. 自言, '渠四世祖朝鮮人, 作俘于淸, 流入南京, 隨明人

---

[5] 山: 저본에는 '小'자로 쓴 것으로 판단되나 『표해록』에 의거함.

避世于此, 築室娶婦, 子孫繁衍.'且居人稱道大坤之祖, 精通醫技, 能得人情, 家計豐殖, 而築坮高岡, 遙望故國而悲泣. 故後人名其坮, 曰'望鄕坮'." 林遵問我國俗·人物·衣冠·山川·地方, 余答曰: "我國襲箕子遺化, 懲羅麗頹風, 崇尙儒術, 觝排異學, 國以禮樂刑政爲治, 人以孝悌忠信爲行. 於是乎, 四百年培養之餘, 人材蔚興, 文章道德之士, 史不勝記. 衣冠則損益商周之舊制, 集成皇明之文章. 山有萬二千峯之金剛, 水有三浦五江之衿帶, 地方不知幾千里. 可得聞貴國之風土·衣冠·文物乎?" 彼人輪看我書, 喧噪不已, 竟無所答, 彼必有慚德, 而不敢誇張也. 自此, 彼人筆談, 不曰'你國', 必稱'貴國'; 不曰'你們', 必稱'相公'. 蓋以我禮義之邦, 相敬也. 翌日, 見大山在東北, 乃漢挐山也. 見若不遠, 諸人喜極, 放聲號哭曰: "哀我父母, 陟彼岵矣; 哀我妻子, 陟彼岡矣." 林遵書問其故, 余答曰: "吾屬皆耽羅人也, 家山在近, 故如是矣." 卽見林遵與彼人酬酢, 已而, 喧噪有爭鬨之狀. 明人環立一邊, 安南人環立一邊, 肆惡高聲, 怒目咆喝, 向林遵輩, 若將鬪鬨, 林遵輩, 則有緩頰溫誘之色. 如是相持, 日已過午. 至晚, 林遵曰: "昔耽羅王, 殺安南太守, 故安南人, 知相公爲耽羅人, 皆欲手刃以報國讐. 俺等萬方勉諭, 僅回其意, 而猶以爲不可與讐人同舟而濟, 相公當自此分路矣." 蓋世傳濟州牧使殺琉球太守云者, 非琉球, 乃安南耳. 林遵急發我船, 分載我二十九人, 泛送潮頭, 分路去了, 殆如日暮路迷, 嬰兒失母, 莫知所向也. 午後風急, 舟行如飛, 飄向黑山大洋, 已而, 陰雲凝合, 急雨大注. 黃昏到鷺魚島之西北, 此乃當初遇風飄流處也. 夜深, 洪濤舂天, 颶風簸海, 舟人哭曰: "此處海路最險, 皆亂嶼危岸, 尖出波上, 波濤極獰, 雖無風之日, 舟或破沒於此. 今狂風翻海, 怒濤掀天, 此乃必亡之地也." 諸人皆以揮項, 包其頭, 巨繩纏其身, 且僵且哭, 蓋欲死後不使面目觸傷也. 余亦驚魂飛越, 欲哭而聲不出, 仍大叫嘔血, 昏仆不省, 卽見濟州前日漂死人金振龍·金萬石在前, 振龍曰: "所着宕巾, 何不惠我?"【後日太守預占】萬石曰: "若以食物饋我, 當執蓋陪行."【亦後日張蓋預占】蓋振龍生時, 爲千摠之任, 萬石生時, 以執蓋爲役故也. 其他奇鬼怪形, 千百其態, 皆接于眼, 又有一美娥, 縞服進食. 余乃勵精開眼, 則皆昏夢也. 二舟子匍匐船頭, 將欲救鵝, 爲風所飄, 落水而死. 俄而, 船板破坼之聲動海, 諸人失色哀號, 曰: "船已破矣!" 相與呼兄呼叔, 蓋舟人多兄弟叔侄, 同在舟中, 故臨死相呼, 欲死後魂魄相依也. 金瑞一抱余, 哭曰: "海天孤魂, 捨君誰依?" 余遂引繩, 與瑞一合纏兩身, 久待而船不破, 擧頭視之, 則有大山斗立于前. 俄而, 舟已近山, 進退出沒, 而見怒潮擊岸, 銀屋翻空. 夜黑霧合, 不見咫尺, 依俙見諸人爭先跳下, 蓋自恃潛泅之才. 而余全昧此術, 卽蒼黃跳下, 則自腰以上, 罥掛於石嶼之頭, 手足亂攫, 蹣跚行五十餘步, 則已出岸際. 依岸而坐, 神魂未定, 但見海浪拍岸. 頃之, 諸人從波間潛泳出來, 僵仆良久, 各起團坐, 望海而哭曰: "吾等之生, 皆賴潛泅, 可憐一員付之無可奈何之地, 何面目歸見濟州乎?" 蓋知余已死而然矣. 余曰: "吾乃在此!" 衆人抱余哭, 曰: "吾等潛泅四五里, 出入萬死僅得一生, 相公渺然弱質, 且昧此術, 安得先我登岸乎?" 余備述所經, 衆皆嗟異. 當初登船者二十九人, 到今登岸者十人, 可知落水死者, 爲十九人之多. 時夜黑風獰, 飢寒轉甚, 乃隨諸人尋覓人村, 緣崖魚貫而登. 余跌足, 倒墜於千仞深塹. 昏絶移時, 收拾精神, 步步登崖, 舟人已去遠矣. 忽有野火一把, 明滅瑩煌, 若往若來. 余遂隨往行到十餘里, 火光赤而靑, 倏然而滅, 四顧荒郊, 闃無人跡, 始知爲鬼火所引也. 進退不得, 依邱而坐, 忽聞犬吠聲, 乃隨聲而行,至一巷口, 果然一蒿師, 率島人, 引炬而出, 蓋尋余所在也. 逢余大喜, 使島人負余而歸, 燎衣進粥. 到此者只八人, 乃知落岸死者, 又二人. 於是, 衆皆昏倒. 翌朝, 詰于島人, 則本島隷薪智島鎭, 北距本國爲百餘里, 西南距濟州七百里, 島之幅圓三十里. 島人供我, 八人隨其次第供之, 養病三日, 祭了同舟渰死者二十七人, 轉往叢祠, 祈了善還. 有老媼邀我, 坐廡下, 使素服美娥, 進食于余, 怳然若頃者風波中昏倒時進食之娥也. 余甚嗟異, 問居停主人, 答曰: "此趙氏女也, 老媼其母, 而今年二十, 寡居已有年矣." 余以夢中之異, 告之, 主人曰: "吾有一婢, 名曰梅月, 而前年見賣於趙家, 若使此婢謀忠, 則事可諧矣." 又過數日, 主人偕梅月來, 謂余曰: "俄聞梅月所傳, 趙女聞客夢中之事, 若有情於感遇, 而無辭峻斥, 是許之也. 況其母今夜修齋山寺, 客之偸香, 正在今宵也." 遂敎梅月曰: "如此如此." 是夜, 余至堂村, 投入女家, 見廡外墻下有一樹梅花, 山月已斜, 花影婆娑. 佇立花下, 更鼓已深, 羣動已息, 惟有短猊吠余. 梅月聞犬吠, 呀然開門而出, 引余入室. 澗月在牕, 室櫳怳然, 而見趙女擁衾在床, 驚起而坐, 始以嚴辭拒, 若將不相容. 及聞余慇勲說話, 眼波乍轉, 話岸漸低, 或含羞露態, 或伴怒强罵, 曰: "可殺哉! 梅月賣我!" 及其昵枕頡頏, 神魂蕩漾, 而怒罵之聲已絶, 繾綣之情難禁. 良久, 女攬衣而起, 手整雲鬟, 而笑看余, 曰: "可憐梅月, 在廡外凍甚, 何不招入房內耶?" 余呼梅月入室, 而笑謂女曰: "初何責其可殺, 今何憐其凍甚?" 女嬌羞不答. 已而, 水村雞鳴, 東天向曙, 握手相別, 哽咽不能語矣. 翌日, 舟子告風順可以利涉, 余乃登舟趲程, 二日到康津, 轉入都下, 戰藝覆試, 飮墨後還鄉, 五月初八日也. 漂流得還者七人, 四人已化, 一人病, 二人在遠, 未能探了消息.

上-26. 震邸睿學

春宮邸下, 睿學夙就, 寶齡才九歲. 嘗作「漢武帝論」, 範圍濶大, 波瀾橫鶩. 噫! 億萬年無疆之休也. 其論曰: "漢武帝建栢梁坮, 設承露盤, 建章宮, 千門萬戶, 窮奢極侈, 好神仙方士, 征伐四夷, 疲弊中國, 漢國幾亡. 然武帝求賢良·方正·直言·極諫之士, 得董仲舒, 喜儒術, 表章六經, 斥黃老之道. 汲黯直言犯顏, 恕不罪而稱懋, 下詔雪平城之恥, 有功者不吝爵賞, 有罪者必誅. 後悔悟其過失, 下輪坮, 詔罷方士及用兵, 其雄才大略, 賢明之主乎!" 去年, 又有「禁苑重陽詩」【寶齡十一歲】, 曰: '檻前黃菊發, 其色如黃金. 九月淑景新, 年年此日來.' 賓客李晚秀, 請改擇九月爲九秋, 邸下可之. 且親寫此詩, 分賜講官數三人, 余亦從入親覩, 而筆畫龍拏鳳騫, 箇箇活動, 眞天成也. 近日, 御書筵, 詢問石磋之磋字字義, 賓客李晚秀, 對曰: "雜色之石也." 復問: "雜色何色?" 晚秀不能對, 春坊金在元, 對曰: "靑赤色也." 又曰: "何據?" 對曰: "出『康熙字典』." 邸下曰: "解字不當若是耶?" 諸臣悚然而退. 蓋臨筵反覆, 多類此.【按字典, 初無靑赤色之文, 似是錯對】

上-27. 李丞疎傲

李正言重海, 謇諤有古人風節. 嘗作銀溪丞時, 逆戚[6]洪麟漢, 以妙齡按東藩, 重海刺謁, 麟漢以手加于几上, 以見重海. 重海屹立不拜, 直入上房, 躬鋪一席偃臥, 呼左右曰: "速取吾笠子來!" 遂脫公服, 換着布衣而出. 麟漢大怒, 以其事馳啓, 法當流竄, 而英廟特命貰之云.

---

6) 戚: 의미상 '賊'이 되어야 할 듯함.

上-28. 宣傳樹德

英廟季年, 禁釀甚嚴. 有一節度犯禁棄市, 然民間亦未嘗無酒, 古人所云'酒之流生禍'者, 是也. 一日, 上促召一宣傳官, 宣傳官最下者, 如例應命而入, 上曰:"近日, 釀禁稍弛, 有司之責也. 今賜汝尙方劍, 如有犯釀者, 爾先以此劍殛之, 隨卽入稟. 如三日內, 不獲一犯, 爾亦當齒此劍!" 宣傳官承命而出, 歸家不敢言上旨, 蓋恐家人之驚哭也. 因四求不得犯禁者, 時朝令極峻, 故潛釀者, 皆不許人與知, 雖父子兄弟之親, 若知機, 則懼禍泣諫, 或毁破甕盎, 故搜捕甚不易也. 東塗西抹, 終不能獲. 至第三日, 甚是震懼以死自期, 欲哭則不可, 欲自裁則不敢, 欲語妻子則不忍, 長吁短嘆之際, 日已西矣. 忽念平日所昵妓, 頗稱情自分, 明日當死, 何不與此妓少紓須臾歡也? 仍乘月投之, 秉燭而語, 因曰:"我病渴不能抑, 你有粥否?" 蓋其時人不敢顯言酒字, 或以粥爲號也. 妓曰:"妾家無有, 願俱往沽飮." 宣傳大喜, 使妓導前, 隨往東村, 駱峰下有一茅廬, 席門圭竇, 頹垣破屋, 可知爲寒士家也. 妓先入, 良久, 持磁壺而出, 勸飮覓錢, 宣傳執壺, 直入其堂, 呼主人曰:"速出!" 主人大驚, 攝弊衣冠應之, 宣傳引壺視之, 曰:"我領命宣傳官也. 今得眞贓, 有尙方劍在此, 請主人肅命!" 主人泣曰:"我粗知讀書, 通大義, 豈敢觸冒朝令? 但傷哉貧也! 老母在堂, 菽水無繼, 故不得已賣此, 聊爲甘旨之需, 得罪朝家, 爲使者憂, 敢不唯命. 然謹當辭家廟, 訣老母就死, 肯俯從否?" 宣傳許之, 主人整冠袍, 入內闈, 已而, 婦人哀哭之聲, 遠徹于外, 酸人心骨. 宣傳及妓, 亦泣涕如雨, 不能自制, 乃招主人, 曰:"主人有老母, 而我獨無, 主人死則二人死, 我死則一人死, 固所甘心也. 雖陷於欺君之罪, 而不免於死, 人生終一死, 何所懼乎? 所謂觀過知仁者也." 主人曰:"不然. 我實有罪, 何累於君?" 二人相與爭死, 宣傳不聽而去. 明朝, 入伏前陛, 自稱死罪, 上俯問之, 對曰: "臣奉命無狀, 不能誅一犯釀者, 死有餘罪." 上曰: "民間果無犯禁者否?" 對曰: "臣潛行坊曲, 未有現捕." 天顏有喜, 曰: "然則吾之令, 果行歟!" 因收尙方劒, 且命退. 主人卽李尙書鼎輔也, 後釋褐躋八座, 感宣傳之恩, 吹噓獎拔, 驟至亞將, 視如手足. 其雲仍, 亦講舊好不絶云.

上-29. 業福薄倖

李業福, 家傔也. 其在童䯻, 善讀諺書稗官, 其聲或如歌, 或如怒, 或如笑, 或如哀, 或豪逸而作傑士狀, 或婉娉而做美媛態, 蓋隨書之境, 而各逞其藝也. 一時豪富之家, 皆招而納之. 有一胥史夫婦, 酷耽此技, 哺養業福, 還如親黨, 許以通家. 胥史有未笄一女, 端麗特秀, 燁乎如花, 溫乎如玉. 業福心痴神蕩, 不能定情, 每以秋波挑之, 女正色無應. 一日, 胥史遇節日, 闔家上塚, 女獨宿閨裡, 扃鑰甚固. 業福踰墻, 潛入臥內, 女方酣寢于繡床. 業福乃臥其側, 摟抱其腰, 女大驚蹶起, 曰: "汝何人?" 曰: "某也." 女怒以鍮燈檠擊之, 曰: "汝罔念我爺孃之情, 至欲爲狗彘之悖行乎?" 業福挺身受其杖, 曰: "娘子之罰, 其甘如飴." 女愈怒猛擊, 以至面門剝傷, 業福但以柔聲婉色, 曲解之. 女性本慈悲, 旋悔撞打之酷烈, 且憐辭氣之無忤, 投身于床, 曰: "好爲之, 好爲之!" 業福乃恣意淫弄, 極其醜穢. 女斂容而起, 曰: "旣愜汝願, 快去無留!" 業福黽勉而出. 翌朝, 家人盡還, 業福候起居于女之母, 女侍其傍, 玉顏慘悴, 香愁鎖眉, 如一枝艶花, 朝帶寒雨, 容態可憐. 業福退覺鍾情, 乃寫芳信一緘, 潛送于女, 蓋約會東園也. 女果如期而至, 怳惚獨語, 神不守宅. 業福曰: "娘子擧止, 奈何異失常度?" 女曰: "適間西王母, 遣使傳語曰：'汝被人誘脅，厚受汚衊，大質已虧，冤債實多.' 其令歸隸仙府，永謝塵劫云. 故將欲隨使者而去耳." 業福笑曰："使者何在?" 女指其傍，曰："在此!" 因向空笑語，娓娓不倦，旋脫自己玉指環，作授人狀，又若脫人履鞋，試穿自己之足，情態千億，而闃不見一人. 業福曰："娘子與誰款洽?" 女笑曰："瑤池使者也." 業福大懼而出. 女自是竟日自語，皆不出使者說也. 一日晨起，忽不知所之, 父母亦莫省業福為禍階，蹤跡之，而終莫能得. 業福嘗言，'渠薄倖如是，必無享祉之理云耳.'

上-30. 迂儒吟詩

古有一迂儒，吟詩自述曰：'舍弟江南沒，家兄塞北亡.' 或曰："君子子獨立，終鮮兄弟，何爲有此句?" 答曰："特以對好，故用之耳." 時人傳笑.

上-31. 張守果傳

成廟末，有張生者，自來畸寒，僦居紫閣峰下，數楹破屋【秪今此峰下，亦多有此般人】，年踰四旬，尚未有室. 一日，飢餒且甚，強欲排悶，信步登南岡帿場，則武學秀才，雲屯霧合，方煖酒炙肉，聚首群飲. 生乃長揖道，"此山在弊廬屋上，俺當爲居停主人，願忝末座." 諸人許之，生大喜，就席跪道，"諸位公子，幸通貴姓尊名." 上座道，"俺姓李，名貞，父親現任知中樞院事兼判兵曹事."【果然國初職名】第二座道，"姓成，名希顔，早舉進士第，因國相面奏，聖上以俺夙嫺弓馬，除授義興衛司猛，欲試射藝，以取科甲." 第三座道，"俺姓申，名晉璜，現任宣傳官，職次頗閑，日來逍遙." 第四座道，"俺姓柳，名順汀，父親歷職吏曹典書，不幸早沒，因家貲盡蕩，投筆學武, 冀占要路." 第五座, 方欲開口敍話, 成希顔厲聲道, "俺們數百人, 若人人各陳姓名, 則便是以晝繼夜, 明日再明日, 猶不能究竟, 如何射了一鵠?" 張生笑道, "學萬人敵者, 必須書, 足以記姓名. 今公子們各道姓名, 亦爲一課程, 如何獨務穿楊之末技麽?"【極詼而辭】 柳順汀道, "誠如尊言, 但先生吮墨的, 亦不得記了姓名麽?" 生道, "俺生之夜, 慈母夢奎宿, 旣分娩而神凝秋水, 貌如寒玉, 父母命小字奎瑞. 及夫三歲, 遍誦九流百家, 卜筮陰陽, 日記萬餘言, 時人都叫做天童.【然則張生其天知之聖歟】 及冠賓【四旬未娶的, 加冠, 難保有賓贊】, 卜之得名做奇功, 字做卓烈.【將張生名字, 今始敍出, 眞良史省筆】 伊來, 赴擧則稱秀才, 遠行則稱遊人, 在家則稱主翁, 羈旅則稱客子, 妙年則稱碩士, 晚景則稱生員, 登高則稱山客, 莅深則稱溪賓, 居廬則稱哀孤, 空房則稱鰥夫, 向君則稱臣, 向父則稱子, 向兄則稱弟, 向叔則稱侄. 以俺經天緯地, 人稱神師; 道學盡美, 人稱聖人; 善述製作, 人稱文章; 深通韜略, 人稱兵仙; 草隷奪眞, 人稱名筆; 丹靑逼神, 人稱名畵. 其他風水·蓍龜·靑囊·麻衣·種樹·殖貨, 皆得三昧, 人皆隨技稱號, 合三十一名稱, 俺聰明絶人, 學識冠古, 能比諸公子, 只記寸名耳." 柳順汀大笑道, "先生自比聖人, 俺所仰期於先生, 不過一狗才." 張生啞然一笑道, "以余觀於諸公子, 都是聖人." 順汀驚道, "俺以先生爲狗才, 先生以俺爲聖人, 何謂也?" 生道, "狗才狂眼, 但見狗才; 聖人慧眼, 但見聖人."【至今侏儒, 慣用此言】 順汀怒道, "先生多般名稱, 自謂强記, 而不曾說出姓氏, 洽好輸俺一着." 生道, "以俺聰明, 怎能忘了姓氏? 特以若說出派源, 則諸公子不能仰面打話, 固當俛首膝行." 順汀道, "俺都是喬木餘蔭, 先生只是蔦蘿附樹, 怎能壓倒俺們?" 生道, "諸公子都是細泉行潦, 源委不過三四里, 俺正若河海濟洛, 溯出銀漢, 攬之無窮, 怎能同日語也?"順汀道,"第言系譜,相定甲乙."生道,"俺姓張,鼻祖留侯良,生辟疆,辟疆出爲齊王耳螟蛉,尚高帝女衛國公主【然則本生所後及母家,俱是赫赫華冑】,生丞相蒼,蒼生大將軍安世【厚誣古人】,時稱天下貴族,必曰'金·張'.伊後,漁陽太守張堪,車騎將軍張飛,卒爲漢名臣.【然則徒非武學,不能侮張生,馬超亦不當侮豹頭將軍】在晉有張華,在唐有張嘉貞·張九齡·張巡【何不說出張良娣自做灌龍貴閥?好笑】,世世清顯,指不勝屈.至于我朝,尤爲盈滿,見今吏曹判書張某,爲俺四寸叔,集賢殿提學張某,爲俺五寸兄弟."衆人大笑道,"古今以張爲姓者,都做一家派流,非徒自辱其身,乃反污衊前賢,聖人固如是麽?"生怒道,"諸公目不知書,你果讀甚氏書?"【何不云古人有權行此術者郭崇韜?未免如此】順汀大怒道,"你譏我目不知書,你果讀甚書,乃云五寸兄·四寸叔麽?"生道,"俺老耄,竟誤一着."申晉璜道,"今日之事,本出詼諧,如何怒氣相加?日已西傾,啖了些酒肉,着意習射便了."衆人因轟飲一飽,生因酒豪,綻了本質,大笑道,"俺歷數許多名稱,竟忘了一箇好題目."衆人道,"又將何等自誇處說了?"生道,"不是自誇,俺賣果自給,每春夏結子,晝宵看護,里閈小兒們,不能措手,都叫做張守果."【將他生業稱號,不書傳首,今忽借他口裡說出,敍事妙品】衆人大笑,皆呼張守果,至夕而罷.自此,生日日往帳場,舐其餘瀝,諸人頗苦之,至露辭色.生冒廉包羞,一往不懈,諸人又目爲張脾胃,蓋謂安受蹴爾之食也.一日,柳順汀趁生未到,與衆道,"俺們以好意,日饋彼酒食,彼園果方熟,不以一箇嘗俺們,可謂好沒廉恥.俺們今若都到彼園裡,亂摘自食,則豈非快人快事麽?"衆人皆稱妙妙,申晉璜道,"彼生計如蛛,一年資給,專靠於此,今若攫食,不是快人快事,便是忍人忍事."順汀道,"你好慈悲,留此成佛.俺們且從那園裡,飫了好果."言未已,張生蹌蹌而來,衆人如碍顔私,未便擧手.至夕乃散,順汀下山,謂衆道,"這張廝若都熟園果,全獲其利,俺當終身茹恨.俺們乘着今夜月明,迨這廝睡着,偕到偸果便了."衆人道,"此計甚妙,正是攻其不虞,三鼓奪崑崙,前後一套."申晋璜一辭挽止,順汀道,"你在家裡睡穩,俺們自去廝殺."晋璜默然歸家,衆人各分岐路.順汀飽了暮飯,親到衆人家,招邀成群,浩浩蕩蕩,殺奔張生庄後,從門隙覘了.張生初不着睡,正在園裡緊緊看守,斜戴弊巾,以手指點了樹頭樹底,自語道,"今年天佑神鷟,何幸稽圃大有? 此樹梢結子甚夥,幾至千計,除却虫蝕風落,猶治爲七八百,六七果柰,可直一葉青楡. 六六三十六,單六六勝得十餘貫錢."因大笑大喜.【使吳道子爲張生傳神,恐不如】又轉身至園東,白了眼,舌咄咄曰:"此樹結子最稀,莫非俺命道也!"諸人聽了,不勝絶倒,乃含忍過去,拾了瓦礫,亂投園裡.張生瞠了雙眼,三步做一步,飛身入室,而猶恐園樹之疎虞.諸人只是投石,張生戰栗不定,厲聲道,"俺實由貧乏,不能一作全瓢之餠,以欵汝.汝守此宅基,義同賓主,如何作鬧? 吾當於明日,另賣果品,大設酒餠,以贖前愆,汝其息怒,務從安妥也."順汀知生怩縮,乃與數人,披髮裸體,攀緣籬樊,踞坐樹頭.生睇視大驚,亟呼,"角亢氐房心尾箕,斗牛女虛危室壁.井鬼柳星張翼軫,軫翼張星柳鬼井.壁室危虛女牛斗,箕尾心房氐亢角."一應逐鬼之辭,無不通遍,而猶不廢開戶看守.順汀以石子用心直擊,正中生頭額,鮮血淋漓.生大叫一聲,緊閉門了,扯去衣袖,裹了頭顱,大讀『玉樞經』.順汀揮手招衆人,都上果樹,一面以亂石打牕櫺,一面亟摘果品,卽刻便盡,乃跳下樹來,聯登山脊,猶遠投瓦石,以防追趕.因啣枚疾走,齊到靜僻處,各分歸家.及至巳牌時分,諸人如期裒集,互相說遍,說罷劇笑.【見者亦不勝絶倒】張生果然日昃不來,李貞卽下岡來,潛身窺覘,張生正在房裡,雙手捫額,長吁短嘆,聲不絕口.李貞旋覺可憐,歸語諸人,諸人頗或噬臍,柳順汀只是冷笑.申晉璜埋怨道,"你博得一笑之資,使人狼貝至此,天必不祚你."順汀道,"俺當使張厮備嘗無限苦海,此猶略試妙術矣."晉璜喧爭不已,至夕乃散.明日,張生又無影響,又明日申牌時分,張生扶杖上岡.果然氣像愁沮,面部瘦黃,頭顱裂破,血染衣衫,只做一木像人.順汀欣然出迎道,"俺們年淺識寡,不能善遇先生,以致先生歷日不枉,悚懼無比.而但恨先生不賜隨事相規,補綴薄愆, 乃反蓄憾芥滯, 以至絕裾割席, 是豈望於先生老成也哉?"生道,"俺飢肚枯腸,近從諸公,日日飽德,深庸感佩,每擬結草,豈或相憾?但這間家有薄故,屢失迎拜,實甘罪咎也."順汀道,"先生妻梅子鶴,隻身孤居,有甚家故,至于許多日,不能到此尋常之地.只是先生積憾難解,而不欲聲罪,假意粧撰,包容耐過,俺們滿心惶恧,無地自容."生道,"或有宿怨,狗彘不若,旣致勤問,敢不實告.俺上承家廟,終鮮兄弟,而尙未聘娶,不孝三千,俺實爲大.東隣李記注,常憐俺道,'天下之無限者,男女也;人生之有涯者,年光也.子髮已星星,猶未知男女之理,爲今之計,莫若另卜釐妾,以冀一点骨肉.家婢春娘,少而且美,欲使君奉箒,而旣係累世庄獲,則無物從良,惹得子孫之就訟.君如以些少鵝眼,隨得俯遺,當燒爐左契,以杜後患云.'俺旣感起注之厚意,且悲空房之凄斷,但計屈手赤,無甚道理.惟荒園舊有桃杏數十株,今年結子最盛.俺夜夜看守,日日計料,正待其爛熟售直,以資卜姓之冗費.而俺近日, 不曾摘賣半果以炊一飯,日向諸公子討了酒肉,支吾了長晷.不意疇昔之夜,有一強盜,亂投大石,破俺頭額,繼作鬼樣,賺入室,將園果一一摘去.從此營辦已虛,契活又空,不若一死爲便,而伊來三日, 水米都不入口, 飢餒轉甚, 特來造侯. 倘不遐棄, 乞賜一飯."【字字一淚】諸人爲之動容, 以好言慰譬, 以酒飯饋了. 生一是哽咽, 不能下箸, 順汀厲聲道, "大丈夫當秉志固廓, 榮枯窮通, 未足以喪其守; 財貨女色, 未足以移其心. 今園果財不滿百鎰, 春娘貌不踰中人, 先生乃反盡然自疚, 與性命相輕重, 白首無成, 固其宜乎!" 生道, "俺局量淺短, 以致公子垂責, 良愧良愧!" 順汀道, "小生自龘豪, 適間冒瀆尊威, 幸勿深咎." 生道, "公子之言, 金石之言也; 老身之量, 斗筲之量也, 敢不銘佩?" 因大嚼酒肉. 順汀道, "先生所望, 不過一姬, 一姬之費, 不過百金. 俺有朱姓乳媼, 邇來以媒妁爲生, 俺當以先生事, 另托于此婆. 先生須於明日親到婆家, 商議良圖, 則俺們當計口出錢, 以助花燭之需." 生大喜道, "公子特垂不報之恩, 正是老身生死骨肉之時也. 當一如尊命!" 已而各散. 申晉璜路謂順汀, "聽汝今日與張生酬酢, 可見你良心好處. 但俺們數百人, 太牛是貧寠的, 或有未娶的, 怎肯計口出錢, 爲他人作嫁衣裳也?" 順汀拍手道, "你之識量, 只可與張廝比肩, 俺以何好肚皮, 費了意匠, 爲這廝結芳緣, 又出他財物也." 晉璜大悟道, "元來你只用謊說, 姑慰此人." 順汀大笑道, "這廝雖終年閑歲, 悲死愁病, 於俺何傷而用謊說慰他麼? 你見一規窄窄." 晉璜愕然道, "爾說非眞非假, 則不出瞞過俺." 順汀道, "瞞你成甚事, 俺知張廝賦性吝嗇, 年年賣果, 一文半錢, 務從儲蓄, 篋裡必有多少鵝眼. 他先墓又有祭田松杉, 而許多日月, 不用自己錢, 炊飯只向親厚家求飽. 近日, 以俺們作契活良田, 殊用痛憎. 俺設一美人計, 使這廝家財一一入吾手裡, 以得帿場一飽." 晉璜怒道, "然則張生, 由你一人荐逢霜雪, 你非其世讐, 胡至此極? 天不祚你, 天不祚你!"【晉璜一是老實】順汀道, "今世難做好人, 你只是勿泄此言, 使這廝有按劍之患." 晉璜道,"俺怎可摘發,使你困惱,但你綠髮青春,行事不吉,特以愛德之義相規."言罷分路. 翌朝,張生往投朱婆庄,備述來意,婆道,"既奉柳公子俯託,若有使俺處,怎不十分謀忠?而凡今有女之家,皆以財物為先,妙年相尚. 今先生少其財而多其年,孰肯嫁與先生以吃一生苦楚?"生道,"誠如姐姐所教!但俺所求,非紈綺蘭閨之秀,又非花柳青樓之姬,但欲得一箇儓隸之女,或人家之丫鬟·樵婦之寡孀者,以主寒門井臼,則於分足矣."婆道,"先生之計,既出下策,則第當廣搜,以副勤意."言未已,有丫鬟自外而入,拜了,朱婆道,"小的家娘子,有火速面商事,敢煩姐姐暫屈."婆向生道,"俺有緊着出門事,願先生暫且告別,明日另來商議."生即起還家. 翌朝,又訪朱婆,朱婆欣然道,"先生好福,佳緣可諧矣."生大喜道,"速賜指教!"婆道,"城西崔掾吏,家貲至巨萬,博有一女,早喪其夫,無他子女. 昨年,掾吏夫妻又雙亡,孀女孤居,俺嘗勸他再醮,他牢心守義. 昨日,他忽迓婢邀俺,慨然謂俺,'小侄非不貴義賤淫,而但長安輕薄兒,日夜穿踰,困惱萬端. 自料身世,終不免健兒強汙,恒若芒刺及身,百爾緬思,不得不另卜善男,堅壘立幟,使彼輩不得正視. 望姐姐為俺求天下有心人,以期百年無憾.'俺即道,'賢侄貌美財饒,公子王孫,孰不欲以金屋貯賢侄也?'他笑道,'尊言差矣. 綺紈子弟,內有妬妻,外多嬖姬,一朝眷戀,一朝疎棄. 眷戀則其父母兄弟,埋怨妾身;疎棄則其奴婢庄獲,侮辱妾身,此豈纏跡之地也?【非但女子之明見,實是萬古之確論. 近日,少艾多從貴公子奉巾櫛,幸見溺愛,則其嚴父慈母,憫其子自賦,而無所歸咎. 困迫少艾,靡有極涯,色衰而又被反目,則奴婢承其意,詬辱萬端,可不鑑此】小侄但願簪紳餘族貧而無婦者,衣食皆仰于小侄,衽席皆憑于小侄,要得窮途之感,則情愛無間,身心有托,於意云何?'俺即道,'賢侄可謂達觀,非下走所可揣及. 但賢侄非婥約處子, 固不當與人伉儷. 若非天才卓犖, 地位高華, 則賢侄豈肯爲其副室? 方有一個秀才, 正與賢侄所求暗符, 惟賢侄圖之.' 他亟問其人, 俺說了先生一小傳, 纖悉以對, 他喜道, '世間非不有意中人, 但人求覓不勤耳. 然小侄旁無周親, 如何探了那秀才才貌?' 俺卽道, '男女配偶, 實係百年哀樂, 萬世榮枯, 決不當造次成了. 夫拘於小節者, 不成大事, 賢侄與那秀才, 一番會面於弊廬, 兩下放意, 似甚便了.' 他初雖難之, 終焉應諾, 遂以今宵爲千古奇會. 但先生衣衫太儉【非故儉也, 乃不得已儉也】, 深閨兒女, 如何不駭驚? 先生須早從親厚家, 借了些鮮明巾袍乘着, 黃昏月色, 暫臨便了." 生千拜萬拜, 僕僕鳴謝, 卽起身飛到帿場, 向柳順汀道, "俺有機密事, 請裡面打話." 順汀與生携手上岡, 只二人對坐, 生忽起身再拜, 順汀驚道, "先生這般過禮, 大非常度." 生道, "公子深恩, 隕首結艸, 不足少報. 今日折腰, 何足爲怪?" 順汀愕然道, "俺匹夫有甚施恩?" 生以朱婆之言, 一一說遍, 因道, "今夜與新人相逢, 但嫌衣履太陋, 萬望公子不慳餘儲衣裘, 特借一夜之頃." 順汀慨然應諾, 與生都到帿場, 向衆道, "此先生絶處逢生, 哀極受祉. 今當與富家女子結芳緣, 諸君何不一賀?" 衆人羅拜獻賀, 順汀道, "先生腰錢騎鶴, 何以酬勞俺們?" 生道, "五日一大宴, 三日一小宴, 使諸公子醉飽." 順汀道, "古人云: '富易交.'【變幻古語, 務爲襯當, 妙妙】先生一朝得意, 恐非今日好意." 生怒道, "俺每誠意待公子, 公子每認俺謊誕. 俺若食言, 雷震俺身." 順汀將張生矢言, 寫了片楮, 使張生着名, 以憑日後公文. 生一筆押了, 衆人大笑. 順汀卽喚小童, 往家裡, 將錦袍紈袴, 借了張生. 生受了拜謝, 卽還自己家裡, 負罌汲水, 全身洗浴, 又滌面門, 刮垢磨光, 務欲白皙.【活畵】拖至日沈, 換着衣履, 飛訪朱婆, 朱婆道, "先生可從房子裡, 穴牕潛窺,若崔娘子來到,只窺一班,不許差久耽觀.或露半面,或咳唾笑歎,惹人駭怪,決勿有誤!【軍令嚴秘】生滿口應諾,潛身窺隙.至三鼓下,果然二青衣執燭前導,薰香襲人,有一姬,星眸月態,淡粧縞服,萬轉到來.生見了不勝其喜,失口出笑,嚇嚇不已.那娘子瞿然停立,四下環視,正撞着生兩眼,娘子勃然大怒道,"俺旁無至親,惟姐姐是依是托,孰意姐姐心懷不良,賺我到此?藏了別人緊在房裡,將做甚事?"婆笑道,"賢侄何故如是?在這裡者,不是別人,乃留約的張秀才."娘子道,"張秀才,若欲與俺百年偕樂,則必造端乎始,詎可窺見女子,輒起泆意嬉笑不已也?必是姐姐受了人多少貨賂,以俺作長安蕩子花柳之場,俺今與姐姐相絕."因轉了身子,拂裙出門,朱婆挽袖道,"賢侄不必過加煩惱!這裡在的若不是張秀才,俺明日便死,子子孫孫,不免溝壑."娘子道,"若是張生如此,決非端雅之士,俺豈辱身麼?誤薦之過,誰執其咎?"言訖,飄然而去.朱婆趕後苦懇,未能解慍,轉入房子裡,以手打了生兩頰,大喝道,"俺一爲柳公子另托,一爲你坎坷可憐,費了許多意匠,幾成了好事,你不能霎時耐笑,俾俺老身,受侮於一侄.你其火速自去,更不纏跡了俺門首!"招諸婢推生胸子,放出外門,以鎖鑰堅堅封了.生無辭稱屈,只得尋路還家,正撞着巡夜卒,綁縛將去,受了棒棍,迨曉歸家,不勝悔懊.至巳牌時分,柳順汀自帳場來訪,拜道,"先生前宵,結了赤繩,俺實不敏,晚才來賀,願先生寬饒."生道,"老身薄命,此事又乖."順汀道,"先生實不欲以一勺慶酒饋了俺們,今乃假意說去.今日猶然如此,來後渠渠厦屋,穩享富貴,如何肯念俺們?昨日左契斯存,先生手押未乾,實不能無憾於先生也."生瞿然道,"公子終不信聽,俺當吐實."即將前宵經歷,一一說遍,順汀大驚道,"俺本欲爲先生竭誠,一以副相厚之誼,一以求積善之慶.【甘言利說, 足以感人】不意此事又乖, 爲之奈何?" 生道, "孽由自作, 尙焉誰咎? 只當斷了一念, 而那娘子儀容端麗, 若得交頸一宵, 卽死亦便了." 順汀道, "姿色恐非先生急務, 但財利甚豐, 可惜可惜!" 生道, "公子折紅拾紫, 從事靑樓, 楚腰越白, 恒在掌握, 實不足以艶質爲急務. 俺則虛度半生, 餘年無多, 此際若不得一美色, 今世已矣. 如何非急務?" 順汀笑道, "先生之志則大矣." 生道, "崔娘怒於朱婆, 朱婆怒於老身, 崔娘之怒, 朱婆易解; 朱婆之怒, 老身難解, 願公子敎我!" 順汀沈吟良久, 乃道, "俺旣許先生驅馳, 豈辭少勞? 今可同先生詣朱婆庄, 解慍, 別作良圖." 生大喜, 卽挽了順汀, 共訪朱婆. 朱婆欣然道, "難得我公子賁臨." 順汀道, "特爲張先生作說客." 婆怒道, "這老學究, 辜負俺好意, 乖了事機, 好沒廉恥, 尙能復來?" 順汀苦口懇懇, 婆才渙然釋怒, 生拜了幾拜, 跪道, "俺不得與崔娘子諧事, 當疽發背死了. 俺死固不足惜, 而身外無一男半女, 又無他旁親, 可憐俺九世獨子絶了宗嗣, 望姐姐救活螻命."【至今蕩子挑美女, 慣用此言, 以希顧恤】婆道, "今雖諸葛更生, 楚覇復來, 實無可攻之勢, 莫若將他說話, 取樂便了." 生且拜且懇, 涙與言和, 順汀道, "婆婆須看俺面皮, 別作妙計." 婆道, "公子旣然如此, 第當另加周旋. 俺昨夜無眠, 偶思一計, 但須用多少鵝眼, 乃可, 而以貧學究, 怎能辦此?" 生喜道, "年年賣果, 不曾自食, 取了些靑蚨, 藏于篋裡, 剩有四五十金, 願婆婆惟意取用." 順汀怒道, "俺嘗謂先生老實, 一何誑我?" 生道, "俺何曾瞞了公了?" 順汀道, "先生前後對俺, 每道家徒四壁, 今何許多錢鈔, 忽地層出麽?" 生道, "俺欲留此, 營辦先世完窆, 如何向人說了?" 順汀大笑道, "張先生以先世完窆錢鈔, 委于婆婆, 望須另加着意, 毋負其誠." 婆道, "俺之末計, 請公子籌之." 順汀道, "願速賜敎!" 婆道, "俺於崔娘子, 作一負心人, 決不可直擊, 惟有一詭計. 俺同閈金巫師, 頗神驗, 崔娘子自來依信. 俺用他財賂, 緘其口, 又如此如此, 則洽好中計." 順汀連稱妙妙, 生只是僕僕, 已而席散. 明日, 生腰錢五十金, 往投朱婆, 朱婆領了鵝眼, 向生道, "剩期三明日, 可有發落." 生應諾而回, 日日屈指. 及至期往候, 朱婆欣迎道, "先生終是厚福, 轉禍否極, 遂成佳緣. 然酬了功德, 俺當爲凌烟閣上座." 說罷呵呵, 生且喜且謝, 只願速敎. 婆道, "俺果以先生錢鈔, 賺得金巫, 金巫元來酷好孔方, 惟俺指揮是聽. 昨夜, 崔娘子忽到弊廬, 怒氣都消, 喜色可掬, 向俺道, '金巫師靈術若神.' 俺知會其意, 卽道, '這巫師出入俺家數十年, 吉凶禍福, 若符影響. 俺雖篤信, 難保家家如此, 賢姪緣何勤問?' 崔道, '小姪偏信那巫師, 十倍姐姐, 但欲以此薄試姐姐耳.' 俺道, '賢姪試俺成甚事.' 崔笑道, '小姪近日頗愁惱, 昨暮邀這巫師, 問了命途, 且議更醮, 那巫道, 娘子旣然破戒, 須從張的姓人. 一生花底生活, 子子孫孫, 世世榮顯, 不爾則奇禍咸萃, 修禳不得.' 小姪聽了驚訝, 俱道張秀才姓名居住, 問了吉凶, 那巫師道, '俺爲人談命五十餘年, 不曾見此等全福人. 望娘子火速圖之, 毋貽後悔.' 小姪旣感巫師之言, 實欲托身于張秀才, 惟姐姐賜敎.' 俺卽道, '老身不敏, 向遠盛責, 從此不敢爲賢姪謀.' 崔百拜稱謝, 萬般苦懇, 俺已將先生許之." 生道, "旣得諧事, 望須從速結褵, 毋使俺日夜斷腸." 婆道, "今旣入彀, 何用自躁? 於禮於俗, 娘子固當奔至夫家, 而先生茅茨荒落, 簞瓢又空, 無以待新人. 俺已與娘子商議, 願暫屈先生尊駕到娘家一寢." 生大喜道, "事貴神速, 今夕, 願與姐姐偕到娘家." 婆道, "男女會合, 一與之齊, 終身無改. 今日, 五姓守宅, 婚家所忌, 須擇吉日, 明的報了娘子, 毋使臨期窘急, 另辦婚資." 生大喜, 亟走卜家, 定了日字, 飛報朱婆, 自己蹌蹌還家, 販了些什物器皿, 製了衣履. 至期, 乘夕到婆家, 婆方在門首, 欣然道,"俺等候已多時, 先生緣何晏到?"生道,"老身脚軟, 欲速還遲, 煩姐姐久待, 悚懼深深!"婆道,"不必多費話頭, 亟往娘家."因與生出門趲程, 生路謂婆道,"崔娘美則美矣, 但未必有財也."婆道,"老身不辭自苦, 爲先生攀龍附鳳者, 正爲其崔娘財饒也. 事成之後, 丐先生顧恤, 先生能不忘元勳麼?"生道,"若崔娘眞箇富贍, 則固好而不爾, 俺一介措大, 怎能畜了豪家愛女?"婆道,"俺的知崔家歲收米千石, 緡錢數萬, 絹布各百疋, 先生異日將何以酬俺?"生大笑道,"然則俺當不失富家翁, 憶曾少日, 有一唐擧相俺道, '立後當因人得了美色鉅財.' 果然如符蓍龜."婆道,"先生只道自己好福, 捫撫彌縫, 將俺後日顧恤一款語, 不曾酬答. 今先生事稍可, 旣而欲擯俺麼."言罷, 轉身四路道,"先生好自爲之."生瞿然道,"生我者父母, 活我者姐姐, 生活二字, 不等一間, 後日若忘姐姐大恩, 便是忘俺父母. 適間因俺自喜, 率爾說去, 偶然如此, 望姐姐心諒."正話間, 有一丫鬟, 飛也似來了, 迎拜朱婆, 朱婆向生道,"崔娘終是謹細, 遣他愛婢, 迎接了俺二人."丫鬟道,"小的不是迎接了, 姐姐領了娘子命, 特來告了事機."婆亟問,"何故?"丫鬟道,"娘子姨妠朴姐姐, 近日吟了老病, 不幸朝者卽世, 專訃招了娘子, 娘子已火速奔哭去, 乃留使小的, 特來報道, 毋至兩位虛辱."生聽了, 口呿舌吐, 不敢出一言. 婆道,"此是娘子一時薄故, 先生何須煩惱? 今遲徊路次, 人皆駭視, 先生須早還貴庄, 待俺明日往弔娘子, 另作商議, 先生再來探聽便了."生只得還家信宿, 往候朱婆, 婆道,"娘子一在姨家, 幹辦凶事, 俺未暇一會. 先生寬懷, 穩在家裡, 過了六七日, 方來打聽."生唯唯而去. 只等六七日, 辦了些酒肉, 齎往婆家, 婆道,"娘子昨暮還家, 俺卽往慰, 裡面說了親事, 他便道, '姨妠肢體未冷, 不可議了花燭, 少俟禮襄, 方可商量.'俺百般游說, 他一向守制, 如之奈何?"生道, "男女大倫, 本不拘枉死之禮, 況娘子爲人副室, 何守謬義?"婆道, "先生與俺, 一般意思, 但他堅執己見, 自來病根, 今不可以言語激他一層."生道, "望姐姐以溫言解了, 以全終始. 俺略具薄禮, 望姐姐勿却."因招了帶來小僮, 設了酒肉小卓, 相與一飽. 婆道, "俺旣感先生優禮, 敢不盡瘁?"卽辭了生, 轉訪崔娘, 不多時還來, 向生道, "他防意如城, 不可壞破. 俺以先生之言, 一一說去, 他卽道, '小侄若不顧禮守, 惟意淫奔, 賤軀從此益賤, 張秀才讀了許多聖傳, 不曾自好, 惟逞其慾, 不若小侄一女子之見麼? 罷了罷了.'俺辭屈意沮, 只得竄首歸來."生道, "似此如之奈何?"婆道, "先生稍寬三月之期, 珍重自保, 毋使好期又失."生只得自回, 日日往候朱婆, 婆一是前說, 支過了一朔. 生正在園裡灌花, 以解煩悶, 朱婆送了一力, 緊着招邀. 生丐有喜報, 疾走往赴, 婆愀然道, "世間萬事, 久則生變, 誰想先生之計瓦解氷散?"生驚道, "何謂也?"婆道, "北洞有李的公子, 系出金枝玉葉, 他恃父兄之勢焰, 要求崔娘. 崔娘一向牢拒, 他侵辱萬端, 昨日, 娘子向俺道, '小侄怎敢背義忘約, 以速鬼殛? 而李家豚犬, 生貴肆氣, 强逼殊甚. 小侄只以平生守義二字拒他, 他亦無路逞毒, 今若與張秀才相配, 他必盛怒誣官, 將小侄投入官婢. 張秀才又將罹了奇禍, 現在緣業, 已屬流雲逝水, 亶欲祝髮空門, 以希來生福田. 幸爲小侄傳道張秀才, 勿以俺一介薄命兒女掛心, 善自保惜. 倘維摩有知, 庶得世世爲配, 以了前債.'生聽了, 一長吁道, "悠悠蒼天, 胡寧忍斯? 俺亦欲祝髮禮佛, 以祈來世緣業, 望姐姐一見娘子, 申了此意."言罷大慟, 婆道, "先生若是鍾情, 俺豈坐視? 更訪崔娘, 力爭親事."生道, "婆婆爲俺薄命, 費了許多意匠, 豈望更勞?"婆更不打話, 起身轉訪崔娘, 良久還來, 向生道, "俺將先生事狀, 一一說去, 他亦泫然道, '小侄深感這秀才誠愛, 可許一宵良話, 毋使人寸寸斷腸.' 俺卽以今宵爲約, 特報先生, 先生旣與娘子會面, 結褵一事, 只在先生娘子講論, 此後不必干俺老身." 生大喜道, "俺心猿意馬, 尙此矛盾, 雖駝峯熊掌, 不敢下咽, 如何戀了暮飯? 只願留此待晚." 婆諾諾, 備進飯饌, 生不能下箸. 迨及黃昏, 兩人殺到崔家門屛, 院落果然雄麗, 徑入內堂, 繡牕綺戶, 滿垂珠箔. 娘子方坐了西廂下, 斜抱雲和, 弄了玉筍, 彈出一曲, 哀怨淸和, 令人泣下. 婆厲聲道, "賢侄旣速佳賓, 如何獨耽妙曲?" 娘子驚起道, "適以小技陶瀉愁懷, 有失迎拜, 萬望寬恕." 婆引了張生, 坐下客椅, 寒喧茶罷, 生定睛看了那娘子, 聲音婉柔, 擧止婥約, 殆非塵埃人. 不勝大喜, 卽起身道, "俺飽聞香名, 如雷灌耳. 今幸娘子不鄙賤踪, 獲拜芝宇, 宿願已償." 娘子聽了, 滿面通紅羞赧, 不出一言. 拖至三鼓下, 朱婆道, "夜深風凉, 請先生賢侄, 同到寢室." 三人齊入房子敍坐, 生睇視, 則名畵奇書, 滿壁丹繪, 沈香架上, 有兩箇寶鴨, 香烟裊裊, 傍設白玉盤, 安排奇石. 一坐峯巒林壑, 纖悉具備, 瑪瑠盆裡, 盛了金泥, 植以珊瑚數株, 長皆數尺, 枝上皆剪金銀假花, 綴之. 其他書籤器物, 如入海觀市, 怳惚珍怪. 庭前玉砌, 滿栽名卉, 以牙牌分牓花名. 生自疑春夢, 雖欲覺悟, 而不可得也. 已而, 進酒饌果品, 三人各飽, 朱婆卽起身道, "家有些故, 不能差久陪話. 願先生賢侄, 穩度良宵." 娘子送至門首, 還入堂來, 生道, "老身本非娘子匹偶, 今日事敗, 固所甘心. 娘子妙年美姿, 何患無良偶, 祝髮爲尼, 誠爲失着? 望須寬懷, 勿以老身." 娘子道, "李厮日夜覘了俺家, 只覓疵累, 郎君若夜深長語, 必也被他竊聽, 禍且不輕. 郎君須解衣臥床, 屛息穩睡, 俺且從浴室, 以蘭膏洗了賤軀, 薦枕話情." 生卽脫了衣袍, 赤條條擁錦襆臥了．娘子以犀龜鎮于流蘇，轉身出戶，向浴室去了．生怎能着睡？輾轉傾聽，惟待娘子跫音．須臾，娘子轉入戶內，拔了釵釧，安置文筐，解了鬢髢，掛了丹壁，轉用玉筍，解了裙帶．生扮作睡狀，佯出鼻息，偷眼視之，暗想道，"玉女解裙聲，自是，萬古英雄消魂處．俺行年四十，未曾昵近女色，初得了這般美色，怎得不神蕩魂飛？"正自語間，忽有叩門聲急，娘子大驚道，"郎君睡麼？"生蹶然而起，娘子道，"事已到此，不可一向瞞了郎君．俺因驅逼所使，已與李公子結褵有日．今宵聞李家有廟祭，俺認以這公子必不來宿，且憐郎君誠愛，欲圖一宵團欒．今禍出不虞，郎君須即入那橫子裡，以免郊祭之犧特．"生口噤心惶，未暇着一衣，赤身入于一大櫃，娘子以大鏞牢鎖，自己出堂開門．生只在櫃裡潛聽，但聞一人飛入戶來，大喝道，"今宵你如何開門差遲？又戶外有雙屨，你果與何等人伴寢？"娘子苦心彌縫，那人大怒道，"壁上掛了男子衣冠，此尤一副斷案，俺與你從此兩絶．"娘子語塞道，"你旣誣俺，俺亦不欲與你偕樂，從此永爲秦越，俺實甘心．"那人怒道，"旣然如此，但俺所辦給什物器件，俺當推還．"娘子怒道，"器物無非俺靑氈世業，你何曾給俺一物麼？"那人更不打話，卽大叫，"蒼頭們安在？"已而，有多少人伴，應聲道，"小的專等在此！"那人喝道，"你們都入堂來，將他器物一一帶去，不許頃刻遲延！"娘子大駭道，"你強奪俺許多什物，俺力弱不能當拳，只有一老蒼頭，可以鳴官申寃．"那人道，"你自鳴官，俺自推了俺物．"卽揮手，衆人都上堂來，一箇箇滿負帶去．張生只在櫃裡，心膽俱裂，只聞蒼頭們嘖嘖道，"這櫃裡必有鉅貨，如何重？得兩肩如斷．"卽擔至一處安下．稍久，有數人來叫道，"小的卽京兆公差，特以崔娘子家訴寃，緊差某等，將貴府幹事之老蒼頭，帶來對証．且將崔家器皿，一一擔來，同聽發落．"主人領諾，卽使蒼頭們, 將了器物, 往府卞眞. 生一在樻裡, 輸置訟庭, 兩家牛晌爭訟, 府君判道, "你黑白難分, 俺不可向偶歸屬, 必須販賣這般器物, 分半各食便了." 兩家又相稱屈, 府君一執前見, 大喝大怒, 李家蒼頭道, "他物當準官令, 但這箇樻子, 是小的家主傳世箕裘, 不可放販. 願割了其腰, 各分其半." 府君道, "惟你所願." 卽使公人, 將大鉅割了樻子, 公人依令割下, 生大叫道, "願明府救活縷命!" 一府驚怪, 破了樻子, 拿生縛致, 生赤身公庭, 戰慄不定. 李家蒼頭道, "此賊奸通小的家側室, 不知幾歲月, 今幸現捉, 望明府嚴斷." 府君大怒, 將生枷鎖鈕紲, 送了市街獄. 生只得叫寃, 府君那裡肯聽? 生四下無策, 借了府儓一縕袍, 就囚, 行路指笑. 生獄中尋思, 禍網不輕, 自悔自悼, 不能定情. 翌朝, 獄卒道, "一公子請先生一面." 生轉出牢門, 柳順汀已等候多時. 生大喜道, "公子一何勤摯?" 順汀道, "俺許多日不見先生, 意謂先生親事已成, 適間李貞向俺道, '張守果自來殺才, 潛奸自己小姬, 昨日天幸現捉, 府官方牢囚擬律云.' 俺不勝驚駭, 半信半疑, 專來打聽, 孰想先生果罹奇禍?" 生自語道, "元來李的公子, 孰謂李貞? 這厮此等惡人, 鬼必殛之." 順汀道, "先生所云, 崔的娘子, 孰想李貞小星? 先生旣然誤着, 固當自反, 何由嚇罵李貞?" 生道, "崔娘不是李貞所畜, 他忽起壑慾, 奪俺佳緣, 又使俺至此, 俺但恨不能生啖此賊." 順汀道, "願聞其詳." 生將前項事, 一一說去, 順汀道, "這厮素性奰愿, 俺亦嘗敬而遠之. 今先生不幸與此厮起鬧, 爲之奈何?" 生【以下缺落】

卷中

中-1. 誤書祝辭

有一故相之子, 路出窮峽, 日暮店遠, 投宿于一農舍. 舍內方殺狗屠猪, 爛熳烹飪, 故相之子詰其由, 則是夜卽庄主之喪餘也. 終夜喧撓, 不堪交睫, 拖至鷄唱, 叫噪呼應, 十倍於前, 設祭陳羞, 哭聲錚錚. 及讀祝辭, 有曰: '癸酉五月二十日云.' 故相之子, 臥聽暗笑, 曰: "今日卽甲戌五月十六日也, 如何以往年[1]五月作祝也?" 正自訝惑之際, 又聽孝子某云云, 巧是自家同名也. 又聽, '敢昭告于顯考大匡輔國崇祿大夫·議政府領議政兼領經筵春秋館·弘文館藝文館·觀象監事·世子師諡某公府君云云.' 故相之子, 驚起自語曰: "然則庄主固首閣之子耶? 何流落至此也? 然職啣及諡號, 與我先考甚同, 亦一異事也." 又聽, '顯妣貞敬夫人某官某氏云云.' 又與自家先妣, 鄕貫·姓氏·職牒, 毫無差爽. 始乃大疑, 待其撤祭, 亟呼庄主曰: "子之先世, 曾做何官?" 庄主惶恐, 曰: "詎敢[2]做官也? 每以終身不免禁衛軍爲恨耳." 又問: "你[3]名誰?" 對曰: "某也." 又非自家同名也. 又問: "你母姓氏某也?" 對曰: "小的母, 幼失父母, 未識姓字." 又問: "你解字乎?" 對曰: "只曉諺文." 又問: "你之祝格, 從誰代書?" 對曰: "小的生來, 不識祝法. 昨夕[4] 貴星知小的家設祭, 問: '有祝乎?' 曰: '無.' 貴星揶揄誹笑, 曰: '無祝而祭, 與不祭等云.' 故饋以數椀濁醪, 請學規式, 貴星索一丈白楮, 書下諺文, 令

---

[1] 往年: 다본에는 '昨年'으로 되어 있음.
[2] 敢: 다본에는 '能'으로 되어 있음.
[3] 你: 다본에는 '爾'로 되어 있음. 서로 통함. 이하의 경우도 동일함.
[4] 昨夕: 다본에는 '昨夜'로 되어 있음.

小的習讀, 小的看過, 不甚難解. 故不勝大喜, 約與一洞諸家, 珍藏此紙, 來後家家輪回讀之, 而先試於今曉耳." 故相之子大駭, 諭以義理, 卽地焚燒, 責其僕, 其僕曰: "小的每於主家忌日, 慣聽祝文, 以至習讀, 而意謂世間祝式, 皆不踰此一規, 故果有此事耳." 故相之子, 心甚未妥, 而無如之何, 更思俄者讀祝之年月干支, 則卽去年自家親忌日也. 余曰: "庄主之殺狗屠猪, 請他家之神道, 與故相之子之設其親祭於殊鄉他人之家, 一般狼貝, 尤覺一噱."

中-2. 郵卒巧猾

辛未冬, 賀使到[5]遼左, 路遇一車, 滿載畵器, 不駕牛馬, 惟一胡雙手推之, 疾如流水, 蓋慣熟而然也. 我國郵卒, 適坐路側遺矢, 乃以手滿掬糞溷, 塗于推車胡之唇吻之上. 胡欲用手滌洗, 則車當倒, 器將[6]破, 欲開口而語, 則糞將入齒牙間, 欲含忍而去, 則臭惡難耐. 惟欲瞋目怒視, 或含口微笑, 使行馳過不顧, 竟未知此胡發落可欠.

中-3. 梅花發

古有一宰相, 夫人性嚴有法度, 宰相甚憚之, 常恐或取侮於夫人也. 其家有一婢, 名做梅花, 少而且美, 宰相每欲挑之, 而婢在夫人左右, 未得其便. 惟或以秋波殷勤[7], 則婢甚冷落, 蓋畏夫人剛正也. 一日, 宰相坐內堂, 夫人在廳事治産, 婢承領夫人之使令, 入房子裡, 轉上樓庫, 而一足垂在樓門之外. 宰相諦見其足, 則白如凝

---

5) 到: 다본에는 '來'로 되어 있음.
6) 將: 저본에는 '當'으로 나와 있으나 다본을 따름.
7) 殷勤: 다본에는 '慇懃'으로 되어 있음. 서로 통함.

霜, 小如新月, 不勝憐愛, 以手掬之, 婢大驚且叫. 夫人正色進前, 曰: "相公年老位高, 何不自重?" 宰相權辭曰: "余誤認以卿卿之足, 有此故犯耳." 時人爲之, 語曰: '相思一夜梅花【婢名】發【足俗名發】, 忽到牖前疑是君【誤認夫人故云云】.'

中-4. 前輩去就

雲谷罪相, 年踰七耋, 猶帶首揆. 時宋忠憲寅明, 亦在鼎席, 而雲谷素不深許, 每於鰲扉視事, 一一親判, 雖微細公務, 不與僚閣[8]分勞. 而自是眼昏神耗, 逈異少日, 若決一簿, 則三四遍觀, 屢度思索, 期於曲盡誠意, 十分審愼而後已. 一日盛炎, 雲谷竟日判檢, 繼以燒[9]燭, 達夜束帶危坐, 汗流如漿, 而不曾暫休. 忠憲公甚悶阨, 乃進前曰: "小生願得分勞." 雲谷許之, 忠憲方年少敏銳, 判決如流, 一堆簿領, 頃刻便盡. 雲谷使掾吏, 待忠憲決務, 隨判來覽, 乃詳看數十牒, 皆與自家意思一般, 不勝驚喜, 笑容可掬. 又亟令持牒來看下, 百餘度所判, 愈極停當, 每看一判, 輒一喜笑, 旋又泫然[10]雪涕, 曰: "然則國事自有勾當, 賤臣可以乞骸也." 忠憲曰: "勾旨何謂也?" 雲谷曰: "老夫强病供職, 非不自愛, 親決萬務, 詎不自恤誠? 以厚受優渥, 念念國事, 常恐他人不能如我盡誠, 日日欲退, 未忍便訣. 而始覩勾下才識, 十倍老夫, 從此, 付託有人, 病軀可閑. 願勾下珍重勉旃, 以副此望." 言訖, 天已曙矣. 因詣闕, 辭別露章歸田.

---

8) 閣: 다본에는 '閤'으로 되어 있음.
9) 燒: 다본에는 '曉'로 되어 있음.
10) 泫然: 다본에는 '泣然'으로 되어 있음.

中-5. 靈城博物

靈城君朴公文秀, 建節北臬. 一日, 以事親到海濱, 有一焦頭短木, 順流而下. 朴公亟使舟子拯來, 詳細看過, 大驚曰: "嶺南其大火矣!" 左右曰: "何謂也?" 朴公曰: "此木名樿[11], 天下無此種, 惟嶺南濱海諸郡獨産. 此居民伐爲楣梲, 而今此焦爛, 一木宛是蔀屋, 餘材必有回祿也." 亟使褊裨, 船運米萬斛, 往救之. 褊裨領命浮海, 而心甚訝惑, 未能準信. 及到嶺南, 果見五郡都燼, 以至稻梁之黃熟在田者, 擧爲一堆冷灰, 人情遑遑, 溝壑當前, 褊裨乃賑之而歸. 至今嶺南海邑, 多有朴公墮淚碑云.

中-6. 聖鑑如神

正廟朝, 忽一夜小黃門, 急召宣傳官·壯勇營將官各一員, 二弁趨入殿庭, 俯伏聽命. 上命近前, 親敎曰: "汝曹亟往南山洞, 尋覓門外有一樹花之家, 救活人命而來也." 二弁承命而退, 向南疾走, 搜括山下, 果有一家, 門對杏花. 乃踰墻而入, 潛入內堂, 堂之東有一房, 燈火瑩然[12], 穴牖偸觀, 則有一小艾, 與一赤脚, 治女紅, 其動息幾微, 無些子兒眩疑處. 復到西廂房, 門扃甚固封鎖且密, 碎破而入, 則只有什物衣服, 幷不見一物. 又廣搜家裡, 以至庫廊溷厠, 處處苦覓, 而閴無他異. 更窺東廂之房, 兩箇女子, 祗是前樣, 二人密語曰: "此將奈何?" 因重入西廂房裡, 只見緣壁而積累畵籠, 可六七許. 乃雙手運下, 一一括檢, 縢有么麼東西, 二人相議曰: "事無如何[13]? 可以此狀復奏." 乃轉出門外, 將欲回路, 似聞微喘之

---

11) 樿: 다본에는 '樒'으로 되어 있음.
12) 瑩然: 다본에는 '熒然'으로 되어 있음.
13) 如何: 다본에는 '奈何'로 되어 있음.

聲, 酷似鼠息, 出於西廂. 乃尋聲彷徨繞壁, 終夜而不得模捉也. 房裡之物, 一無不檢者, 而惟積累畵籠之中, 最在下者, 以上層之無驗, 尙未坼開, 始乃破而視之, 則果有一大石實其中. 石之底, 有一處子, 年可十許歲, 儀容亦非執役之類. 二人急啗淸心丸, 流入其口, 又摩之鍼之, 處子稍甦. 乃直入東廂房[14], 綁縛兩女子, 栲掠得情, 則小艾本是良家婦, 近値其夫遠出, 密奸蕩子, 狼藉行穢. 處子其夫之妹也, 不勝憤悗, 每曰: "吾兄若還家, 當顯此狀云云." 故恐彼有洩, 以至壓殺, 而待其夫入抵, 欲權稱病死, 將滅醜蹤云云. 二人還入肜陛, 俱達其狀, 卽命有司照律. 噫! 天地雖仁, 難伸匹婦之寃; 日月雖明, 難燭陰壑之幽, 而猗歟! 我寧考, 乃聖乃神, 伸天地之所未伸, 燭日月之所未燭, 豈可以漢帝明見萬里等語彷彿於其間哉!

中-7. 經筵失措

近日講筵, 有一儒臣, 進講『綱目』, 誤讀秦王堅, 爲秦人姓王名堅者焉. 上微笑曰: "是何族氏有甚證據?" 對曰: "王猛之族也." 又讀桓溫事, 上問: "溫何如人?" 對曰: "賢臣也." 天顏爲之一哂, 聞者莫不掩口. 五六年前, 有一侍從, 因上宣問, 論唐之房杜事, 誤曰: '杜玄齡·房如晦.' 恰爲一世傳笑之資, 而此亦相類, 然容或無怪矣. 又胄筵進講『大學』首章, 有一春坊釋之, 但曰: "朱夫子詩曰: '萬戶千門次第開.' 此亦不襯着矣."

中-8. 燕都災異

是歲【當宁戊寅】, 燕都有災異, 五六月間, 白晝晦冥[15], 凡六日不

---

14) 房: 저본에는 빠져 있으나 다본에 의거하여 보충함.

辨人物. 人皆秉燭而行. 六日後, 自西方有白氣, 衝入半空, 漸次開明云. 象胥之曾赴燕者, 爲余言如此.

中-9. 沈家鬼怪

南門外有沈姓兩班, 華門圭寶, 易衣而出, 與李兵使石求爲姻婭, 或賴是而作饘粥矣. 昨年冬, 白日閑居【卽當宁丙子也】, 忽聞外堂板子上, 有鼠行之聲, 沈生以烟竹仰擊, 蓋逐鼠活法也. 自板子中有聲, 曰: "我非鼠也, 人也! 爲見君, 跋涉[16]至此, 勿如此相薄也." 沈生驚訝, 意謂魑魅, 而焉有白晝動現之理? 正在眩惑間, 又於板子上, 有聲曰: "我遠來飢甚, 幸以一飯見饋." 沈生不應, 卽入內閨, 道其狀, 家人莫有信者. 言訖, 空中有聲, 曰: "君輩無得相聚道我長短也!" 婦人輩驚甚走出, 那鬼隨婦人, 頭上連叫曰: "不必駭走! 我將久留貴第, 便同家人, 則何用疎遐爲也?" 婦人西走東竄, 隨處頭上連叫索飯, 無如之何, 淨辦一卓飯饍, 置于堂中, 有吃食飮水之聲, 頃刻便盡, 非若他鬼之歆止也. 主人大駭, 問之曰: "汝是何鬼, 緣何入吾家?" 鬼曰: "我是文慶寬, 周行之際, 偶入貴第, 今得一飽, 從此可往." 因別而去. 翌日, 鬼又來, 如昨日索食物, 食訖便去. 從此日日來往, 或留一夜閑談, 一家男女, 習熟已久, 亦不悸怕也. 一日, 主人書赤符于壁上, 其他辟邪之物, 盡設於前. 鬼又來云: "我非妖邪, 豈怕方術耶? 急扯去, 以示不拒來者之意也." 主人無如之何, 撤去符術, 因問曰: "你[17]能知來頭禍福耶?" 鬼曰: "知之甚悉." 沈生曰: "我家前程吉凶, 何居?" 鬼曰: "君能壽六十幾歲,

---

15) 冥: 다본에는 '暝'으로 되어 있음.
16) 涉: 다본에는 '踄'로 되어 있음.
17) 你: 다본에는 '爾'로 되어 있음. 이하의 경우도 동일함.

坎軻終世, 君之子, 亦壽幾何, 君之孫, 始有科榮, 而亦不能顯." 沈生聽言愕爾, 又問家中某夫人壽幾何, 生男幾何, 鬼一一盡對, 因曰: "我有用處, 君幸以二百鵝眼俯惠." 沈生曰: "汝謂吾家, 貧乎富乎?" 鬼曰: "貧到骨矣." 沈生曰: "然則錢鈔, 何以辦給?" 鬼曰: "君家某箇樻子裡, 有俄者稱貸而貯者二緡, 則何不以此相遺?" 沈生曰: "我費了多般悲辭, 得貸此錢, 今若給汝, 我無夕炊, 奈何?" 鬼曰: "君家有米幾何[18], 優辦暮饔, 何用蔓言補綴彌縫? 吾當取此而去, 愼勿怒嚇." 因飄然而去. 沈生開樻視之, 則封鑰如舊, 錢無有矣. 沈生悶陀轉[19]甚, 心焦胸惱, 因送婦人輩于親黨家, 自己又往親厚家投宿. 鬼又尋來, 怒曰: "何事避我遠羈于此? 君雖奔竄千里, 吾何憚焉?" 因向其家主人索飯, 主人不與, 鬼詬罵且甚, 碎撞器皿, 竟夜作鬧. 主人埋怨于沈生, 且索破器之直, 沈生亦不自安, 待曉還家. 鬼又往婦人寓處, 喧撓如右, 婦人亦不得已還家, 鬼來往如昔. 一日, 鬼曰: "從此可以濶別, 願珍重自保!" 沈生曰: "爾向何處去了, 萬望速去, 使吾一家安穩." 鬼曰: "吾家在嶺南聞慶縣, 大擬還鄕, 而但乏路上之資, 幸以十貫楡葉贐我." 沈生曰: "我貧不能自食, 爾所飽知也. 多數孔方, 從何處得來?" 鬼曰: "若以此意, 往丐於節度使家【指沈生姻婭李石求】, 易如反手, 何不辦此而欲沮我也?" 沈生曰: "我家一粥一褐, 皆賴節度使周急, 恩同骨肉, 而未效涓報, 恒自靦然, 心甚不安. 今又何面皮更求[20]千錢也?" 鬼曰: "節度旣患我作鬧君家, 君若告以衷情, 謂以辦此則魔去云, 則其在救患之道, 如何不肯?" 沈生意沮語塞, 不可瞞過, 卽造李節度, 備告

---

18) 幾何: 다본에는 '幾許'로 되어 있음.
19) 陀轉: 저본에는 빠져 있으나 다본에 의거하여 보충함.
20) 求: 다본에는 '救'로 되어 있음.

其由, 節度慨然然諾. 沈生腰錢還家, 深藏樻子裡, 因閑坐未久, 鬼又來, 喜笑曰: "多謝厚摯, 得惠資斧, 從此長亭行事, 可以無虞." 沈生紿曰: "我誰從得錢辦汝盤纏?" 鬼笑曰: "曾謂先生老實, 今何戲謔?" 已而, 鬼又曰: "我已取君鈔于樻中, 而留置二錢五分, 用伸微誠, 君可賒酒一醉也." 因辭去. 沈生[21]家老少, 蹈舞相慶. 度了彌旬, 又於空中有鬼寒喧, 沈生大怒曰: "吾向人苦乞, 辦了十貫以送汝, 則汝當知感, 而今又背約辜恩, 來作煩惱, 我當訴于關廟, 俾汝神誅!" 鬼曰: "我非文慶寬, 何謂背恩?" 沈生曰: "然則汝是誰也?" 鬼曰: "我是慶寬之妻也, 聞君家善待鬼, 故不憚遠程, 有此委訪, 則君當欣然迎之, 而反爲詬罵, 何也? 且男女相敬, 士子之行, 君讀書萬卷, 所學甚事?" 沈生氣短強笑, 鬼曰: "後日又來云." 其下杳無聞知, 可欠. 伊時, 好事者爭造沈生, 問與鬼問答, 沈之門車馬喧咽, 而李學士義肇, 至於一宿對話. 吁! 亦怪矣.

中-10. 可憐

李參判匡德, 號冠陽, 文章德行, 一世鮮倫. 當其出入靑綾也, 上命廉訪北關, 李公秘跡潛影, 備嘗艱難, 盡探守宰之臧否, 風俗之頑柔. 將到咸興, 出現決事, 乃與數人, 暮入城內, 只見居民, 奔走叫噪曰: "繡衣今日將到!" 李公訝惑不定, 曰: "遍行一道, 未有識破我者, 今此喧眩, 或緣於從者之有洩耶?" 乃還出郭外, 窮詰諸伴, 未有端緒. 過了數日, 復入官廨, 方始出道, 判決公務, 且問邑吏曰: "爾曹曩日何由知我來?" 吏曰: "滿城喧傳, 未知先出於何人之口." 李公命採告[22]言根, 吏退而窮探, 則實七歲小妓可憐先唱也.

---

21) 生: 저본에는 빠져 있으나 다본에 의거하여 보충함.
22) 告: 다본에는 '報'로 되어 있음.

入悉其狀, 李[23]公令可憐近前, 曰: "爾纔離襁褓, 何能辨得使星?" 對曰: "賤人家在街頭, 向日[24]推窓而窺, 則有二乞丐, 並坐路側, 而這裡一丐, 衣履雖極垢弊, 雙手甚是白嫩, 故自疑凍餒執役之類, 固當胼胝黝黑, 詎能如此也? 訝惑之際, 那丐解衣捫虱, 旋卽欲着, 則其傍一丐, 攝而衣之, 執禮甚恭, 正若儓僕之於貴者. 故始乃牢信其爲繡衣, 備告家人, 則頃刻喧傳, 以至一城紛拏云云." 李公大異其穎悟, 極其愛憐. 及還, 贈以一詩, 妓亦服公之文華器宇, 有托身之意, 年旣及笄, 猶自守紅, 惟待公言誓不許人, 而公則實未能知也. 迨夫公坐事, 竄咸關, 寓住一吏舍, 妓親往趨侍, 昕夕不捨, 公亦深[25]感其誠. 然自分身罹罪戾, 不可昵近女色, 與之周旋者四五年, 未嘗及亂. 妓益服公之偉者, 度歎欽感字, 公常令他適, 而抵死不聽, 妓慷慨磊落[26], 喜誦諸葛孔明出師二表. 每淸夜月朗, 爲公一唱, 音吐淸硜, 如白鶴唳空. 公爲之淚下沾臆, 隨吟一絶, 曰: '咸關女俠滿頭絲, 爲我高歌兩出師. 唱到草廬三顧地, 逐臣淸淚萬行垂.' 一日, 公蒙賜環之命[27], 將還, 始得繾綣, 而公仍曉之, 曰: "吾行有日, 雖欲將汝偕焉, 而宥恩[28]屬耳, 載妓後車, 吾所不敢[29]. 歸田後, 必當力致汝于家, 毋恨稍遲." 妓喜動眉睫, 慨然領諾, 而公歸未幾, 因病捐館. 妓聞凶音, 設祭長慟, 引決而逝, 其家人葬于道側. 後朴公文秀, 巡按北臬, 過其下, 題其碑, 曰'咸關女俠可憐之碑'.

---

23) 李: 저본에는 빠져 있으나 다본에 의거하여 보충함.
24) 向日: 다본에는 '嚮日'로 되어 있음. 서로 통함.
25) 深: 다본에는 '甚'으로 되어 있음.
26) 落: 저본에는 '磊'로 나와 있으나 다본을 따름.
27) 命: 다본에는 '恩'으로 되어 있음.
28) 恩: 다본에는 '命'으로 되어 있음.
29) 敢: 다본에는 '爲'로 되어 있음.

中-11. 趙相主文

趙相國觀彬, 久典文柄, 連知貢擧, 而多所擠拔, 惟尋臭味. 一日早起, 有一丈試券, 糊塗門楣上, 摘來看過, 則宛是駢儷文也. 書題有云: "本朝羣臣, 請斬趙觀彬, 以正科規." 上項曰: "念大提近十年主文, 而少論無一人參榜." 對耦甚是精妙. 趙公曰: "若於場屋, 依樣此等句法製呈, 則我何能強使之落第也?"

中-12. 豊陵軍令

豊陵府院君趙相國文命, 以冢宰文衡判金吾兼管禁衛大將. 嘗使一象胥, 將此[30]四啣都書一箇小印之面, 鑴于燕肆, 華人吐舌, 曰: "世間焉有如此顯職也云云." 金相國在魯, 時特下士, 恒不滿趙公之榮耀, 一欲面譏, 及從事于禁營, 卽日刺謁. 時積雨初晴, 晒曝衣甲書帙, 金公坐隙地, 禮拜寒暄. 已畢, 趙公判檢簿領, 金公進言曰: "金甲炳爛, 牙籤綜錯, 益歎, 使家允文允武, 不勝贊美之極." 趙公默然無應, 金公喜謂, '趙公汩於公務, 未暇入聽.' 良久, 更言曰: "左設兵器, 右堆緗素, 文武並著, 敢效一賀." 趙公正衿厲色, 亟呼吏掾, 曰: "嘲戲上將軍, 法何居?" 吏曰: "事甚罕有, 未記定律." 趙公曰: "汝可細閱規例, 從重報來." 吏退而車載舊簿, 點檢旁照, 以罪合決棍, 回稟, 趙公曰: "焉有簸弄其將, 而罰止一棍也? 我欲梟首警衆, 以嚴紀度, 汝可亟寫草記, 當日上徹." 吏不敢違令, 退脩題請, 金公不敢對坐, 退出乘馬, 吏曰: "參之體例, 允合待罪, 今此徑歸, 甚爲未安." 金公憤懣呦中, 不聽而去, 卽造從兄參判若魯, 備述其狀, 且曰: "弟身名已纖, 欲竄逃楸下, 以終餘年, 彼禁將

---
30) 此: 다본에는 '使'로 되어 있음.

何能領兵來擒我耶?" 參判曰: "然則激他一層, 彼此角勝, 禍網轉甚, 莫若生死休戚順受而已." 言訖, 參判亟訪趙公, 擬待主翁先言此事, 欲婉辭丐免, 而竟昰劇談, 趙公並無毫及者焉. 參判亦得緘秘而返, 趙公果卽啓請批旨, 只令回示. 金公尤憤懣, 曰: "我寧延頸受刃, 詎能安受此辱也?" 一欲逸歸先墓, 其兄若弟爭之, 曰: "回示, 是聖敎中愛生之德也. 今若逋逃罪, 關方命." 金公誓死不從, 諸昆季左右扶攝, 勒使上馬, 羣擁而到禁營組藝之場, 軍威甚盛, 劒戟凝霜. 牙門忽開, 一校馳傳將令, 曰: "金從事只令招入!" 金公一向欲竄, 衆軍齊推而入, 趙公大喝數罪, 且曰: "旣不用梟首之律, 則其餘薄罰, 未足爲快, 特不施回示, 貸汝還去, 俾知軍法之無私云云." 金公俛首而退.

中-13. 金生賢婦

光海朝, 大北中一宰相, 榮貴無比, 其子又驟躐至承宣. 第宅宏麗, 金穀堆積, 而其婿金生者, 甚是孤畸, 贅寓婦家. 婦家內外主僕, 皆厭薄之, 雖厮役小童, 皆呼金生, 而未有尊奉者, 然其婦獨憐恤繾綣. 生日日晨出而朝入, 朝出而暮入, 入則未敢躡跡於宰相及夫人·承宣之前, 輒由小門, 徑[31]入婦室. 婦每倚戶佇待, 下堂扶上, 親解衣袍, 躬進飯卓. 宰相之婢隷傔僕, 皆飫珍肉, 而所饋金生者, 則只苦菜數品. 婦時時憤怒, 對生泫然, 而生則一笑, 曰: "寄食於他人, 此猶逾分, 奈何疚懷?" 一日, 生晚歸入室, 不見其婦, 獨坐稍久, 婦忽自垣後, 潛身而入. 生詰其故, 婦曰: "朝者, 慈母盛責余, 曰: '汝衣食, 皆仰于父母, 迎送只在於金生, 朝暮慇懃[32], 情好洽

---

31) 徑: 다본에는 '逕'으로 되어 있음.
32) 慇勤: 다본에는 '慇懃'으로 되어 있음. 서로 통함.

篤. 彼金生者, 年過四旬, 徒耗我穀, 斷汝平生, 醜惡且甚. 每一念到, 髮竪齒酸, 汝反善事此廝, 十倍父母, 汝若欲一用前度, 可隨此廝而出, 好自飽煖也云云.' 余自此, 不敢由戶直入, 復速親責, 而今日日影已移, 尊章想已還歸, 故權托遺矢, 潛逃至此, 萬望寬饒." 生曰: "聘母所敎旣如是, 則卿卿何爲乎來也?" 已而, 婢進夕飯, 婦緊囑其婢曰: "愼勿謂俺在此." 婢應諾而出. 生大嚼飯饍, 卓上有一鷄脚, 婦曰: "尊章勿進此!" 生曰: "何謂也?" 婦曰: "俄者, 鼎烹一鷄, 有猫偸去, 盡食體膚, 惟一脚落在溷厠. 婢輩相道其事, 慈母曰: '此可爲金生粱肉, 必置飯卓, 使這廝霎時悅口云.' 故果有此饋, 穢惡殊甚, 不合近口." 生曰: "聘母之俯餉一肉, 事係特恩, 敢不染指." 言訖盡啜. 飯已, 生起身欲出, 婦曰: "日暮鍾鳴, 尊章何處去?" 生曰: "今夜三更, 卿須登園, 東遙望鳳闕之外, 則當有鬨鬧之聲, 若差久撕殺, 則必引決而死. 又或霎時間鎭定[33], 則珍重偸生也." 婦滿口應諾, 生跟蹌而出. 婦是夜不眠, 殺至三鼓[34]下, 間人之睡, 潛登園脊, 望望天街, 闃無人聲. 意謂生誕妄, 將欲下岡, 忽見火炬燭天, 人叫馬嘶, 飛到闕門, 勢如風雨. 數刻喧噪, 一擁而入, 只見宮城之內, 楓林之外, 間間有火光, 而不甚聒鬧. 時宰相父子, 俱値禁直, 其家幷無一箇男子, 末由識破其由, 只得歸室疑訝. 翌曉, 赤脚帶了宰相早饍, 向闕而入, 則御衢之上, 千騎住[35]札, 鞭打棒擊, 四下辟人. 赤脚自恃主勢, 欲衝過陣內, 隊官箠之, 赤脚大罵曰: "我是某洞某尙書宅家人, 爾么麼小校, 安得相迫?" 衆卒失笑, 曰: "汝主是凶逆之魁, 少間當誅, 爾怎敢賣勢也?" 因亂踢駈出, 赤

---

[33] 定: 다본에는 '靜'으로 되어 있음.
[34] 三鼓: 다본에는 '三更'으로 되어 있음.
[35] 住: 다본에는 '駐'로 되어 있음.

脚僅脫危亡, 滿身血染, 歸告其家. 其家大驚, 半信半疑, 夫人曰: "吾家厚被上寵, 且無陰謀, 豈有一朝落塹之理? 必是無賴金生逆謀事覺, 當其鞠問, 誣引我家, 以逞宿憾. 爾之夫子, 好矣好矣!" 生之婦, 亦甚[36]疑眩, 俛首無答. 居無何, 數箇朗官, 馳到門屛, 或檢括文簿, 或搜点庫藏. 一家大哭, 向朗官問其由, 則朗官秘不應. 卽使老蒼頭, 潛出訶探消息, 良久, 蒼頭[37]回告曰: "昨新王卽位, 舊主[38]被竄, 滿朝公輔, 以幽廢大妃, 論以逆律云. 故小的恐大監不免此禍, 亟往大理打廳下落, 則大監與小令公, 備受酷刑, 骨髓盡碎, 不日當用肢解之律云. 可憐夫人小姐, 皆入官籍, 小的亦不知何處淪落." 夫人大叫一聲, 昏絶于地, 老少咸聚哭倒. 老蒼頭忽抆淚而起, 連叫夫人曰: "俄因遑遽竟漏一語." 夫人曰: "第言之." 蒼頭曰: "小的從門隙偸觀, 虎頭閣上, 有一座少年, 衣袵貼金, 酷似金生, 或此厮因緣得此耶?" 夫人曰: "世間貌相肖者, 自來無限, 此厮焉能猝得金袱也?" 生之婦曰: "天下萬事, 不可預度, 試再往覘之." 夫人曰: "汝一信此厮, 輒起妄想, 俺腔子尤覺煩惱." 蒼頭曰: "小的願更往, 若不是則已矣." 因踰墻而去, 飛到金吾門屛, 則有兩箇皂隷, 雙穿王衣, 辟除大道, 繼之以十箇旗手, 兩行喝導, 一座高軒, 坐着一位妙年宰相, 衣袍甚華, 趍從如雲. 蒼頭定睛看了, 宛是金生也. 乃躡後而去, 前導直入闕門, 那宰相亦隨而入, 稍久而出, 轉入一直房. 蒼頭問于皂隷曰: "這位是誰?" 答曰: "金判書某." 曰: "鄕貫何處?" 曰: "某鄕." 曰: "現居何職?" 曰: "吏曹判書知義禁御營大將·同春秋·同成均·司僕掌樂司譯內醫四司提調." 蒼頭大喜, 歸告

---

36) 甚: 저본에는 빠져 있으나 다본에 의거하여 보충함.
37) 蒼頭: 저본에는 빠져 있으나 다본에 의거하여 보충함.
38) 主: 다본에는 '王'으로 되어 있음.

其事, 且問生之名字·鄕貫·年紀于生之婦, 則又與皁隷所對, 一一相符. 夫人乃以和顏, 謂生之婦曰: "我不知貴人, 一此冷待, 欲穿了一雙肉眼, 以謝此罪. 然禍在燒眉, 莫有救者, 可憐汝父汝兄, 並受一刃. 汝倘[39]念生育之恩, 姑恕冷落之咎, 則枯骨可以再肉, 寒菱可以復春, 汝其念哉!" 生之婦曰: "的知金生貴顯, 而賤息不能救父兄之禍, 則當伏劒[40]而死, 萬望解憂." 婦因索一舧, 寫下短札, 曰: "妾之所以尙此忍生[41], 苟偸食息者, 誠以一沒之後, 君子益復[42]踽涼, 無所慰藉, 故念念至今. 今聞天道福善, 顯秩榮身, 昔之凄斷, 今焉熱赫, 妾從此可以無累於君子矣. 妾命途[43]乖舛, 家禍轉酷, 非一死, 無以償此懷, 將與父兄之縲命, 誓同[44]終始. 現在緣業, 已屬流雲逝水, 倘維摩有知, 或於來世, 少了此債, 萬望珍重. 廣廈曲旆, 而母忘華蓬; 朱輪高牙, 而母忘困步; 錦襖紈袴, 而母忘縕袍; 駝峯熊掌, 而母忘咬茱, 庶副泉臺之望." 書罷, 使蒼頭飛傳于生, 生坐衙治事, 忽見此書, 感淚沾臆. 翌朝朝罷, 免冠伏奏曰: "願納臣勳名, 得保糟糠." 上宣問其由, 生一一陳對, 上爲之動容, 特貸生之婦翁, 薄竄善地. 生盛飾車服, 親迎其婦, 偕到欽賜甲第, 極其鳧藻. 婦之母, 亦寄于生家, 以終其年.

中-14. 賤婢識人

古有一參政, 志養萱闈, 而公撓私務, 鎭日叢集, 未暇左右恒侍.

---

39) 倘: 다본에는 '當'으로 되어 있음.
40) 劒: 다본에는 '刃'으로 되어 있음.
41) 生: 다본에는 '死'로 되어 있음.
42) 復: 다본에는 '當'으로 되어 있음.
43) 途: 저본에는 '道'로 나와 있으나 다본을 따름.
44) 同: 다본에는 '當'으로 되어 있음.

家畜一婢, 年纔及笄, 容姿豊豔, 性度聰慧. 善承萱闈之志[45], 飢飽煖寒, 隨宜管領, 坐臥動息, 相機扶攝. 萱闈以是而自適, 參政以是而悅親, 家人以是而代勞, 愛護偏篤, 賞與無籌. 婢於長廊之內, 別設一房, 書畫什物, 俱極濟楚以備, 少隙燕息之所. 長安豪富子弟從事靑樓者, 競欲以千金一娶, 爲希媒寵於參政, 婢四面[46]牢拒, 一心自矢, 曰: "若非天下有心人, 寧甘老空房." 一日, 婢領了夫人之命, 修起居于親黨家, 及其復路, 忽逢驟雨, 忙還其家, 則有一丐蓬頭垢面, 避雨于門首. 婢一省而知非常, 携入于自己房櫳, 囑曰: "爾姑留此!" 因轉出而鏁其扃, 蹌蹌入內閨. 那丐一刻萬想, 莫料端倪, 而姑任其狀, 欲聽下回. 少焉, 出而入室, 詳看那丐, 喜容可掬, 先買束柴, 溫水設沐, 使丐全身洗滌. 且饋暮飯, 美羞珍饍, 蹴破枵腸之神; 畫皿朱盤, 眩若滄海之市. 日已曛黑, 街鍾亂動, 遂交頸於錦襆繡裯之中, 宛轉春夢, 顚鸞倒鳳. 黎明, 使丐椎髻成冠, 又衣[47]以鮮服, 穩稱其體, 果然儀容雋爽, 氣宇軒豁, 非復昔日之愁蹙也. 又囑曰: "君可入現於夫人及參政, 而如有動問, 必對以如此如此." 丐滿口領諾, 卽謁參政, 參政曰: "此婢昔擇其耦, 今也, 忽地結褵, 必見其意中人也." 乃使丐近前, 曰: "汝所業甚麼?" 曰: "小的將些錢貨, 使人殖貨八路, 變換[48]貴賤, 相時射利." 參政大喜深信. 自是, 丐美衣豊食, 不事一事, 婢曰: "人生斯世, 各有所幹, 而飽食無爲, 將於[49]謀生何哉?" 丐曰: "若欲料理資生, 須得十斗銀子, 乃可." 婢曰: "我當爲君周旋." 因入內堂, 乘間懇于夫人, 夫人轉言於

---

45) 志: 다본에는 '旨'로 되어 있음.
46) 四面: 다본에는 '四處'로 되어 있음.
47) 衣: 저본에는 빠져 있으나 다본에 의거하여 보충함.
48) 變換: 다본에는 '變幻'으로 되어 있음.
49) 於: 다본에는 '如'로 되어 있음.

參政, 參政慨然然諾. 丐將此白金, 都買洛肆, 乍着不弊之衣, 積於 天衢, 盡招平日同與乞兒之若男若女, 摠以其衣衣之. 次聚江郊乞 兒, 亦如之, 次尋遠鄕近州, 流離飄蕩之類, 以無漏大庇爲心, 馬以 駄之, 雇以擔焉, 循八路而盡之. 只餘一匹馬及數襲衣, 因作襧擔, 藉於馬背而行. 時當仲秋霽月初上, 淡烟橫野, 平郊通路, 四無行 旅, 揮鞭促程, 聽其所止而欲止. 路遇大橋, 橋下有洴澼之聲, 褓人 語響, 深宵曠野, 疑其木客. 因下馬據橋, 探視橋下, 則有一翁一 媼, 解衣露體, 澣其所着之衣, 驚人俯視, 愧其赤身, 揮手趨避, 無 所措躬. 乃招出橋上, 罄其所儲之衣, 以衣之. 是翁是媼, 鳴謝僕 僕, 懇請邀入, 止宿于其家, 則數椽蝸舍, 僅庇風雨. 丐係[50]馬于外, 入室而坐, 翁媼奔走, 幹辦以饋, 麤飯苦荣. 丐一飽而欲宿, 請借枕 具, 則翁媼乃於橡桶之間, 搜出一匏瓠, 曰: "可以枕此." 丐依言而 臥. 乃於黑窣窣地, 用手捫匏, 則旣非金石, 又異土木, 謹細捫摩, 而認他不得. 忽有呼唱之聲, 喧䛍籬外, 甚有威猛, 如貴者踵門. 俄 有, 一卒應令而入, 欲奪此匏, 丐曰: "是我所枕, 不可輒與人, 明 矣." 數卒繼而攫取, 丐一向拒之. 居無何, 貴人躬入而詰之, 曰: "汝詎知適用此器而如是自寶耶?" 丐曰: "旣入我彀, 義不輕許, 而 實昧適用之術." 貴者曰: "此殖貨之良寶, 若以散金碎銀, 納其中而 搖之, 則頃刻滿器. 汝必待三年之期, 抛之于銅雀津, 無使他人覷 知之, 愼勿疎虞." 丐大喜而叫, 乃尋常片夢也. 時天色向曙, 翁媼 已起, 丐曰: "願以鄙鬣易此瓢!" 翁洗洗而却之, 曰: "此物不直一 錢, 敢售駿馬也?" 丐脫其衣而掛壁, 係其馬於門楣, 反求主翁鶉 衣, 掛於身子. 又以一藁席, 包其匏, 擔而出, 乞食於行路, 依然復

---

50) 係: 다본에는 '繫'로 되어 있음. 이하의 경우도 동일함.

爲卑田院乞兒也. 間關千里, 糜日入城, 直望參政家而造焉. 忽地心口相語曰:"當日出門, 萬萬銀貨, 今夜歸家, 弊弊衣裳, 恐有礙於見聞, 姑待烽鍾前, 闞其闃寂而入無妨也." 乃藏身於酒肆, 少待夜闌, 瞥入其家, 則廊門半掩, 房戶牢鎖, 丐屛氣息跡於昏黑深隩. 俄而, 婢自內而出, 推扃而入, 曰:"今日街鍾, 亦云鳴矣. 吾一雙銀海, 不識人品, 致此噬臍, 奈何將爲?" 丐微噍一聲, 使知其來, 婢驚曰:"誰也?" 曰:"吾也." 曰:"何往何來?" 曰:"開門燃燈." 乃挈其負而入室, 相對燭下, 則贏垢之容, 襤褸之服, 比諸宿昔, 倍爲愁慘. 婢呑聲出門, 備晩食而一飽共歇. 是夜, 晨鍾纔動, 婢蹴丐而起, 重裹輕寶, 欲爲竊負而逃, 以免亡銀之罪. 丐瞋目厲聲, 曰:"我寧首實獲戾, 豈可相携逸去重添禍網也?" 婢怒曰:"君縱不能庇一妻, 詎忍由我困人, 日逢笞罵而猶作丈夫語耶?" 丐曰:"卿若一執迷見, 我當先告于參政, 少效自新." 婢更無奈何, 纒恨含憤, 却入內屋. 丐乃出匏子, 且得片銀於婢子之篋裡, 納于匏[51)]中, 暗祝天地, 用力搖晃, 開口視之, 則白雪也, 似紋銀, 充滿一匏. 因注於屋漏中最凹處, 搖之又搖, 注上添注, 俄頃之間, 與屋子齊高, 始以廣袱遮掩, 高枕而睡. 婢良久而出, 忽見有物塡塞房中, 不勝怪訝, 褰帷而視, 則片片白金, 堆積如京, 不知其幾千十斗也. 始驚如啞, 口呿目瞠, 俄纔定精, 曰:"此物特地而來, 何其多也?" 丐笑曰:"宵小兒女, 焉知大丈夫之做事也?" 因與帶笑相戲[52)], 坐而待晨, 換着新衣, 伏謁於參政. 始參政罄一家之儲産, 以付于丐, 丐一出, 而久無影形, 心甚訝惑, 正自矛盾. 忽於昨夕, 一傔僮見丐之狼貝而歸, 備告參政, 參政愕爾[53)]缺懷, 夜未穩睡. 及見丐, 滿着粲粲衣袍, 趍謁於前, 參

---

51) 匏: 다본에는 '其'로 되어 있음.
52) 戲: 다본에는 '喜'로 되어 있음.

政已在疑信之中[54], 亟問:"汝興販已了否?" 丐曰:"多荷[55]貴府俯助, 獲利甚優, 請納二十斗銀子, 俾完子母之規." 參政曰:"我豈安受利息也? 只償本銀而勿更瀆." 丐曰:"小的可死, 利息不可不納." 因戴負, 輸置于庭除, 正如臘前厚雪, 可爲三四十斗. 參政素是嗜利, 欣然領受. 婢又以十斗, 獻于萱闈, 庸申微誠, 又以數十斗, 分納于諸婦人, 其餘傔僕臧獲, 舉得數鎰, 一府歎羨, 嘖嘖不已. 參政乃窹[56]疇昔之夜一傔之備述丐襤褸之狀者, 的非襯當語, 亟告萱闈曰:"此傔深猜此婢, 搆捏殊甚, 錦衣紈袴者, 勒謂懸鶉; 橐盈萬金者, 勒謂敗還, 究其心肚, 實非佳人." 乃厲責那僕, 僕一辭稱屈, 而不之信, 亟令斥之. 丐自是日富月贍, 贖婢從良, 百年湛樂, 子姓繁衍, 至有登朝籍, 而匏器則果於三年之後, 祭而溯之云.

中-15. 夫人識鑑

金文谷壽恒之夫人羅氏, 素有藻鑑, 生六子一女, 而次子昌翕, 亦以知人稱焉. 嘗以其妹求婚於閔元舅維重之子, 使昌翕往審, 昌翕歸告曰:"閔之子, 貌不揚而色澤黃瘦, 必不得位享年." 時文谷按東藩, 夫人偏信昌翕之言, 更使觀李家之子, 昌翕又反白[57]曰:"是人也, 年祿俱隆, 貴不可言." 夫人大喜, 乃與李氏合巹, 因與家眷, 赴文谷巡營, 次于平邱驛. 時適閔之子, 娶於尹相國趾善之女, 於尹公之安邊任所, 復路向京, 巧丁于平邱. 因訪昌翕於逆旅, 移時敍話, 昌翕告于其母曰:"彼來少年, 乃是閔之子, 盍一見之?" 夫人

---

53) 爾: 다본에는 '而'로 되어 있음.
54) 中: 다본에는 '半'으로 되어 있음.
55) 荷: 저본에는 '賀'로 나와 있으나 다본을 따름.
56) 窹: 다본에는 '悟'로 되어 있음. 서로 통함.
57) 白: 다본에는 '面'으로 되어 있음.

自門隙窺覘, 卽發憤懣起, 批昌翁之頰, 而叱之曰: "吾女平生, 由汝斷送. 閔生雖黃瘦短弱, 乃是鍊金蘊精, 高壽極貴之相[58]也. 抛却如此瑞物, 擇之又擇, 擇取苗不秀之花木瓜一李甥[59], 豈不千憤萬懣耶?" 咄咄不已. 夫人識鑑, 何如是明透也? 李甥果早折, 無所成. 閔元舅之子, 卽相國鎭遠, 富貴壽耄, 世所罕比[60].

中-16. 雲谷丹巖

雲谷之爲領閣也, 閔公鎭遠, 亦卜左揆, 岐貳轉深, 相視以血. 一日, 鷩扉治事, 兩相並坐, 閔公呼堂吏, 曰: "爾須持屛來, 障此兩間." 吏準令設錦屛, 雲谷端坐若不聽. 良久, 徐謂從事曰: "公座自公座私隙, 自私隙位列黃閣, 而區區效兒女子遮面法耶? 僚寀可免, 規格難壞." 亟叫撤屛, 閔公赧然而止. 時雲谷坐鎭浮俗, 正如泰山喬岳, 每入靑瑣[61], 不甚喝導, 而宮中肅然. 上至八座, 下至儓隸, 隨公所到, 莫不屛息, 宮林鳥鵲, 亦不敢飛下庭, 序立有如欽敬. 而閔公[62]則前導後隸, 苦口辟除而喧譟, 轉甚莫之能禁, 故常憤自己之不若雲谷. 一日, 閔公趨朝時, 値宮裡聚軍萬甲充塞于永巷, 咻噪如雷, 忽一齊辟立, 闃無笑語. 閔公喜動眉睫, 乃謂從事曰: "衆軍見我相敬如此, 今後始知有嚴憚也." 從事曰: "竊想雲谷大監已入循[63]門, 故渠曺相傳唧枚耳." 閔公不悅, 言未已, 忽有喝導聲. 其後, 一隸傳呼曰: "領相爺爺在後!" 閔公嘆曰: "彈壓人心,

---

58) 相: 다본에는 '像'으로 되어 있음.
59) 李甥: 다본에는 '李生'으로 되어 있음. 이하의 경우도 동일함.
60) 比: 다본에는 '也'로 되어 있음.
61) 靑瑣: 다본에는 '靑鎖'로 되어 있음. 서로 통용됨.
62) 公: 저본에는 '台'로 나와 있으나 다본을 따름.
63) 循: 저본에는 '脩'로 나와 있으나 다본을 따름. 뜻은 서로 통함.

吾實不若也!"

中-17. 梧川先見

李相國宗城, 宿德雅望, 邈焉寡儔, 且諳練事務, 知幾如神. 英廟朝, 屢總三事, 與兪相拓基, 持論軒輊, 積不相能. 公遭參, 退寓長湍之梧川, 惟以優游松楸, 問訊桑麻爲事. 于時, 淸乾隆帝, 移鑾于瀋京, 探聞我朝先王廟號, 至有稱祖稱宗, 與夫大報壇事, 遣勅, 促召本國首相. 將有鉤問之擧, 兪公以領揆當行, 事將不測. 李公在梧川, 一日, 勅子弟, 腆備酒饌[64], 汛掃門屛. 子弟蓄疑, 請其故, 公曰:"今晚兪相必當見過."子弟哂之曰:"兪相平昔嫉大人, 甚於仇敵, 其肯歷訪以自紲乎? 此必無之事也."公曰:"不然. 兪相之於我, 雖欲尋戈, 獨不念國事乎? 其必就我商確."子弟皆不能信必如公指. 及夕, 聞門屛外輪蹄交馳有喝除之聲, 僮僕輩競出而[65]玩之, 有頃, 報曰:"兪相已躡過矣!"公曰:"卽當回訪, 可俟之."旣而, 前導者果躡門矣. 蓋兪公過公廬後, 始憶公旣蘊濟物之量, 必有指的之論, 不可以私怨而滅公也. 故詢于從者, 乃知憂過, 仍回輈而謀於公也. 旣見屛人, 語曰:"今北虜之嘖言, 日至國計靡定, 此正吾曹肝腦塗地之秋也. 以相公開物成務之才, 憂國愛君之誠, 何惜一言以詔愚昧耶?"公指畫甚悉, 無不中, 復曰:"淸皇如咨大報壇一節, 則相公當曰:'我弊邑, 昔在壬辰, 島夷荐食, 八路陸沉, 七廟灰燼, 若非明神宗皇帝拯諸水火之中, 置之袵席之上, 則弊邑之有今日不可保也. 爲今之計者, 不思所以酬恩報德, 則狗彘將不食其餘, 何以立於天地之間乎? 弊邑之必以壇墠躋饗者, 雖曰:'踰於

---

[64] 酒饌: 다본에는 '酒饍'으로 되어 있음.
[65] 而: 저본에는 빠져 있으나 다본에 의거하여 보충함.

禮, 而謂之恩義兩備, 則可也.' 假如他日, 有難倘[66]蒙皇朝扶植之力, 則萬歲之後, 安知不有大報壇乎?' 以是爲辭, 庶無患矣." 兪公辭別而出, 公疾呼曰: "相公以朝服自隨乎?" 兪公曰: "無所用之故, 未果提携." 公曰: "第賫去." 兪相速發一騎, 取之于京. 及達于瀋京, 乾隆皇帝果嚴詰其由, 兪相條對如右, 帝首肯曰: "其言直而無隱, 眞不辱君命者矣." 又曰: "爾邦素守禮義, 衣冠猶保唐宋之舊, 朕欲臨而觀之." 兪公逾服公之先見, 遂以朱衣象笏, 金冠玉佩, 張拱而趨動, 中肆夏之節, 帝爲之動容, 嗟嘆欽艷不已. 嗣後燕价之役, 必齎朝服焉, 蓋倣於此. 兪公勾當而回, 一日, 當至長湍, 李公子弟, 請如前之爲, 公曰: "兪相旣竣公事, 豈忍賜顧? 其必以一衛酬謝." 子弟又不肯信, 兪相果不見公, 只遣人候動止, 以山西一衛, 致遺而去, 皆如公之所料.

中-18. 申相少文

申相國景禛, 勳業器量, 可耀靑汗, 而絳灌無文, 前後共傳. 嘗造一文士, 文士方讎集其父遺稿, 申相爲之欽愛, 歸語諸子曰: "世人皆鳩合家庭所作, 擬待後日剖劂, 而汝曹何不辦此?" 諸子曰: "嚴親未曾研精, 文墨何庸集成?" 申相怒曰: "爾怎敢藐視我? 我若以學究進身, 館閣淸顯, 豈可讓於張持國·李天章輩耶?" 諸子曰: "雖然, 未有詩篇, 何能成帙?" 申相曰: "豚犬終不滿我, 我何謂[67]無詩? 至於'木木槐木淸風多, 相相申相風月好'之句, 膾炙人口, 盛稱壓倒, 此汝所稔知也. 且於少日, 有一警策語, 汝其謹聽, 因朗誦曰: '月下行廊宗丹遇, 解裙欲作末禮不.'【末俗稱奚】諸子願釋旨,

---

66) 倘: 다본에는 '當'으로 되어 있음.
67) 謂: 다본에는 '爲'로 되어 있음.

申相曰:"宗丹, 家婢也. 頗有姿容, 余遇於行廊之月下, 欲乘其闃寂, 解裙求歡, 而巧値童婢末禮之撞見, 不能遂意. 故有是句, 豈不若紛紛諸子鬪花儷葉耶?" 聞者絶倒. 然公智量警覺, 夐越夷則, 月沙相公, 每有所搆, 必先問于公, 得其意匠排布然後, 依樣屬文, 則辭義兩美, 一格逈高, 公可謂月老之意珠也. 時本朝與虜盟好使, 蓋相屬[68] 搆釁日深, 凡於交隣文簿, 皆出於文宰之手, 而郎官以格例齎示公. 公曰:"我不能省曉句讀, 願君爲我釋義." 郎官一一說遍, 如讀諺書, 公盡聽, 曰:"某句甚覺罅漏, 可改撰曰:'如此如此.'" 郎官歸告文宰, 文宰曰:"彼何能解此?" 大笑無應, 因舊馳送, 則虜果抉摘咆哮, 不出申公所庇[69]. 伊後則有咨, 必先禀于公, 隨公言而斧正之, 虜不能容喙.

中-19. 簡交

古有一象胥, 年追耳順, 平生所交, 只是數朋, 而亦罕追隨, 獨坐深院, 門設雀羅. 其子則重然諾, 疎財業, 交契甚廣, 屨舃滿[70]堂, 象胥誨之, 曰:"多結浮薄之流, 日事逸蕩, 大非謹敕之規, 盍少節之?" 其子曰:"大人朋儔絶罕, 脫有患難, 誰能相救?" 象胥曰:"汝所最厚[71]者, 幾人?" 子曰:"結兄爲弟, 約共死生者數十人; 晨暮追游, 休戚願同者數十人; 相視欣笑, 笠車握手者數十人; 折簡招邀, 有無相資者數十人. 其他心印相通, 意珠共圓, 一日不見悵惘疚懷者, 計而難幾. 願聞大人親朋." 象胥曰:"我之久要, 只有玄三卞五

---

(68) 屬: 다본에는 '望'으로 되어 있음.
(69) 庇: 저본에는 '批'로 나와 있으나 다본에 의거함.
(70) 滿: 다본에는 '盈'으로 되어 있음.
(71) 厚: 다본에는 '重'으로 되어 있음.

兩位，而亦未能常常，而見汝則刎頸膠漆，洽過百人，儘覺勝我十倍。"子粲然而自賀之，昂然而自有之。迨至日曛，象胥屠一大猪，剝其毛，以藁席亂裹，而自擔之，詔其子，曰："汝可偕余，到汝切友家，如此如此。"子依領其言，同造約共死生之一友，推啄門扉，友出曰："夜闌更深，君何遠辱？"子曰："奇禍罹前，願裡面對訴。"友迎入中堂，撞見象胥所負，吃了一驚，曰："此何物也？"子曰："緣吾性暴，俄殺一不義男子，若事覺，則法當償命，計出忙迫，遁逃至此，望兄特推衿曲，秘藏吾身。"友曰："吾雖準誨，既有仇家搜探，則畢竟露顯，可立而待，於君甚無毫利，在吾當被同律。我上有庭闈，下率妻孥，無辜獲戾，大傷於義，望君速回！"象胥默然而出，又同尋其子之一友，亟叫開門，友厲聲而出，曰："汝今日置酒娛樂，何不速余？"子曰："我今日無中生有，惹出無限風浪，何暇暢飲？"友曰："汝言沒是謊也。我也，的聞爾佳釀美肴，卜晝繼夜，社友隣伴，衷然畢集，而獨漏我隻身，好自肥也，好自肥也！"子曰："我今日不是別故，殺一不義人，逃難至此，怎得飲樂也？"友驚曰："然則汝當為牢中之囚，安得脫身而來？"子曰："望汝藏我，以息蹤影，恩同骨肉，誓效結草。"友曰："有酒速他，有難累我，我非蒙駭，豈無自新？"子怒曰："爾嘗勸我，偷弄父財，惟意行樂，旋以箝口，日夜面諛，衣食酒肉，皆賴于我。今也，利盡而用冷煖手段，何其不仁也？"友曰："我前後舐汝，殘杯冷炙，今忽論價，早晚必償，汝其速去。"子大激曰："我家負郭良田，都為汝家周急，獨不能容我一人以救患難否？"友曰："我曾謂汝放逸，自恣都無檢束，畢竟償轍翹足而待，今果一符宿料，既作自孽，又欲嫁禍於人，何也？"言訖，鎖門而入。象胥無如之何，歷訪其子之莫逆十數家，皆以一辭牢拒。子奮然曰："我竟忘了一好友，此友必不冷落，第往試之。"象胥如其言，共造即入後

堂, 友方與無數潑皮, 胡叫亂釀, 秉燭樗戲. 子面面寒暄, 友大罵
曰: "汝何不償博進, 使我日困於債家所噪?" 子曰: "知心諸兄, 幸
得畢會, 我不敢不吐盡衷曲." 諸人連聲願聽, 子備道罪網, 且丐衆
力. 衆人聽了, 聚首嘖嘖良久耳語, 都起身來, 欲擒象胥, 象胥驚
惶, 曰: "賢侄輩何故如此?" 衆人曰: "我豈爲汝賢侄也? 汝恣殺無
辜, 欲爲隱匿, 可憐這裹席柱尸, 含寃包恨, 獨不能償汝螻命耶?
我們欲亟報仇家, 圖他酬恩, 錢貨以博一飽." 因綁縛牢置, 栲問仇
家是何人, 象胥曰: "我亦未悉何人, 君輩何不搜看此尸戶牌? 如無
戶牌, 則我死而無悔." 衆人然之, 亂坼藁[72)]席, 就而視之, 則乃一猪
也. 乃赧愧四散, 只是空舍. 象胥自解其縛, 依舊負猪, 轉造自己故
人玄三之庄, 一如俄者所辭. 玄一辭[73)]慨然領諾, 邀入密室. 象胥更
曰: "君家窄陋, 難於久居, 願訪卞五, 俾得托身." 玄三百般挽留,
象胥一辭不聽, 聯往卞五家, 卞五欣然迎笑, 怪問: "所負何物?" 象
胥如前說了, 卞五憂形於色, 繼又慰譬, 曰: "我家重關複壁, 可庇
君父子, 願勿深慮. 安居飮食, 與我晝宵共枕, 俾惬[74)]宿願." 因親奪
藁席所負, 欲埋園後, 雙擧而起, 曰: "此尸何若是輕也?" 象胥大笑
而告實, 因賖酒啖猪, 極歡而罷. 子自是杜門自靖, 廣絶交契, 象胥
可謂善於誨子也.

中-20. 榮達前定

趙尙書尙鎭, 嘗言副學之爲淸甲于文秩, 而當品尤難, 故雖曾經
銓泮館閣者, 未能人人擬待. 每當補缺, 奔竸且甚, 得諧與否, 各已

---

72) 藁: 다본에는 '槁'로 되어 있음. 이하의 경우도 동일함.
73) 玄一辭: 다본에는 '玄三'으로 되어 있음.
74) 惬: 다본에는 '愜'으로 되어 있음.

測占, 而自家之曾在下大夫也. 無一歷斀, 又輕地望所曾經者, 惟國子長而已. 嘗造一友手談, 小報適至, 主人看了, 賀曰: "令公功名, 一何壯也?" 自家曰: "何其嘲刺也?" 主人曰: "令公方通玉署之長, 豈非功名耶?" 自家曰: "世間焉有此事也?" 主人遞示[75]銓注, 則果無差爽, 可謂近世曠事也. 及躋八座, 一日入朝, 正廟宣問于冢宰曰: "判金吾乏人, 無以排望, 勢將擺擬, 卿欲以誰某注之?" 大臣奏二人, 其一卽自家也. 上又問自家曰: "卿年紀幾何?" 對曰: "六十歲." 上曰: "卿年的是五十九, 今此所對, 何其爽實?" 對曰: "臣雖湔劣, 詎不知自己年紀?" 上曰: "今年爲戊午年, 卿是庚申生, 則豈非五十九歲耶?" 自家屈指計了, 果是五十九矣. 因俯伏謝罪, 上大笑, 不但不爲踈斥之, 又從以眷遇之要路榮達, 豈非三星所定也?

中-21. 蔡生奇遇

英廟末, 蔡生者, 家勢貧窶, 僦居于崇禮門外萬里峴, 蝸舍頹圮, 簞瓢屢空. 而生之父, 愷悌謹拙, 恬靜自守, 不以飢寒易其操, 惟嚴訓在生, 欲紹家緖. 見一不是處, 未嘗溺愛包容, 必裸入繩網之中, 高懸樑上, 以亂椎椎之, 曰: "吾家門戶剝復, 實係汝一身, 未有酷罰, 何望悛過?" 生時年十八, 委禽于禹水峴睦學究家, 雖結親之日, 亦令課讀, 親迎之後, 衽席之事, 皆有指日所許. 一日, 詔生曰: "令節只餘四箇日, 墓祭固宜躬行, 而但汝成冠之後, 猶曠省墳, 於情於理, 俱爲未妥. 可於明曉, 趲程三日而走, 百有奇里, 則當赴期. 到塋下, 將事之際, 須用一箇誠字, 拜跪出入, 毋或少忽[76]. 行路如見女伴及喪輀, 必避回不見, 以務心齋." 生僕僕領命. 翌日,

---

75) 示: 다본에는 '視'로 되어 있음.
76) 少忽: 다본에는 '踈忽'로 되어 있음.

拂曙而行. 父又出門, 囑之曰: "長程決勿浪度, 默誦一經, 逆旅必須節食用, 免二竪. 勉哉勗哉! 以愒懸望." 生滿口應承, 經于南門, 轉過十字劇, 葛衣麻鞋, 行色零星. 忽有五六皂隷, 豪悍胖健, 携一駿駿骨, 衣金勒繡韉, 拜于道旁. 生羞赧不敢當, 疾足便走, 皂隷團團圍札, 曰: "小的家令公, 奉邀郎君, 願速上馬!" 生訝惑囁嚅曰: "君是誰家藏獲? 我也四顧無顯親, 詎有送馬? 速去也!" 皂隷更不打話, 齊力推攔, 勒使據鞍, 施策打筌, 迅如游龍. 生目瞠口呿, 不能定情, 惟哀呼悲叫, 曰: "我庭闈俱耄, 兄弟終鮮, 望君特垂慈悲, 救活縷喘[77]!" 皂隷扮作不聽, 惟事驅騁, 俄頃而馳入一門, 轉過無限小門, 中有廣廈渠渠, 制度宏敞, 楣桷雕繢. 衆僕翼生而升堂, 堂上有老翁, 頭戴烏紗折風巾, 以明珠片縷, 承之兩鬢, 貼了一雙金圈, 身穿大花靑錦氅衣, 腰橫紅條兒帶, 高坐沈香椅上. 五六丫鬟, 炫粧[78]麗服, 左右序列. 生忙拜膝席, 主翁扶起寒暄, 踵問生姓名‧閥閱‧年紀, 生一一便對. 主翁喜動眉睫, 曰: "然則吾女果不薄命!" 生終是愚騃, 究解他不得, 動問他不得, 惟滿面通紅, 拱手侍坐. 主翁曰: "吾家世以象胥[79]資業, 位參金緋, 家饒銀貨, 詎不自足? 而但身外博有一女, 受人儷皮, 未赴悉禮, 而夫壻遽夭. 靑春空閨, 情事慘憐, 而禮守有防, 瞻聆有礙, 未便他適. 奄至三稔, 女忽於前宵, 悲號哀鳴, 聲聲呑恨, 寸寸斷腸, 雖行路之人, 亦當爲之傷感. 矧余一身骨肉, 都寄此女, 一日忍見, 輒惹一日之愁; 百年忍見, 便無百年之樂, 缺陷世界, 迅如流駛. 雖絲竹以醒耳, 錦繡以侈眼, 膏腴以悅口, 猶恨取樂無多, 余又何故[80]獨以淸淚爲日用哀怨作家計

---

77) 喘: 다본에는 '命'으로 되어 있음.
78) 炫粧: 다본에는 '炫粧'으로 되어 있음.
79) 象胥: 다본에는 '通商'으로 되어 있음.

也哉? 事到窮迫, 計出無策, 乃使家僮, 晨候天衢, 毋論賢愚貴賤, 必以初逢一少年丈夫, 極力邀致, 以占佳緣. 不意郎君與微息, 宿繫赤繩, 湊合甚巧, 萬望寡縈, 使奉巾櫛." 生益覺瞠然, 不敢有應. 主翁曰: "春宵苦短, 鷄人已唱, 願君迨此未明, 以成花燭." 因攝生而起, 携入行閣, 轉到一座花園, 廣周數百武, 四圍以粉墻約之. 墻之內, 滿鑿池塘, 小艇艤其涘, 劣容兩三人, 乃同升而濟, 菡萏挺生, 尺尋難辨. 溯入異香中者差久, 塢巘斗出, 以文石築起, 中設階梯, 以達其上. 生下舟登階, 階盡而有十二欄干, 茵席炳爛, 簾箔瑩透. 主翁留生而入, 生停立偸視, 則奇草異石, 名花彩禽, 如入海觀市, 怳惚不可名狀. 居無何, 二青衣邀生而導之, 生踵至一座紅院, 只見碧紗窓裡, 銀燈耿煌, 香烟裊裊. 二八娘子, 月態花容[81], 艶粧袨服, 翹立戶內, 隱映顯晦, 只窺一斑. 生趑趄而進, 娘子蓮瓣乍動, 萬轉出來, 肅生而入, 拜了一拜, 生沒頭答禮, 偶坐氍毹. 侍婢進饍, 珍味方丈, 寶器綜錯, 生羞赧, 不敢下箸, 主人曰: "稚女富貴, 吾所有也. 但仰視於君者, 若恩情無間, 讒疾不可行, 則可得百年鳧藻, 惟君圖之." 生亦不能答. 主人轉身而出, 一嫗鋪列兩箇錦褥於七寶床上, 請生入帷, 生黽勉而入. 嫗又扶娘子, 與生幷坐, 仍下流蘇鎭以文犀, 生掣肘矛盾, 猶未定情. 更以阮郎天台而自解之, 柳毅洞庭而自況之, 乃噓燭交枕, 情思繾綣. 日高三竿, 始乃攪寢, 則衣衫袍帶, 一無[82]存焉. 不勝驚訝, 詰問于娘, 娘曰: "欲依樣製衣, 敢爲竊出." 言訖, 嫗携一文箱入, 曰: "新衣已完, 望郎君進着." 生見綺紈粲粲, 穩稱身子, 大喜穿下, 旋啜早饍. 主人入候起

---

80) 故: 다본에는 '苦'로 되어 있음.
81) 容: 다본에는 '貌'로 되어 있음.
82) 一無: 다본에는 '無一'로 되어 있음.

居, 生囁嚅曰: "大爺不鄙賤踪, 恩摯鄭重, 非不欲久叨甥舘, 用表微忱, 而但墓祭在卽, 前路脩遠, 若一刻延拖, 則無以及期. 敢此告別, 仰乞心諒." 主人曰: "先壟距此幾里?" 曰: "百里有羨." 主人曰: "若間關困步, 則可費三日, 若一馳鄙騶, 則不過半日之程. 願姑留兩日, 毋孤此望." 生曰: "春庭訓戒甚嚴, 余若淹滯于此, 末乃乘肥衣輕, 揚揚騁驟, 則易致事覺. 願大爺三思!" 主人曰: "吾籌之已熟, 可有妥帖, 愼勿深慮." 生實不忍捨, 乃聆斯言也, 自爲幸. 主人携生, 而偕到山亭水榭, 松臺竹田, 悅眼暢懷, 箇箇幽勝. 主人曰: "余姓金, 官做知樞, 世人相與浮張以吾産業, 謂甲于國內. 故微名遠播[83], 君或聞之否?" 生曰: "街卒田父, 皆知貴名, 況余飽聞如雷灌耳乎!" 主人曰: "緣余無嗣, 欲窮極園林勝事, 以陶寫餘景, 院落樓榭, 實多僭分. 愼勿說與世人, 以獲大戾." 生唯唯. 越二日, 生晨與[84]啓程, 輪蹄俱備, 僕御轝擁, 日未昃, 已到楸下五里之地, 乃換着舊衣, 裹足而入. 翌朝, 行祭而復路, 未到數十武, 車馬已候路傍, 生改穿錦衣, 馳回金家, 因欲還家. 金曰: "貴爺料君有步, 而不能料君有騎, 百里長亭, 一日而還, 則漏罅已出, 補綴不得, 莫若更過信宿而歸覲." 生又穩度香閨, 新情款洽, 如期而別, 涕泗被面. 娘子進問後會, 生曰: "親敎嚴重, 遊必有方, 倘春秋墓祀, 更使余替行, 則謹[85]當一做今日之規, 不爾經年經歲." 娘子便是一般寡也, 言與淚並, 鳳別鸞離. 生年短心痴, 自來大願, 卽火鐵小囊, 而家貧未得. 及見金家所供繡刺華麗製裁精緻, 乃愛護珍奇, 不忍便捨. 娘曰: "此囊韞晦大囊之中, 人難測見, 換着舊衣, 獨携此物, 有甚

---

83) 遠播: 다본에는 '頗播遠近'으로 되어 있음.
84) 晨與: 저본에는 빠져 있으나 다본에 의거하여 보충함.
85) 謹: 저본에는 빠져 있으나 다본에 의거하여 보충함.

違戾." 生如言, 納諸布囊, 歸家復命. 父亟問先塋安否, 且問修齋誠慢, 生對之甚悉, 卽令讀書, 生口雖咿喔, 心未嘗不到金家也. 一日, 父敎生, 宿于內閣, 生夜入婦室, 破窓漏簾, 寒風透骨, 蒲襧麻衾, 蚤蝎[86]甚熾. 妻荊釵短裙, 垢容瘦尖, 起身而迎, 生苦無適意, 不交一語, 惟念念只在於金家蘭閨, 曩日行樂, 前游如夢, 後會難期. 因默誦元微之'曾經滄海難爲水, 除却巫山不是雲'之句, 自覺暗符身世, 短吁長嘆, 轉輾不寐. 及到曉鍾, 始得交睫, 到日晏未覺. 妻黎明先起, 自想道, '尊章平日, 琴瑟甚調, 情眷恒篤, 忽自楸駕後, 一此冷落, 必有鍾情別人, 間我舊好也.' 因歷覘生之容色衣衫, 無所現露, 偶見生之所佩布囊, 昔曾空空, 今忽盈盈, 疑雲漸遮, 蹙案斯存. 乃偸驗裡面, 則果有一箇小錦囊中, 實火金火石, 兼有棋子樣銀貨. 妻大怒, 列置床上, 要待生之睡覺自棎. 居無何, 父厲責而入, 曰: "豚犬尙不覺睡, 何暇讀了一字?" 因開戶叱之, 生驚起攝衣. 父轉目之際, 已撞見床上小囊, 不勝駭痛, 裸生而納諸繩罟之中, 掛于樑上, 用力打下. 生不堪苦楚, 一一吐實, 父一層激怒, 三百曲踊, 折簡隣家, 借了一力, 使招金令. 金令自是豪華, 雖宰執學士, 不能坐而輒邀, 況一學究遣一星任自呼來耶? 徒以孀女歸屬, 甘受凌逼, 刻下馳謁. 父厲聲大責, 曰: "君一壞禮常, 聽女淫奔, 旣不自好, 又誤吾兒, 何也?" 金曰: "擇婿之車, 巧丁阿戒, 彼此不幸, 已不可. 旣今則水流雲空, 兩家安逸, 不相干涉, 則已矣, 何庸短人夢漏?" 高聲彰顯, 父無以應. 金卽辭去, 曰: "胤玆以裔, 魚湖相忘, 愼勿相迫!" 因飄然而去. 過了一歲, 金冒雨來造, 父曰: "疇昔牢約, 今胡徑庭?" 金曰: "適出郊坰, 忽値滂霈, 此間無他親知, 敢入貴

---

86) 蝎: 다본에는 '蠍'로 되어 있음. 통자임.

第, 少避暴雨, 萬望見諒." 父怡然曰: "吾久雨獨坐, 無以陶寫, 逢君可以閑話矣." 金執禮甚恭, 談屑娓娓, 正如牛尾蠶絲, 甚有綜理, 而幷不及菱芋之事. 父生平追游, 不越乎村學秀才, 終日接語, 惟相較貧窘, 如印一板. 及見金, 辯博軒偉, 重以諂笑獻媚, 乃大悅心醉. 金默會其意, 卽叫僕從曰: "余走得肚裡飢, 須將橐餘食物來!" 僕從進佳肴珍饌, 金滿酌[87]大白, 跪進于父, 父胃開口涎, 正欲轟飲, 而陽斥之, 金曰: "酒杯相屬, 素昧猶然, 況吾曹托契已久, 顔面且[88]厚, 豈忍並坐而獨酌?" 父語沮一飮, 飲輒盡卮青州從事, 滌盡胸膈之魄磊, 硬腸蔬神; 却被珍肉之蹴破, 醉眼如潮, 衿期散朗, 金盡歡而歸. 父曰: "君好是一箇酒伴, 必頻賜枉顧." 金曰: "今日天雨, 一借幸得對觴, 而余公務私故, 鎭日紛叢, 安得抽身更刺也?" 父送至門首, 乘醉入室, 團聚家少, 盛言金令好處, 旋又昏寢, 平明乃覺, 頗悔昨日所賺, 而不可及矣. 金密使家人, 詗探生家動息, 一日, 家人回告曰: "蔡家五日不爨, 內外僵臥, 景色慘沮." 金乃移書于生, 送饋數千孔方兄, 生闔家欣蹈, 亟[89]備饘飱, 而不令父知道, 權託稱貸, 進饋于父. 父急於充飢, 未暇窮詰, 一日二日, 再食無虞. 父始怪問之, 生備悉其由, 父怒曰: "寧顚倒溝壑, 豈忍坐受無名之物也? 事屬旣往, 又難吐嘔, 且無路可償, 此後愼勿破戒!" 生唯唯. 於焉之頃, 青趺已乏, 飢餒依舊, 而父性踈拙, 不謀產業. 生與其母, 撑東補西, 綴下充上, 拖至周歲, 而勢同弩末, 債如山積, 死亡迫在呼吸. 金又探得這箇樣子, 復以十斛長腰百金鵝眼, 爲生壽之, 生豈忍見父母垂死? 心灼肺燃, 餠罄罍恥, 雖擔糞賃傭, 何

---

87) 酌: 다본에는 '酬'으로 되어 있음.
88) 且: 다본에는 '已'로 되어 있음.
89) 亟: 다본에는 '極'으로 되어 있음.

辭可辭, 而况人以好意送助乎! 乃欣然迎笑, 以侈親廚, 父方病昏滾滾, 惟貪食飮, 生連供瀡膩, 數月[90]乃痊, 繼以甘旨, 調養之. 父曰: "此物從誰辦了?" 生又告其狀, 父微笑曰: "金令安得種種[91]周急也? 自後則決勿有受, 受當笞之." 生又領命, 父高臥飮食, 不愁桂玉者. 且五六箇月, 及夫所儲又罄, 愁惱十倍於前茬莘苦楚者, 又許多日月. 父當其喪餘, 蘋藻俱空, 情事摧抑, 偶坐室隅, 百計熏心. 忽見一僕, 齎緡錢二百, 來獻於生, 乃金家所餉也. 生準依父敎, 欲辭之, 父曰: "他以急人之風, 助我祀需, 於情於義, 不可全却, 半完半受, 允合得中." 生如戒. 翌日, 金盛備食卓來饋生, 生又欲却之, 父曰: "旣熟這物, 不可狼貝回送, 今可染指, 自後則一防弊源." 因相與大嚼, 香味雜錯, 一家咸飫, 口碑如雷. 金殷勤勸酒, 父一直不辭, 殺到泥醉, 許結刎頸. 且詔生, 曰: "汝與金家閨秀, 本自楚越之遙, 忽成秦晉之好, 豈無天緣存耶? 汝不可終是[92]疎置, 斷人平生, 今宵甚吉, 可一宿而還, 無[93]至留連." 生大喜諾諾, 金再拜鳴謝, 亟以斑騅送之于家, 自己則或慮父之有二三其心, 故爲遷延, 日曛乃去. 生翌朝反面, 父渾不記昨日話頭, 乃怪問曰: "汝緣何早整冠帶?" 生對以實, 父悔懊愧䩄, 不費責辭. 從此一任於生, 聽其所之, 不露些圭稜, 而衣食祭祀, 皆賴于金. 金又日日載酒來造, 討論衷[94]曲, 父早傷於貧, 頭鬂爲白, 及夫坐衣遊食, 又日與暢飮, 頓覺自適, 追念前日苦海, 體膚起粟. 一日, 金從容進言曰: "公子之往來余家, 漸礙人眼, 願從此告絶." 父驚曰: "然則吾當密迎吾

---

90) 數月: 다본에는 '數日'로 되어 있음.
91) 種種: 다본에는 '恃恃'로 되어 있음.
92) 是: 다본에는 '始'로 되어 있음.
93) 無: 다본에는 '毋'로 되어 있음.
94) 衷: 다본에는 '裏'로 되어 있음.

婦于家裡, 藏踪滅跡." 金曰: "公子年少布衣, 上有庭闈, 下有正室, 決不可畜媵于家." 父曰: "第思妙策, 以詔愚迷." 金曰: "我欲別築一室于貴第[95]之傍, 以便晨夜往來, 未審高見若何?" 父曰: "然則室宇毋用高, 婢僕毋用多, 庾廩毋用富, 以守吾家寒素." 金曰: "諾." 乃歸家, 鳩材敞建瓦舍, 便成一區甲第, 甚非父旨也. 父無由奈何, 惟或咄舌, 繼以讓金, 金曰: "第宅所以長子孫也, 竊觀足下, 抱玉懷珠, 而未需於世, 令子賢孫, 當食其報, 豈無高大門閭也?" 父大喜而止. 宅成而落之, 金暮夜送女于生家, 禮謁舅姑女君. 因住新舍, 三日小宴, 五日大宴, 以娛舅姑內外, 僮僕盡得懽心. 生告其母曰: "阿父阿母, 平生吃苦, 俱迫桑楡, 而迷息年淺學蔑, 難期奉檄. 顧今一分志養之道, 只在移處新舍, 穩享富貴, 願得採納." 母曰: "我若移居, 則金家當謂我何?" 子曰: "此金令及側室之意, 而我不過傳命之郵耳." 母頗有肯意, 備告于父, 父曰: "卿卿志氣衰邁, 至有贅說." 母怒曰: "我自從尊章, 劒山刀水, 未嘗一日釋慮, 今幸得衣食之天安居肆地[96], 次婦之恩固大矣. 今又虔誠邀我, 以養餘年, 有何虧傷而不爲勉從也?" 父曰: "卿卿自去, 我則當守窮廬." 母乃卜日搬撒, 父時時往見, 則數十傔僕, 迎拜門首, 左擁右攝, 直入別堂, 堂卽爲父敞搆, 以便或住者也. 入堂則圖書滿架, 花卉委砌, 使令滿前, 應對如流, 入對老妻, 而亦如之. 移晷坐臥, 不忍捨去, 末乃勉强還家, 則破屋數間, 依舊蕭散. 忽自念曰: "餘生無幾, 不過一彈指頃, 何庸自苦如此?" 亟招生, 曰: "吾獨寓空舍, 傳食于汝, 還成一弊, 且室家分張, 晚景尤難, 欲同處新舍, 以便團欒, 於意云何?" 生大喜贊成, 父乃卽日移占, 庭無間言, 百年鳧藻. 金以負郭

---

[95] 貴第: 다본에는 '貴家'로 되어 있음.
[96] 地: 저본에는 '志'로 나와 있으나 다본에 의거함.

千畝, 立券與生, 生旣無家累, 惟事擧子業, 未幾登第, 功名耀世, 卒至八座. 當宁初, 以耆社之臣, 優蒙恩渥. 余曰: "金象胥[97], 可謂善於處事矣."

中-22. 四六詩令

古有一方伯, 與營將·中軍·通判·審藥·檢律, 及其長子承宣, 次子擧子, 暇日游宴. 方伯曰: "不有佳作, 何以言志? 但一座諸賢, 難保箇箇能詩, 若以四六一句, 率口足成, 則甚佳甚佳!" 衆曰: "諾." 方伯乃先吟曰: '桃千朶柳萬條, 一年春光.' 營將曰: "小官武夫, 實無鬪花儷葉之才, 願效栢梁臺七言詩體, 各言其職務." 方伯許之, 營將吟曰: '棍十箇刑一次, 治盜活法.' 長子承宣吟曰: '正三品從二品, 承旨閥望.' 次子擧子吟曰: '詩三上賦二下, 每榜初試.' 中軍吟曰: '錢十貫米五石, 官況至薄.' 通判吟曰: '災百結還千石, 催科劇務.' 冊客吟曰: '米一斗肉十斤, 下記必削.' 檢律吟曰: '杖一百徒三年, 功議各減.' 審藥吟曰: '薑三片棗二枚, 不拘時服.' 相與大笑, 積成一軏. 有一妓, 進曰: "妾獨無詩, 只飽酒肉, 願納一句." 滿座稱佳, 妓曰: '夜三板晝二次, 長時不厭.' 人人絶倒, 極歡而罷.

中-23. 端川義妓

肅廟朝, 金相國宇杭, 年至四十八, 猶守布素, 家道旁[98]落, 荒舍如蝸, 活計若蛛, 朝晡不繼, 衣褐不完. 有五女, 年俱及笄, 一未嫁適, 蓋由貧窶之所召也. 有一措大, 爲其子, 與公女搆[99]婚, 已有成

---

97) 象胥: 다본에는 '知樞'로 되어 있음.
98) 旁: 저본에는 공백으로 되어 있으나 다본에 의거하여 보충함.
99) 搆: 저본에는 '講'으로 나와 있으나 다본을 따름.

言, 而公自念曰: "身外實無長物, 且四無親戚, 無處控訴, 顧何以資送粧廢乎?" 每中夜自歎, 寢食殆廢者幾旬朔. 忽憶其疎親一武官, 現任端川太守, 於已稍尊, 欲往投之, 沽丐錢財, 庶可有濟, 極知愧恧, 然亦無奈何. 於是, 遍懇于人, 艱得貸息, 以備資斧, 又貰一款段, 使一蒼頭控之, 而露宿風餐, 千有餘里. 及至端之邑治, 款門請見, 則反爲閽吏所搪, 謂以禁人擅入, 已有官令, 故不敢輒納. 公屢加訶叱, 而終不聽受, 相持有頃, 日已薄曛, 回至傳舍僦宿. 明朝, 又親¹⁰⁰⁾往叩之, 亦不得入. 公不勝憤惋¹⁰¹⁾, 欲將自回, 而已發之矢, 不可中撤¹⁰²⁾, 只得夜宿旅店, 晝詣府門請入者, 洽過一朔, 猶不得間. 盤纏已竭, 多假貸於居停主人, 主人以公所乘馬爲質, 公憂悶如擣, 進退不得. 主人知其狀, 惎之曰: "明日, 知府當詣倉社, 親檢糶米, 路出店前, 何不候于路左一見其面乎?" 公然之. 翌朝, 試如其言, 使君果以便輿出, 皂卒呵擁, 公疾呼曰: "我滯此多時!" 使君首肯, 曰: "何故?" 公條悉其由, 言未已, 使君曰: "方有公事, 未暇與語, 第俟之." 顧謂一隷曰: "汝可引入東閣, 待我之回." 公卽隨至公堂, 坐到日昃, 未嘗供飯, 飢渴難支. 夕使君乃還, 坐定, 公告曰: "吾終日不食, 神思昏暈, 願以飯饘之, 以撑枵腸." 使君曰: "試以酒肴來饋相公." 少焉, 掌酒官娥, 以缺口一小壺進, 復以海藿一片, 爲壓酒之需. 公竟日飢餒, 初謂必以美釀肥肉餉之, 準擬大嚼以塞饞口. 及見此, 怒氣騰騰, 急起蹴之, 踣於地, 仍謂使君曰: "待人不當若此!" 使君亦怒, 曰: "我是汝尊行, 我之所饋, 何敢如是?" 亟令公隷, 驅出門外, 又呼吏胥曰: "爾須申命一境, 如有許此怪鬼

---

100) 親: 저본에는 빠져 있으나 다본에 의거하여 보충함.
101) 憤惋: 다본에는 '憤慨'로 되어 있음.
102) 撤: 다본에는 '轍'로 되어 있음.

寄宿者, 則當被酷罰, 急急如律令!" 公含憤而回, 至舊店, 則主人拒門不納, 馬亦被搶. 公無如之何, 獨與蒼頭, 又之他舍, 亦如前之[103]. 凡百餘所, 無不皆然. 日已昏黑, 雨又大注, 遂到邑里將窮處, 要暫歇於林莽之間. 其傍有陶穴, 中有席門, 乃皮鞋匠所居也. 公謂匠曰: "日暮路遠, 願借宿一宵." 匠亦不拒, 蓋窖穴異於廬舍, 故號令不能及也. 公少坐, 雨不霽, 將近二鼓, 雲消月淸, 晶光射人, 入於席門之隙, 毫芒可鑑. 公腸肚飢困, 心神散落, 且憤且恨, 不能交睫. 忽聞跫音漸邇, 至席門外而止, 公引領而看, 則有一女子, 顔色殊衆, 明媚動目. 叩門而言曰: "此窖中有洛客否?" 公疑其爲太守所使, 呼匠令秘之, 女曰: "何瞞我?" 直排門而入, 公無所避, 女指公, 曰: "是矣, 無恐!" 公問其故, 女曰: "妾卽邑中掌酒妓也. 太守每以麥酒及海藿, 與人飮啜, 妾嘗嫉[104]其吝財而輕人. 然受此饋者, 皆甘受輒飮, 妾以爲此皆淺淺丈夫也, 故無甚奇偉之氣也. 今者, 相公雖在飢困枯涸之際, 能起而蹴之, 可知其非凡鳥也. 以若志氣, 何患[105]不富貴耶?" 公再三遜謝. 復有一丫鬟, 戴槃盒而至, 妓卽致于公前, 則飯羹戚鹽, 皆極精鑿. 公下箸耽食, 頃刻而盡, 無非可口者. 公極口稱頌, 銘感至骨. 妓又曰: "旣許陪話, 請暫屈弊廬, 以伸情曲." 公從之, 至其舍, 綠窓朱戶, 椒壁粉墻, 對貼唐律, 滿堆古董, 以銅鑪[106]蒸龍乳, 芬澤襲人, 燈炧煒煌, 文繡璀璨[107]. 妓令坐畫氍, 抽情吐素, 仍問公曰: "千里投人, 所幹何事?" 公爲道其狀, 妓嚬眉蹙頞, 似有矜憐之色. 夜將就[108]闌, 妓攝公同

---

103) 之: 저본에는 빠져 있으나 다본에 의거하여 보충함.
104) 嫉: 저본에는 '疾'로 나와 있으나 다본에 의거함.
105) 患: 다본에는 '恨'으로 되어 있음.
106) 鑪: 다본에는 '爐'로 되어 있음.
107) 璨: 저본에는 '粲'으로 나와 있으나 다본에 의거함.

衾而寢, 滯雨弱雲, 狼藉枕席. 黎明, 妓先起, 從繡[109]箱中, 出粲衣
一襲授公. 公不能却, 仍穿之, 穩稱于身. 公留連[110]不能釋, 淹滯幾
近數月. 妓譬之曰: "相公寧久於此乎?" 公曰: "非不知妻子凍餒,
僮僕黃瘦, 待我不來, 望眼欲穿[111], 而我亦思之熟矣. 非徒空手而
歸, 無面見家小, 方且行槖枵然, 實無一片靑趺, 何能致身於千里
之外? 可謂欲罷不得, 此吾所以委決不下趑趄過日者也." 妓曰:
"大丈夫當用力於實地[112], 豈可沈淪於外以送流年耶? 古人有謀於
桑下者, 妾雖女流, 豈無知識耶? 所謂資斧, 妾已有理會者." 公大
喜過望. 詰朝, 有二馬鳴於外, 公問之, 妓曰: "爲公辦幹." 公謝以
不敢, 妓曰: "一則公自乘之, 一則妾略以衣箱贐之, 可備後車." 仍
以二隻畫籠, 實以嫩布・貂皮・髶髻・銀貨載之, 趣公行. 公揮淚而
別, 服其義而領其情, 在道, 未嘗不北首眷戀. 及還第, 卽以所齎
物, 辦需成親. 是歲秋圍, 偶擢魁科, 賜及第出身, 俄入玉署, 特被
靑綾. 一日, 肅廟促召在直儒臣, 公應命入對, 上曰: "見今北路, 荐
荒水旱相仍, 加以地方絶遠, 朝令不行, 守宰貪婪, 椎膚剝髓. 汝其
乘傳按廉, 潛行邑里, 臚列臧否, 無墮予命!" 公承命感惶, 卽以懸
鶉衣衫, 微行入關, 乞食村廬, 詗察政績. 一日, 將暮至端川, 感妓
舊恩, 欲先訪之, 又欲騙之, 以觀其志. 乃赴其門首, 呼曰: "請丐一
飯, 如無有, 與我一錢." 如是者再, 妓隔窓聞之, 不覺驚喜, 雲鬟不
整, 汲汲下堂而出, 未及穿鞋. 旣見公, 提携而入, 曰: "何故如此?"
公長吁曰: "言之不盡! 自失散以後, 半路遇偸兒, 見[113]奪盤費及馬

---

108) 就: 저본에는 빠져 있으나 다본에 의거하여 보충함.
109) 繡: 다본에는 '紬'으로 되어 있음.
110) 連: 다본에는 '戀'으로 되어 있음.
111) 穿: 다본에는 '冷'으로 되어 있음.
112) 實地: 다본에는 '當此'로 되어 있음.

匹, 羞見妻子, 不得還家, 飄蕩道路, 乞食延喘, 無可依賴. 悠悠此世, 惟可依望者, 無如汝者, 復來攪撓, 不敢輒入, 故爲叫噪." 妓曰: "奔走跋履, 飢餒應甚, 何以療腹? 我方按夕飯, 纔吃一匙, 可共之." 乃引公, 與之同卓而食. 食已, 妓更以新衣一部, 衣之, 曰: "我爲公製此, 欲付信便者久, 而鴈稀114)魚沈, 尙未憑送矣. 不意今者, 少遂微誠." 公脫下弊衣, 束置上突, 妓曰: "敗絮綻布, 殘缺無餘, 不可復着, 安用此爲?" 因拓窓擧而抛於外, 公急下堂取之, 如恐不及, 妓又攬而投之, 公隨卽拾取. 如是者三, 妓注視公差久, 勃然作色, 曰: "妾惟以誠虔, 仰接夫子, 夫子反以假意粧撰, 何也?" 公愕然曰: "何謂也?" 妓曰: "公旣着新衣, 而苦心血誠, 不棄弊衣者, 將以有用也, 豈非繡衣耶?" 仍絶袂而起, 公笑而挽止115), 曰: "吾果登第, 方叨是職而逢汝, 豈可自詫曰: '吾御史也哉?'" 妓卽釋然, 又請曰: "將如本郡太守何?" 公曰: "此吾所以疑難者也. 太守貪虐病民, 罄竹難書, 我若抉摘過惡, 至於黜落, 則是無惇睦之風也. 若隱忍掩護則已, 然不言, 則是不恤國事, 何爲而可?" 妓曰: "若以此奏徹, 終至抵罪, 則人必謂公含憤蓄怒而發也. 若置而不論, 以私滅公, 此皆斷不可行也. 公若潛見太守, 數以罪戾諭之, 使去則可謂兩得其中, 以爲如何?" 公曰: "過我多矣!" 妓呼公搦筆, 仍枚擧太守不法之狀, 乾沒倉穀, 刀蹬民財等事, 使公繕錄. 當夜, 妓引公暗入東閣, 太守方坐, 見公大驚, 蓋已知釋褐也. 仍起戰慄, 曰: "貴駕奈何至此?" 公曰: "吾奉命北出, 仍到貴府, 潛來伏謁, 未審別來無恙?" 太守惶縮膜拜, 手脚慌亂, 公曰: "自到貴境, 詞探政

---

113) 見: 다본에는 '攓'으로 되어 있음.
114) 稀: 다본에는 '飛'로 되어 있음.
115) 止: 저본에는 '住'로 나와 있으나 다본을 따름.

績, 則怨讟載[116]路, 掩耳不得, 彼此不幸, 已不可旣. 未知行何悖政 而至此?" 太守囁嚅曰: "願聽小官罪類." 公以所錄遞示, 太守曰: "明證斯存, 辨白不得. 願使星特念同根之義, 俾免大何?" 公曰: "我 豈刺口論列, 陷公於廢錮之科哉? 然吾旣忝[117]按廉之重, 不可使一 邑之民, 緣吾私誼, 一受苦楚. 望須於明日內, 三呈辭單, 卽卽解 歸, 不然則當封庫登聞." 太守謝曰: "公之包容德量, 使腐草續春, 枯骨復肉, 敢不唯命." 公乃出, 翌朝,[118] 太守果稱病歸田. 公將行, 謂妓曰: "吾朅欲將汝以歸, 重續金屋之緣, 而奈玉署一唧, 其淸如 水, 首蓿闌干[119], 藜莧不充. 若使汝有啼飢之歎, 則是余之責也. 稍 待官尊祿肥, 事力稍集, 當有會合之日." 妓曰: "妾可仰累於相公 也, 當一聽尊旨." 公竣事而還. 一日, 復鑲直瀛洲, 時肅廟春秋晼 晚, 以眼眚不豫, 每夜悉召禁直諸臣, 怡然閑話, 商確古今, 且及閭 巷諺俚之語, 以爲消愁之策. 諸僚各以所見聞仰奏, 次及公, 公對 以無可仰徹者, 上强之曰: "汝旣巡廉北方, 必有所踐歷, 盡言之?" 公俯伏對曰: "鄙瑣不敢敷陳." 上曰: "君臣之間, 如家人父子, 何所 不言?" 公卽以端川事條對, 至陶穴逢妓進食, 上仍擧竹角小扇, 連 擊御床. 次至備馬送行一款, 擊節頗數, 復至因收弊衣, 知其爲御 史, 扇爲之盡碎. 最後至乘夜見太守, 諭以治歸, 及對妓, 證以後 約, 上乃亟宣侍中, 命書傳旨, 諭關北伯曰: "端川府掌酒妓某, 不 日治送于儒臣金宇杭家, 卽爲啓聞云云." 北伯果依聖教, 厚賫錢 帛, 送妓于公家. 妓事公及夫人如嚴君, 使婢僕一以恩信, 治産業

---

116) 載: 다본에는 '在'로 되어 있음.
117) 忝: 다본에는 '參'으로 되어 있음.
118) 翌朝: 저본에는 빠져 있으나 다본에 의거하여 보충함.
119) 闌干: 다본에는 '欄干'으로 되어 있음.

無匱乏. 公之立朝布置, 多妓所助云.

中-24. 山神沮戲

西華先祖, 丁石江公喪, 欲營藏脩之所, 先壟之側, 有一山, 極其明麗. 公將卜之, 堪輿者曰: "此穴之所, 以尙此無主者, 以其破土之際, 有雷雨之變也." 公斥其妖誕, 克日禮襄, 輴輤方到, 而兀然一墳, 已先占於當地矣. 客曰: "何許惡人, 一夜之頃, 偸奪人地奈何?" 公沈吟差久, 曰: "此非人謀, 第當破示." 衆皆挽之, 公一直不聽, 亟毁封塋, 則有一漆槨, 漆光可鑑, 朱書銘旋, 曰'學生高靈申公之柩'. 公曰: "果不出吾料!" 乃擔置于外, 以大斧斫之, 則柩內滿實沙器, 見日而消, 頃刻便盡. 衆皆賀之, 且問其異, 公曰: "吾聞山神偏護大地, 不欲被攫, 故至有沮戲, 吾豈瞞過也?" 仍無虞禮奉. 至今全義之李, 以文階世襲組弗者, 惟石江公雲仍, 外裔亦多赫世. 風水之術, 或有少符耶?

中-25. 豐原同學

豐原府院君趙相國顯命之爲童丱也, 家居彰義洞, 近局有金時愼者, 安東望閥也. 與公年紀相甲乙, 晨夕追隨, 而又有一小兒, 或隨時愼來戲, 自言時愼之族黨. 未幾, 公家三遷于紫閣峯南涯北角, 晨星落落, 而時愼則時或來造, 以至成冠登第, 不替舊好. 及公生女, 許配時愼之子, 親事未完, 時愼遽夭. 公待年受幣, 以成苾葛, 荏苒光陰, 公髮星星, 位躋調勻. 一日, 玉潤遷襄, 其父翣輤, 經于洛汭, 公出郊澆奠, 操文盡哀, 因念舊游, 零星形影, 相弔悽愴斟淚. 點檢前事, 始怳惚記得時愼之族黨小兒, 而猶在疑眩, 備問于玉潤, 玉潤良久沈吟, 忽大悟, 曰: "斯人也, 名做晚行, 見今窮不能爲家, 結廬於三角山側, 賣果資業." 公大喜, 卽召前導, 使玉潤昭[120]指其家, 因起身專訪. 晚行方閒坐蝸舍, 忽聞雙隷呵導, 轉入柴扉, 乃驚問隷曰: "枉此者, 是甚相位?" 隷曰: "趙判府大爺." 曰: "汝誤尋到此, 必須回出." 隷曰: "相公非姓金諱某者耶?" 曰: "是則是矣, 然我本與汝大爺素昧, 且貴賤懸殊, 詎有委造也?" 言未已, 前排班列, 騶從羣擁, 一軺到門. 晚行下堂迎之, 公下車執手, 曰: "汝能記我否?" 曰: "未也." 乃携入堂上, 且曰: "回憶五十年前, 我與若吹葱騎竹, 汗漫同遊. 伊來滄桑屢易, 朋儕殆盡鬼錄, 獨我兩翁, 兀然相對, 可謂千古奇會." 晚行始識破其由, 相敍平生閱歷, 氷犀交透, 膠漆復合. 公曰: "此會不可無酒, 幸得一壺來." 晚行乃使一婢赤脚, 稱貸沽酒, 隣肆見長者車轍, 不吝暫貸. 仍相飮一杯, 公見堂楣有垂白之扁, 砌上黃菊正嫩, 乃濡筆題壁, 曰: '垂白堂前黃菊開, 柴門前導故人來. 江干哭送士衡【時愼字】柩, 今日逢君酒一杯.' 書罷索紙, 列寫十斛雲子, 百金靑趺爲帖, 而給之, 曰: "聊償汝杖頭之債耳." 仍盡歡而歸, 卽召銓部, 曰: "我有一同牕故人, 白首無成, 飭躬砥行, 須待將作監有缺, 必注擬." 吏如言. 晚行自一命, 轉除金吾郎, 以幸行時, 不善稱職, 竟被竄謫, 卒于匪所, 可謂畸矣. 至今壯洞之金, 多言此事, 以公爲風流宰相. 公之旁孫雲仍, 爲余道其詳.

中-26. 崔生傳

崔生者, 英廟時人也. 家居南山洞, 白首無成, 家業蕩然, 而閥閱單寒, 四無顯親. 生恐人或侮己, 每與比閈人言, 必稱雲谷曰: "是

---

[120] 昭: 다본에는 '照'로 되어 있음.

我葱竹友也." 凡有出門而返, 曰: "被雲谷招邀." 且有所得之物, 雖筆墨之微, 亦曰: "雲谷賜也." 諸人惑信其言, 而生實與雲谷素昧也. 從此稱貸于人, 必約曰: "少俟雲谷之爲方岳, 倍息以償云云." 證案斯存, 債路頗濶, 而生實務姑息也. 一日, 生之妻, 被髮僵臥, 欲自引其命, 生詰其故, 妻曰: "夫子旣無達狀, 家貨日益窘匱. 妾若活七十年, 則有七十年嚬眉; 若活一百年, 則有一百年焦惱, 與其多生而吃苦, 孰若早死而無知." 生愀然自悼, 無辭爲譬, 乃紿之, 曰: "洪匀賦命, 各有剝復, 余豈獨一寒到老也? 雲谷尙書, 早晚可占西藩, 然則當有百朋之錫, 是足爲老夫婦餘年廩庚, 盍少自忍?" 妻欣然而起, 曰: "當循指教!" 自是, 妻每晨夜, 沐浴焚香, 祝天曰: "願以李某得箕伯." 如是者十許年, 而雲谷果爲西伯, 債家盈門, 責生遵約, 生計出無奈, 又權辭拒之, 曰: "雲谷有約, 以赴官後, 使我專送一力, 第少須之." 債家果緩頰, 生苦無善後之策, 日日納悶, 又恐其妻之或知雲谷新除也. 妻一日, 又憤怒廢食, 曰: "我今日使人偵探, 知雲谷得西伯有月, 而尙未見斗水之救涸轍, 夫子之妄恃人, 固若是夫!" 生曰: "已與此台有留約, 但乏孔方兄, 無以雇丁專¹²¹⁾送." 妻曰: "妾當辦此." 遂賣食鼎飯匙, 鳩合幾箇錢鈔, 以雇一人, 使生修簡畀付. 生無辭据撼, 抽筆裁書, 細道其先後委曲, 且言, "台座若不做此官, 則債家與荊妻, 無以爲口實, 而今之窘迫, 實台座啓之也云云." 書完, 妻使人星夜往傳, 惟俟回音, 而生自送書後, 自度所爲, 極是狂誕, 臥病床, 第只恐人回而妻死也. 及至幾箇日, 小婢傳呼雇丁始旋, 生心膽驚裂, 扮作沉病不省狀. 妻蹡蹡而出, 亟討來種, 雇丁只獻一箇木櫃, 櫃上書藥果一千立, 妻怒曰:

---

121) 專: 다본에는 '傳'으로 되어 있음.

"所饋止[122]於此?" 雇丁曰: "小的到箕營, 獻書于布政, 布政累閱沈吟, 乃令小的, 待于營下. 又使官廚饋飯, 其[123]翌朝衙罷, 招小的, 曰: '汝遠涉良苦.' 另[124]給盤纏五緡, 曰: '吾昔與汝主, 同窓讀書, 汝主偏嗜藥果, 今此送饋, 汝其領回云.' 小的辭歸矣." 妻聞言[125], 大哭曰: "我積年偸生, 只靠此一宰輔, 今千里專人[126], 所遺零星, 未足以償了雇錢, 更誰懸望?" 因投木櫃于庭除, 碎碎散落, 而片片白金, 自櫃中湧出于地. 妻大驚蹶生, 曰: "起起!" 生强起視之, 則白雪撒亂階砌, 妻雙手拾取, 哀轉爲樂, 愁還成笑. 生莫省其由, 强曰: "吾友必不負余[127]!" 妻盡拾入櫃中, 櫃中又有復書, 生[128]披觀, 則溢幅都是婉辭溫旨, 有云: "不圖先生偏被此漢之害, 謹以片銀一千兩, 畧具薄禮云云." 生感淚被面, 始乃道實于妻, 妻亦哽咽, 相誓曰: "此生無路結草, 願世世爲公廝養, 以報此恩." 望朔令節, 私祀公像, 乃售銀直得緡錢四千, 畢償積債, 厚謀生業云.

中-27. 金生傳

中古有金進士者, 簪紳名閥也. 築室于彰義洞, 豪放自負, 不拘小節, 早得進士第, 更不屑科臼業, 亦不求蔭階進取, 人或詰其由, 則但頎然一笑而已. 性好乘快馬, 當時貴戚宰樞, 凡廐有肥馬者, 生必使人傳語, 願得一乘, 諸公亦飽悉其名, 欣然借之. 生乃斜馳大路, 無所止窮, 俟其步品少倦, 輒翻身而下, 曰: "馬已不堪更乘

---

122) 止: 다본에는 '至'로 되어 있음.
123) 其: 저본에는 빠져 있으나 다본에 의거하여 보충함.
124) 另: 저본에는 빠져 있으나 다본에 의거하여 보충함.
125) 言: 다본에는 '之'로 되어 있음.
126) 專人: 다본에는 '送入'으로 되어 있음.
127) 余: 다본에는 '汝'로 되어 있음.
128) 生: 저본에는 빠져 있으나 다본에 의거하여 보충함.

矣." 因困步而還, 亦無造訪久要. 一日平朝, 有一僕, 牽嘶風逸足, 習步於門屛之前, 生招之, 曰: "望馱我一馳!" 僕諾之, 生據鞍執轡, 山腰樹嘴, 過眼閃忽, 忽[129]過都越郡, 歷如一塊. 日午亭而馬小倦, 生憩于旗亭, 問其地方, 則乃海西金川界也. 僕策馬先回, 生隻身殊鄕, 歸路夐脩, 忽有一僕, 又步馬于官道. 生復請一乘, 僕曰: "願[130]速上馬!" 生纔乘, 而馬一躍飛走, 僕跟後鞭策, 五官盡盪, 一身飄擧, 與傳命郵騎一般. 生欲乞哀, 而恐傷於勇; 欲跳下, 而恐傷於身, 一聽所爲, 忍耐做去. 俄而, 驟入深谷絶峽, 轉過萬壑千峯, 路忽闢若馳道. 道左有朱衣一隊, 鴈鶩而進, 請換乘便輿. 生疑眩不能自解, 只做痴蠢樣子, 下馬乘轎, 轎駕八人, 上施文豹大皮, 轎前砲鼓一動, 器仗旗纛, 左右簇立, 戎衣已加身矣. 生無如之何, 凝重自持, 恬若固有. 行到一崗, 崗後大野曠漠, 萬騎留札, 隊伍井井, 壘柵堂堂, 帷幕連雲, 劒戟如星. 轎下令箭午傳, 喊聲相應, 大吹大擂, 有若賊在呼吸者然. 俄而, 生馳入其壁, 將領掾吏, 禮謁已畢, 復請生乘轎. 行五里許, 有金湯周遭, 雉堞如粉, 入城而舍屋甚櫛, 市肆連亘. 度朱門三重, 敞畵堂數百楹, 制度宏麗, 金碧煒煌, 名姝環侍, 翼生而升堂. 生毅然坐寶榻上, 召一頭領, 曰: "此局果何等地, 若曹又何樣人, 而賺我措大, 剩作傀儡一戲?" 頭領對曰: "弊府旣漏於版籍, 是任又外於官志. 僕等以東西南北之人, 爲飽煖放縱之計, 鳩合蟻附, 萃成一軍, 攫取不仁富之財, 招納窮無告之人, 日以爲常耳." 生曰: "然則若曹[131], 都是綠林豪客也. 不有邦憲, 盜弄兵器, 戕害[132]無辜, 尙不自戢, 而乃推我爲首, 何也?" 頭領曰:

---

129) 忽: 저본에는 빠져 있으나 다본에 의거하여 보충함.
130) 願: 나본에는 '須'로 되어 있음.
131) 然則若曺: 나본에는 '若曺然則'으로 되어 있음.

"此栅刱自洪主帥吉同, 于今百有餘年, 繼以爲將者, 擧得智慮絶倫, 軍民遂以安堵. 迨至昨歲, 故將云亡, 事務無統, 僕等遍跡率土, 密求將才[133], 而莫出老爺右者. 敢以一駿驄, 誘致尊駕于金文, 又以一駿驄,[134] 奉邀至此. 萬望老爺特憐一寨性命, 權留忠義大將軍印綬." 生沈吟良久, 以鐵如意, 碎破几案, 曰: "我欲一試才智, 久矣, 特從汝請!" 衆大喜, 設宴爲賀. 自是, 生爲籠鳥盆魚, 安坐飮食者. 且數日, 乃召頭領曰: "寨中人額幾何, 粮儲幾何?" 頭領對之甚悉. 生怒曰: "計口較粮, 愽有數月之資, 何不早稟停當?" 頭領旴衡而告曰: "故將有經天緯地之才[135], 神鬼不測之機, 環東土數千里, 富家巨郡, 無不盡掠. 惟餘陜川海印寺, 壺谷李進士家, 咸興城內, 而此則不可窺覘. 其他州鎭之稍雄者, 村里之頗饒者, 指不勝屈, 而勞苦掠來, 未必補一月之粮. 百爾籌思, 實無好階, 致此奏告之稽緩耳." 生怒曰: "籌畫在我, 率職在爾, 爾何敢自相疑難? 多費辭說, 我當於某日, 往擊海印寺, 知委諸軍, 切勿遠洩!" 頭領大驚曰: "本寺僧徒數千, 錢帛如山, 防護甚密, 弓劒悉具, 雖以故將之神籌, 亦不敢生意. 今動軍於千里之遠, 驅入於危亡之地, 是老爺姑借將令盡劉萬命也, 不敢惟命." 生大怒, 命出斬頭領, 左右無有應者, 生乃手劒亂斫, 一軍爲之肅然. 生乃召一頭領, 曰: "汝可選軍徒之面目白晳伶俐曉事者三十人, 其衣服都做宮奴樣子, 各騎駿馬一匹. 又駄緡錢二千, 先到該寺, 傳言, '某大君欲求嗣續, 親來祝佛, 更設香飯, 周饋觀光之人爲辭.' 以此錢鈔, 先辦香燭, 只

---

132) 害: 나, 다본에는 '殺'로 되어 있음.
133) 才: 나, 다본에는 '材'로 되어 있음.
134) 誘致尊駕于金文, 又以一駿驄: 저본에는 빠져 있으나 나, 다본에 의거하여 보충함.
135) 才: 나본에는 '策'으로 되어 있음.

等吾行, 決勿有誤." 又召一頭領, 曰: "汝少俟旬日後, 齎此路文, 馳到該寺, 只道, '大君連被主上挽止, 此恐外朝論劾, 暗地下來, 勿令郡縣, 有知本寺供億, 一切革除.' 以示優恤爲辭, 亦等吾行, 決勿有誤." 又召一頭領, 曰: "汝與數十頭領, 侈其衣袍, 各騎駿馬, 一模儴客樣子. 又選軍徒之身長面悍者數十人, 領大君品服, 及雙馬轎靑羅蓋, 潛伏于距該寺五十里之地某山中, 俟我親到, 以便換乘." 諸頭領, 皆領命而去. 生漫浪十許日, 身着幅巾道服, 策一隻千里駒下山, 而至陜川之界, 騶從果隱藏于信地. 生乃乘雙轎, 盡下幨帷用, 夜半到本寺, 緇徒迎生而入, 生跪坐禪房, 屛帳甚麗. 乃召頭領及幹辦諸人, 約以明夜設齋, 指畫供費, 悉從過厚, 諸僧環聽嘖嘖, 曰: "好大君, 必受佛力!" 生屛人安寢, 陰使一頭領, 暗地破毀便輿之上椅, 因舊補綴, 令觀者不知其傷缺, 因頹然而睡. 睡到五更[136], 乃覺見, 山月滿窓, 泉音撼枕, 淸興勃勃. 開窓[137]命酌, 且召僧曰: "寺外有水石會心處否?" 對曰: "某處甚佳." 生乃攝衣而出, 曰: "汝須導余." 僧忙以便輿進, 生知爲破輿, 小心踞坐, 衆僧擔之而行. 行到數十武, 生故憑身於椅上, 破椅自墮, 生翻身倒, 落於徑傍深泉. 衆人急救, 則生昏僵不省【詐也】, 衣袍盡濕, 諸[138]頭領擔之而到房櫳, 亟灌良藥, 且曬其衣. 良久, 生兀然起坐, 大喝大怒曰: "吾無品貴人, 在外位在觀察使, 上量汝富寺, 使星陸續, 豈無一箇完輿? 必以破件待之[139], 俾余落[140]傷至此, 幸而不死者, 天也. 然頭顱盡碎, 肩脚俱折, 豈意禮佛之行, 反得一生貞痼也?" 諸僧伏

---

136) 五更: 다본에는 '五鼓'로 되어 있음.
137) 窓: 다본에는 '室'로 되어 있음.
138) 諸: 저본에는 빠져 있으나 나, 다본에 의거하여 보충함.
139) 之: 나본에는 '余'로 되어 있음.
140) 落: 나, 다본에는 '墮'로 되어 있음.

于庭下, 無以自辨. 生乃一逐僧案, 拿致於庭, 沒一箇不得竄漏, 以
大麻索, 自相綁縛, 違者當立殺, 諸僧懍慄如律令. 生見懸鶉乞丐
四隅擁觀, 無慮數千計, 乃令左右詰問曰: "汝們緣何相聚?" 諸丐
齊告曰[141]: "聞大爺誠行檀越, 復設無遮大會, 普饋衆生, 不遠百里,
相携至此耳." 生惻怛曰: "我今人鬼未判, 如何供佛行? 當還駕耳.
但汝們遠來求飽, 狼貝而回[142], 咎實在我, 我聊以供佛錢二千緡給
汝, 汝須均領也." 仍[143]灑錢于庭, 諸丐爭拾立盡, 齊道, "大爺無彊
壽!" 生曰: "我又有一令甲, 汝曹愼無疑難." 諸丐曰: "雖湯火鼎鑊,
當惟令是從[144]!" 生曰: "我欲雪[145]此恨, 無由盡殺衆僧, 聽汝們都入
大小梵宇, 其錢貨·器物, 盡力負去, 毋使一物遺落. 使頑者知戢,
窮者少饒, 我當厚受陰報, 豈不愈[146]於頂禮枯佛也?" 衆丐大喜,
曰: "敢不如敎!" 因攔入禪房, 廣搜盡掠. 生又令諸丐曰: "汝曹乘我
未發, 快走快走! 少緩則患在秃驢之追攫耳." 衆乞一時雲散. 生故
爲遷延, 到數十刻, 朝暾已射東牖, 乃趣駕啓程, 疾馳百餘里, 下轎
跨馬, 亟回山寨. 蓋衆丐乃生之軍, 而扮作此狀者也. 次第回寨, 各
獻所掠, 得百萬計, 而兵不血刃, 諸頭領乃服. 居數日, 頭領告軍
令, 當指何處, 生曰: "某日當擊壺谷." 頭領憚之, 曰: "此谷安東地
也, 三面皆巉巖峭壁, 削立千仞, 飛鳥[147]莫能施羽翮. 前面只有一
線路, 僅容人, 不容馬, 其洞口咽呃, 又設石門, 夜關晝開, 絙以鐵
鎖石. 石門之外微徑, 又陷下欹岸斷落, 馬必扶攝而出, 人必攀捫

---

141) 曰: 저본에는 빠져 있으나 나, 다본에 의거하여 보충함.
142) 回: 나본에는 '還'으로 되어 있음.
143) 仍: 다본에는 '因'으로 되어 있음.
144) 從: 나본에는 '遵'으로 되어 있음.
145) 雪: 나, 다본에는 '報'로 되어 있음.
146) 不愈: 나본에는 '未優'로, 다본에는 '不優'로 되어 있음.
147) 鳥: 나, 다본에는 '禽'으로 되어 있음.

而登. 谷中李上舍, 積粟十萬石, 錢帛稱是, 蒼頭數百人, 帶鎧甲持弓矢, 達夜巡警, 雖以鄧士載入綿竹之才, 韓襄毅破藤峽之功, 無所施也." 生聞言, 愕爾叱退將領, 密遣心腹, 偵探李庄動息, 探子回報曰: "李上舍身外無育, 五旬而得一子, 纔離襁褓, 而羸弱善病. 上舍近往蕭寺, 爲其子修齋誦經, 家人之防護益密, 屋後盡布蒺藜, 男女俱佩信標, 無者以賊論云." 生大喜曰: "事有濟矣!" 卽穿岌冠道服, 袖中貯錦囊炷香, 牙扇珠履, 跨千里騾子, 不許一人隨跟, 一鞭下山, 不日到壺谷, 局勢果然嶮[148]阻, 實無可攻之路也. 賴名騾之逸步, 超塹蹋巖, 如履平陸, 直入李庄, 故問: "上舍在家否?" 僕對曰: "遠出矣." 生悵惘且久, 徘徊堂上, 使赤脚傳語于內堂, 曰: "吾卽上舍之膠漆也. 專訪到此, 竟題凡鳥, 願得小郎君一面, 少紓[149]此懷." 居無何, 赤脚抱兒而出, 生卽置膝上, 撫摩眷篤, 曰: "兒乎兒乎! 聰明[150]特秀, 吾友無憂矣." 卽以袖裡香囊諸品, 滿佩于兒之裾[151]下, 乃令赤脚携兒而入, 赤脚以其狀, 備告內堂, 內堂大喜, 益信生之爲上舍切友也. 以盛饌饋生, 生啗已, 移晷悄坐, 乃跨騾而出. 出到洞外, 忽旋駕而入, 駐馬于門首, 又傳納[152]于內堂, 曰: "我纔出洞門, 步步回首戀結, 不能定情, 願更見小郎君." 赤脚感生眷眷, 更携兒而進, 生於馬上緊抱, 合口吮頰, 若不勝情. 且召赤脚, 曰: "汝可煩稟于夫人[153], 兒面目少覺黃瘦, 近日有何嬰疾?" 赤脚領諾而去, 生乃策騾一馳, 倏忽杳無蹤跡, 赤脚復命而出, 則

---

148) 嶮: 나, 다본에는 '險'으로 되어 있음. 서로 통함.
149) 紓: 나본에는 '敍'로 되어 있음.
150) 明: 저본에는 '達'로 나와 있으나 나본을 따름.
151) 裾: 다본에는 '裙'으로 되어 있음.
152) 納: 나본에는 '語'로 되어 있음.
153) 夫人: 나본에는 '婦人'으로 되어 있음.

客與兒, 俱無有矣. 一家號哭, 促召上舍還, 上舍莫知端倪, 憂悶廢食. 一日, 蒼頭早開石門, 有一緘書落于地, 乃呈上舍, 上舍披見[154], 則有云: "忠義大將軍貽書李生座下. 凡地之生財, 必以有用; 天之生人, 各有其食, 君積穀萬廂[155], 而未得救一民之窮; 營田千畝, 而不能延百年之壽, 竟使辛苦粒粒爛歸腐土. 君之一子, 理當受厄, 我故與神爲謀, 奪攫至此, 君能悲隙駒短景. 且念舐犢大倫, 亟回鄙吝之心, 欲效普濟之德, 則將君之資產分半, 積于某江之涘, 俾余便宜運去, 則余當奉獻令郎, 惟君自裁." 上舍讀畢, 泣曰: "家貨所以長子孫也, 無兒則黃金萬箱[156], 亦安用哉?" 乃以長腰二萬石·鵝眼十[157]萬貫, 潛積于信地, 翌日, 往視則已盡輸去矣. 上舍猶是矛盾, 疑信不定, 耐度[158]五六日, 蒼頭晨出石門, 則有一畫輀宛在地上, 錦帷周匝, 畫氈重疊, 兒在其中, 衣服新鮮. 上舍驚喜泣抱, 曰: "吾兒也!" 且問兒曰: "汝往何處?" 兒曰: "曩日, 伊人於馬上抱余, 疾馳幾里, 納余於安車之中, 又以一婦人乳. 余行到五六晝夜, 到一山寨, 遇余甚厚, 其帷帳玩好之盛, 殆勝於在慈母之側. 及至日昨, 又以數十騎, 護余至此, 乘夜擔置于石門之外, 因各走散云." 上舍深感生之高義, 而生不勞一軍, 掠得鉅財, 一寨歡聲如雷. 生又申令曰: "某日當擊咸興!" 諸將領入告曰: "咸興城郭峻固, 山海險阻, 巡司擁三千鐵騎, 土府篊數萬實戶, 重以中軍都事綜錯之, 非可儔於海印, 亦難擬於壺谷, 願無造次." 生叱曰: "將令惟行, 不有反如更有亂言, 疑眩軍心者, 當殺無赦." 衆乃退. 生乃分付一頭

---

154) 見: 나, 다본에는 '覘'로 되어 있음.
155) 廂: 나본에는 '箱'으로 되어 있음. 서로 통함.
156) 箱: 나본에는 '籝'으로 되어 있음.
157) 十: 나본에는 '五'로 되어 있음.
158) 度: 나, 다본에는 '到'로 되어 있음.

領, 曰:"汝可選軍徒之愚駭者五十人, 分爲五隊, 扮作樵夫[159], 往樵于咸興城外朝家莫重禁養之地, 待某夜初昏時分, 一齊放火, 迨火熾[160], 竄走逃回. 違者斬之!" 又分付一頭領曰:"汝選軍徒之幹事者五十人, 將大船二十隻, 扮作海賈, 自寨後海濱, 渾于嶺南關東, 趁某日, 泊舟咸興城外, 決勿有洩." 分撥旣定, 生選三千精銳, 或做官人狀, 或做賈客狀, 或做喪輀狀, 或做乞丐狀. 陸續起程, 幷指日約會于咸興城外深山靜僻處, 打聽消耗, 果於二鼓下, 城外火光滔[161]天, 一府震盪[162]. 衆官畏罪, 急忙往救, 城裡人丁, 奔走皆赴, 只有婦孺守家. 生密使四箇頭領, 各率數十軍徒, 把守四門, 權托按使, 秘令不許擅人出入. 自己因率衆徒, 擧帶兵器, 潛入城內, 將公私儲峙[163], 都數掠奪, 並運于海, 海船已遵約艤待矣. 揚帆中流, 晝宵催程, 泊于山寨, 又得屢鉅萬計. 生乃擊牛設宴, 悉召徒衆, 曰:"汝曹果謂吾器局可堪一官乎?" 衆對曰:"主帥有掀天動地[164]之才, 恐不稱於偏邦小局也, 何況一官也?" 生大笑曰:"諸君知我矣, 然薄不爲卿相而忍可爲賊酋乎? 特副汝誠, 留之篤, 薄試吾素抱之才而已. 吾世臣也, 汝皆良民也, 豈可不改絃易轍, 駸駸然同歸于偸盜乎? 吾欲從此逝矣, 汝曹亦相携歸農圃, 團合親戚, 復省墳墓, 生可爲聖世之氓[165], 死不作他鄉之鬼. 優劣易觀, 取捨何居?" 衆感泣曰:"願唯命!" 生悉分軍實, 頒給徒衆, 一人各得一家之資[166], 乃

---

159) 樵夫: 다본에는 '樵叟'로 되어 있음.
160) 熾: 나본에는 '未熾'로 되어 있음.
161) 滔: 나, 다본에는 '熖'으로 되어 있음.
162) 震盪: 다본에는 '震蕩'으로 되어 있음.
163) 峙: 나본에는 '置'로 되어 있음.
164) 動地: 나, 다본에는 '蓋世'로 되어 있음.
165) 氓: 나본에는 '民'으로 되어 있음.
166) 資: 나본에는 '産'으로, 다본에는 '貲'로 되어 있음.

用一把引火之物, 焚燬山寨室宇, 復約曰: "如有復據此窟者, 我當首實于朝家, 自願勦減耳." 衆僕僕而散. 生乃着來時衣裳·芒鞋·竹杖, 不帶一物, 間關歸家, 閉門不出.

史臣曰: "嗟哉! 金生計無遺策, 出入神鬼, 終乃導誨, 衆盜使復, 其天理之公, 其智勇不讓於古人, 而未得需用於聖世槁項黃馘, 死於牖下, 當時宰相之責也. 然古語云[167]: '畫地爲獄, 義[168]不當入.' 況自陷於橫山綠林之中, 甘爲之嚆矢, 屢犯邦憲, 而反以自負逃不得亂首也."

中-28. 發咳暗號

有一村學秀才, 將赴人家讌席, 與奴約曰: "汝陪吾, 到其家, 迨吾喫饍, 汝在堂下, 有欲炙之心, 隨其饌品, 作一咳唾, 則吾當不食以給汝." 奴諾之. 秀才果得一大卓, 方擬大嚼於賓筵, 擧匙方食餠, 奴咳之, 秀才電勉就他器, 奴又咳之, 不得已更吃果粨, 未嘗一臠. 奴又覺流涎, 連發暗號, 秀才大怒擲箸, 曰: "爾坐堂中喫饍, 吾當從堂下咳之!" 一座大笑.

中-29. 看山埋沒

有一士人, 居關東, 聞箕城山川之佳麗, 欲一玩賞而未遂. 一日春暮[169], 纖雲乍捲, 素月初升, 生是時, 散步庭除, 忽勃勃然不勝淸興, 竹杖芒鞋, 竟不告家人而出. 中路思之, 則盤纏未帶, 只有囊中不虞楡葉三四十矣. 乃日費數葉, 菫菫糊口而行, 至大同江邊, 趂

---

167) 古語云: 나본에는 '古諺曰'로 되어 있음.
168) 義: 나본에는 '議'로 되어 있음.
169) 春暮: 다본에는 '暮春'으로 되어 있음.

船欲渡, 則長年見是遐方秀才, 勒捧船價, 罄囊奪去. 生計窮力盡, 黽勉發浮碧樓最高層, 憑欄俯視, 則腹雷吼鳴, 眼花眩悅. 乃委頓而下, 入永明寺, 丐僧得飯, 飽吃, 一頓定神, 徐言曰: "吾聞此地風景之好, 不遠千里而來, 不意浮碧樓如此埋沒矣. 嘗聞人言, 金剛山亦食後景云, 而吾居山下, 朝暮看玩淸景不異, 故心嘗疑之. 今於浮碧樓, 始知其言之不誣也云."

中-30. 九板之戲

珍原郡知印輩, 夜爲偸鷄聚黨, 入一風憲家, 房裡燈明, 漏盡不眠. 知印輩無階售計, 不勝憤恨, 乃穴窓潛窺, 則風憲與其妻, 諧謔擁抱. 妻曰: "吾今日製給一襲新衣服, 君何無相報?" 風憲曰: "當以一場樂事厚報耳." 妻曰: "襦一·袴一·袍一·衫二·襪一, 行纏中襖等, 合九件, 辛苦治紅, 酬勞之典, 博得一場麼?" 風憲曰: "然則每一件一板, 當以九板相報." 妻曰: "若欠九數, 當還推衣袍." 風憲諾之, 仍做顚鸞倒鳳之戲, 纔一進退, 高聲大唱曰: "一板!" 妻恚曰: "君所謂一板, 豈止此耶?" 風憲更爲進退, 曰: "二板!" 妻又曰: "安有如許二板?" 如是第九次出納, 乃曰: "已盡酬九板矣." 妻曰: "九板只此耶? 九板只此耶?" 夫妻舌戰, 終無睡意, 鷄已報曉矣. 知印輩計旣難成, 其將狼貝而回, 心生一策, 乃齊聲唱於窓外, 曰: "婆婆之言, 是矣; 風憲之言, 非矣, 世豈有如許九板乎? 九板豈止斯乎? 九板豈止斯乎? 俺等是本郡知印, 爲偸鷄而來矣, 目見兩位做好事, 豈無東床飭喜之禮? 當一飽貴庄之鷄耳." 因撤鷄架而去, 風憲夫妻羞愧, 不得出一言, 任他持去. 而此說喧騰於邑里, 風憲若出門, 則群兒隨後相笑, 曰: "九板豈止於此耶? 九板豈止於此耶?" 觀者莫不掩口.

中-31. 嗜酒善賈

鄕村有一窮學究, 居家未嘗作産, 唯以嗜酒爲倆. 一日, 其妻裵一疋木而付之, 曰: "往賣城市, 必滿百乃販, 無用一文也." 夫曰: "諾." 往入城市, 不計落本, 放賣取直, 直向酒肆, 沒數買飮. 乘昏而歸, 醉興滔滔, 攘臂作椎鋒之狀, 而大言曰: "丈夫生世得錢則喫, 何必以婦言可爲聽耶? 今日婦或譎我, 則會須撕此獅子吼也." 及至其家近處, 而酒力漸醒, 畧省人事, 探其囊底, 則一錢無餘, 雖悔恨已無及矣. 乃慮其婦之慍語, 無計自免, 心甚悶焉. 其傍適有蜂䗱穴室, 而群蜂相擁而集. 遂思一策, 出其頑皮, 直衝蜂穴, 毒嘴亂螫, 不一時, 其大如杵, 殊不知作痛. 夫以爲喜, 曰: "如是足以免吾責矣." 入其門, 大呼其妻, 曰: "吾今日困矣, 善賈而來也." 其妻喜而迎接, 問: "得幾金, 且不見費乎?" 夫曰: "吾盡用之矣." 其妻便作色, 曰: "有夫若此, 吾不欲久延." 仍脫下手巾, 欲結項, 其夫急止之, 曰: "第聞吾言, 決一死也. 吾於朝市, 準價賣木, 方欲還歸之際, 偶見一良醫. 其術甚精, 能大其物, 都市上千萬人, 爭投金錢而求其方. 故吾罄其賣木錢, 僅得一粒而傅之, 猝地成大, 比前則不啻十倍, 以利言之, 豈特一緡錢之可售耶? 君且不信, 吾請試之." 其婦稍稍解顔, 微微作笑, 曰: "夫子之賈, 乃能如是耶? 誠若其言, 吾何愛錢?" 翌曉, 具酒食, 請其夫曰: "醫丈安往? 吾欲致餉以謝其賜." 此言傳播鄕曲, 爲閑話之資云.

中-32. 猾吏弄宰

某人嘗爲峽邑知縣, 爲政淸介, 一物不妄取, 而性甚迂拙, 作事虛疎. 任滿將歸, 行槖蕭然, 無由治裝, 心正着急. 縣吏某人者, 素所信任, 而爲人百伶百俐, 且感其拔萃指使, 一欲效忠矣. 見知縣正在窮途, 進退兩難, 心甚憐之, 屛人密告曰: "相公以廉潔自處, 氷蘗自持, 瓜期漸近, 行李難辨. 小的欲竭誠圖報, 思得一計, 非徒治行之無憂, 亦將潤屋有餘矣." 知縣曰: "言若有理, 曷不聽從?" 吏曰: "某座首家, 富甲一縣, 相公之前所知者也. 今夜, 與小的作伴, 試行偸兒手段, 則千金可立致也." 知縣大怒, 曰: "汝以此等不法之事, 敢干我, 豈有作宰而爲盜者乎? 母妄言, 罪當笞." 吏曰: "相公若如是執拗, 則公債數百金, 將何以報之; 路需五六十緡, 將何以辦出乎? 且還宅後, 年豊而妻啼飢, 冬煖而兒呼寒, 室如懸磬, 釜中塵生. 伊時, 當思小的之言矣. 且暮夜行事, 神鬼莫測, 此所謂逆取順守者也. 願加三思焉." 知縣默坐細商, 話漸投機, 乃170) 蹙眉而言曰: "第往試, 當作何貌樣而出?" 對曰: "只此宕巾·發莫·輕服, 足矣." 乃與某吏, 携手同出. 于時, 街鍾已歇, 人聲漸稀, 月落霧合, 夜色如漆【百忙中有此閑筆】, 梯垣潛入, 至一庫門, 穿竇而入. 吏愕然曰: "誤入酒庫矣! 然小的酒戶素寬, 對此佳釀, 口角流涎, 試行畢吏部故事." 因脫知縣發莫一隻, 飛一大白, 雙手奉獻, 知縣到此地頭, 不敢支吾, 强飮而盡. 吏連傾四五發莫, 佯醉大言, "小的平生, 酒後耳熱, 長歌一闋. 自是伎倆, 今淸興勃勃, 按住不得? 願相公按節一聽." 知縣大驚, 揮手急止, 吏不由分說, 大放一聲, 猿吠于門, 人驚于室, 數三條大漢, 在睡夢中, 驚覺大呼有賊而出. 吏乘勢脫身, 以物塞竇, 知縣欲出不得, 遑急無計, 躱於甕間矣. 火把四照171), 皆云: "賊在酒庫中!" 打鎖開門, 揪住緊縛, 如甕中捉鱉, 手到拈來, 納諸皮帒, 掛於門首柳枝上. 明日, 將告官懲治矣. 吏潛入其家祠堂, 放起一把火, 因大呼曰: "火起!" 家人都奔救火, 只餘座

---

170) 乃: 다본에는 '酒'로 되어 있음. 서로 통함. 이하의 경우도 동일함.
171) 四照: 다본에는 '照處'로 되어 있음.

首之父, 九十九歲老人, 半鬼半人, 癡坐後堂. 吏潛入曳出, 至柳樹下, 解下皮俗, 以老人代置之, 扶起知縣, 急急逃脫. 知縣恨爺孃少生, 兩隻脚飛跑縣堂, 氣喘聲澌[172], 心頭無明業火, 按納不住, 瞋目大叱曰: "爾殺我, 爾殺我! 世豈有爲宰而作賊, 作賊而喫酒放歌者乎?" 吏笑曰: "小的妙計, 今始得成矣. 相公脫出之後, 以座首之百歲[173]老父, 代貯皮俗, 而無人知覺. 使做公輩, 趂卽拿來, 囚置獄中, 早衙招座首入來, 當前發解, 以不孝論罪, 着枷嚴囚, 後如此如此, 則數千金可坐而得也." 知縣果依其言, 凌晨招座首入謁, 使升堂賜坐, 因問曰: "君家夜來捉賊云, 解來囚牢矣, 今當對君嚴治矣." 因使做公們拖來解出, 則一老漢自皮俗中, 欠伸而出. 座首見是其父, 驚惶慚懼, 下階伏罪, 曰: "此是民之老父, 而家人誤捉, 罪合萬死." 知縣拍案大怒, 曰: "吾夙聞爾以不孝, 著聞一縣, 今乃犯此綱常, 難可容恕." 仍呼皂隷, 翻倒在地, 猛打二十殺威棒, 皮綻肉出, 着二十斤死囚枷下獄. 座首百爾思度, 實負名敎大罪, 圖生無路, 聞某吏最緊於縣爺, 乃潛招哀告曰: "君若脫此重罪, 則數千金猶爲輕報, 先以白金二百兩, 放在卓上." 吏佯爲持難, 久乃慨然應諾, 二千金乘夜輸家後, 入告知縣, 寬鬆放出, 分文不留, 盡送知縣家矣. 居無何, 新官下來, 公堂交印之際, 知縣自思, '若留此吏, 則其事必洩.' 乃密囑新官曰: "縣吏某, 奸猾弄權, 不可容置者. 我去後, 君必殺之, 庶幾一邑賴安." 再三申囑而去. 新官以爲舊官之如此付託, 必有所見, 且重違其意, 明日衙開, 捉入某吏, 不問曲直, 直欲打殺. 吏暗忖, '吾無得罪於新官, 而此必是舊官恐事之發, 欲殺我而滅口者也. 一不做二不休, 當思所以自全計.' 仍仰視新

---

172) 澌: 다본에는 '嘶'로 되어 있음. 서로 통함.
173) 百歲: 다본에는 '九十'으로 되어 있음.

官, 則左目眇矣. 乃大聲哀告曰: "小的於新舊交遞之際, 無甚罪過, 但以舊官案前醫目之故, 致此殺身之殃, 豈不可哀哉?" 新官驚問曰: "爾有何術能療目眇? 試言之, 當赦汝." 吏曰: "小的少日, 飄蕩江湖上, 遇一異人, 得青囊不傳之妙術, 若有目眇者, 則手到病祛." 新官大喜, 使之解縛, 延堂賜坐, 曰: "舊官眞匪人哉! 有此大恩未報, 而反欲殺之也. 余亦眇一目, 爾能醫之否?" 吏熟視, 曰: "此症最是易醫者, 相公乘夜, 暫出小的之家, 則當以神方試之矣." 新官大喜, 苦恨此日之遲遲. 旣暮, 便服獨出, 則吏已候于門外, 延入後堂, 觥籌迭錯, 水陸俱備, 飮至半醉. 新官問曰: "夜深矣, 刀圭可試之否?" 吏唯唯而已. 少焉, 縛一黃牝犢, 置席上, 新官驚曰: "此物奚爲而至哉?" 對曰: "此是神方矣! 若行一場雲雨, 則目自瘳矣." 新官不信欲起, 吏大笑曰: "舊官相公之欲殺小的者, 正以此也." 新官半信半疑, 不肯直前, 吏督促再三, 新官急於療目, 且多酒力, 解下褲帶, 雙膝跪坐, 把那牛兒, 朦朧進去. 那牛兒吼嘶蹋嚙, 艱辛畢事, 吏送至門首, 曰: "明朝, 小的當進謁作賀, 勿以三杯薄酒相待也." 新官入坐縣衙, 秉燭待朝, 攬鏡自照, 則一夜不睡, 右目又欲眇矣. 且怒且慚, 使快隷星火捉來, 則吏以綵繩係[174]牛鼻, 被以絳繪衣, 徐行大呼曰: "速開大門, 知縣相公室內媽媽行次矣!" 一府駭笑, 醜聲狼藉, 新官慚入內軒, 不敢出頭. 數日後, 乘夜去任上京云.

中-33. 措大吝癖[175]

遐鄕窮措大,[176] 居家以吝嗇自檢, 名於鄕曲. 嘗於夏初, 貿得鹽

---

174) 係: 다본에는 '繫'로 되어 있음.
175) 癖: 나본에는 '嗇'으로 되어 있음.
176) 遐鄕窮措大: 나본에는 '遐方有一窮措大'로 되어 있음.

石魚一尾, 懸之樑上, 每飯令家人, 止一次仰見而食, 曰: "佳哉, 魚之味也! 是猶愈於徒食也." 其穉子, 不解父之意, 一飯而再仰見, 父叱之曰: "口[177]得無醎乎? 何以再爲?" 家衆莫敢復仰矣. 又有人遺扇一柄, 措大呼諸子而示之, 曰: "此誠佳品, 可得壽幾年乎?" 措大諸子, 長惟詻肖, 餘無類者, 其仲子先對曰: "一扇之壽, 一年足矣." 復問其次, 亦如仲子之言, 措大便不悅, 曰: "敗吾家者, 必若曹也." 顧其長子曰: "汝第言之." 長子進跪, 曰: "諸子年幼, 皆不省節用之道, 一扇可支二十年." 措大略降辭色, 少加贊賞, 曰: "其道何如?" 長子曰: "一扇當聯竹二十矢, 一年展一矢, 則合支二十年矣." 措大曰: "汝近之猶未盡善, 苟或隨年隨展, 則開闔之間, 未免致損. 孰若盡展其扇, 執柱不動, 以頭搖之, 則豈特止二十年乎?" 滿座大笑云. 噫! 彼富貴子弟, 崇奢極侈, 溺於酒色之場, 破其祖先之業者, 此寧不愈於彼耶? 然而侈與嗇, 其失一也, 思得中行而與之, 則庶乎可也.

中-34. 婢占福地

關東有郭生者, 閥閱高華, 而年老家饒. 日與一僧博, 相爲爾汝, 戲謔謾弄, 如平交樣子, 其子三諫不聽, 家人痛憎山僧, 無如之何矣. 及郭生卽世, 庀喪垂畢, 僧始來唁, 主哀責之. 僧不容分釋, 但曰: "小僧受先老爺罔極之恩, 待賤品如敵己, 結草隕首, 今無所施. 願納一吉地, 俾得藏脩之所, 則可成萬一之報耳." 郭不之深信, 而自己亦解風水, 方廣踏名山, 未有十分佳處, 毋寧姑從僧言, 試看其好否而進退之也. 乃與僧登一山, 逐龍尋穴, 僧指一處, 曰: "此

---

177) 口: 저본에는 빠져 있으나 나, 다본에 의거하여 보충함.

寅葬卯發, 累世公卿[178]之地, 觀止矣." 郭按向諦視, 曰: "堪輿之書不云乎? '皇長在於九重, 將不出於軍幕.' 蓋貴山回水抱殘風向陽之地, 此穴來龍, 雖似峻崒, 而渾帶劫殺, 重按雖似突兀, 而反覺曠邈, 得水得破, 皆不合格. 願更觀他處." 僧乃指一岡, 曰: "此則何如?" 郭就見大喜, 曰: "俺相地多矣, 未有見如此盡善盡美者也." 仍僕僕稱謝, 僧曰: "此地不過出郡守一人, 相公之捨大取小, 抑何故也?" 郭曰: "吾之道眼, 不讓老師, 自新之計, 又倍他人, 則君無多諈." 仍相携而歸, 涓日克葬于郡守之地. 始郭生之論山也, 使一童婢, 負簞食隨之, 婢性極慧悟, 得一種品評. 暗嘆小主人之抛棄福地, 歸語其母曰: "某穴將爲他人占據, 莫若移埋死父之骨於此, 以徵日後之免賤." 母然之, 乘夜潛掘舊塚, 兩箇女子, 破土而窆, 不成墳形. 女又語其母曰: "吾輩在此, 終難免婢籍, 何不相携遠去藏踪秘跡?" 母素愛此女, 一任其言, 暮夜遁走來, 賃于畿甸, 紡績織絍, 謀産甚贍, 乃買舍占田, 儼成潤屋. 鄕里爭稱少女之有神籌, 富家子弟, 爭欲聘之, 女皆拒之, 曰: "彼曹雖積粟千斛, 本源微賤, 非吾所[179]願也." 里中有金姓者, 以簪紳遺裔, 早孤家貧, 爲人傭奴, 年踰三紀, 未占配耦. 人且蠢愚, 一鄕嗤之, 女曰: "若非此人, 吾當終身不嫁, 屈辱於常賤之類, 吾所恥也.[180]" 母難之, 而終無如何, 竟成花燭. 女使其夫, 斷絶農業, 延師受學. 夫本庸鈍, 逐年攻苦, 不識一字, 但性直, 隨女所敎, 一遵不改. 女乃有遷喬之意[181], 僦一茅廬於洛裡, 適與寵臣爾瞻家相隣. 女使其夫, 終日整衣冠, 危坐

---

178) 公卿: 다본에는 '相公'으로 되어 있음.
179) 所: 저본에는 빠져 있으나 다본에 의거하여 보충함.
180) 屈辱於常賤之類, 吾所恥也: 저본에는 빠져 있으나 다본에 의거하여 보충함.
181) 意: 다본에는 '想'으로 되어 있음.

開卷, 對案不妄言語. 夫一依其言, 長做泥塑木偶之像, 一洞喧騰, 目以道成德立. 爾瞻每於出入之路, 乘高軒, 俯瞰其所處之堂, 凜然有不可犯之氣像. 積以歲月, 終始靡懈, 傔客奴僕, 又從以所聞所見, 嘖嘖於前. 爾瞻已心憚, 而女潛買一犢, 牧于家中, 不飼蒭草, 代以荏苵, 牛甚肥澤. 爾瞻適得重疴, 脾敗口辛, 山珍海錯, 不成滋味, 家內[182]焦遑, 莫省所爲. 女偵知其事, 殺牛作脯, 致饋于爾瞻之內屋, 爾瞻一嘗, 病胃頓開, 盡啖而又乞之, 如是者數月, 盡一牛而病隨差矣. 爾瞻大悅, 盛言金之好處, 擬以祥麟瑞鳳, 將占隙, 一往叩其所學. 婢輩聆其言, 走告于女, 女囑夫曰: "俟李尙書來, 但當謙讓揖遜, 愼勿開喙, 露出本色." 夫諾之. 不數日, 爾瞻果簡驅騎來訪, 金欲踰墻而走, 爾瞻挽止, 寒暄接待, 一直逡巡. 案上有『周易』, 爾瞻問其奧旨, 金輒辭曰: "如我魯莽, 豈識易理?" 屢叩而終不應. 爾瞻退而愈服其操, 亟囑揆地, 至登薦剡, 除告屢至, 堅臥不出. 女又移居郊坰, 夫爵日高, 卒至崇顯, 而已生三子, 皆珠璣環珥, 聘得高門, 文史大進. 一日, 女使其子, 搆出一疏, 臚列爾瞻, 殆無餘地. 子曰: "母何出亡家之言? 此人權傾內外, 若有侵犯, 奇禍隨至, 且薦引嚴君, 得至于此, 今背之不祥." 母大罵曰: "若曹有甚見識, 如不遵敎, 誓不見汝." 子勉强搆文, 母卽使寫呈, 果獲譴罰. 居無何, 天道循環, 聖主改玉, 賊臣黨援, 莫不鋤治. 夫以向年一疏, 見推於世, 更酬美爵, 以終天年. 其子三人, 次第登第, 各占淸要, 皆尙正直. 一日, 三人欲駁一權貴, 相與贊議, 母知之, 乘夜屛左右, 招諸子, 從容誨之, 曰: "爾輩不識根源, 生貴肆氣, 欲禍人之家, 吾不欲子孫有此事也." 諸子動問根源之說, 母曰: "咄嗟! 爾

---

[182] 內: 저본에는 '人'으로 나와 있으나 다본을 따름.

母婢也. 少而服事郭某家, 如此如此, 得以至此. 汝當謙抑之不暇, 而乃反揚揚自居, 與恒人比論哉!" 諸子羞慚而退. 伊時, 適有樑上君子, 潛聽此說, 要得厚貨, 飛告郭家. 郭家方困窘, 無所依歸, 喜聞此事, 卽往金第, 使女婢通信于母. 母聞卽大喜, 曰: "吾之族娚來矣!" 卽爲邀入致款, 間人之無, 執奴主禮甚恭. 郭亦無如之何, 以姻戚出入金第, 厚受顧恤, 且得諸子周章, 獲沾蔭祿, 果至郡守云.

中-35. 樂地反論

余觀仲長統「樂志論」, 深笑其見識之未透, 蓋樂與不樂, 在其人, 不在其境. 達觀之人, 不以外物牽其心, 雖在顔淵之一瓢, 陶老之屢空, 皆可隨處, 怡然不改吾心之樂天, 而至若凡庸之器, 纔到一層佳景[183]. 更希一層佳景, 郭無背山之趣, 而易窺終南之捷徑, 縱有臨水之韻, 而爭奈滄浪之濯足. 秦皇·漢武, 威加四海, 富幷天下[184], 人間榮貴, 夫誰加此? 而心籌罄渴於求仙, 意緒愁鬱於催老, 何嘗一日有自適之時? 故君子不以險夷失其樂, 小人不以顯達安其分. 余以此悉反古論, 以待知音者一賞.

中-36. 貪色之戒

嘗有人, 袖美男女相悅圖一幅, 而示之, 余取掛壁室中, 一日三見而笑, 尤愛其手法之精妙, 以靑紗籠之, 又不肯使人見之. 如此者幾數年, 男子之容色, 漸近凋枯[185], 形骸殆若隨風而灰者矣. 余始疑之, 曰: "焉有畵中之人, 能移其形者乎? 豈畵師之妙, 又能然

---

183) 景: 나본에는 '境'으로 되어 있음.
184) 天下: 나, 다본에는 '薄海'로 되어 있음.
185) 枯: 다본에는 '殘'으로 되어 있음.

之歟? 抑吾之所視者, 失其眞而然歟? 此皆非理之常也." 噫嘻! 畵是七分底彷佛, 而色傷者, 猶且若是, 而況於人乎! 天之仁愛斯民也, 以百二十爲壽限, 而人之自賊其生者, 莫不由色界上出, 終溺不返, 則烏得免畵師之罪人乎? 余卷而藏之, 以爲貪色者龜鑑.[186]

---

[186] 이하 「擇地論」, 「擇里誌後跋」 등 2개 화소가 이어져 있으나, 『擇里志』에서 선별한 것이므로 반영하지 않음.

卷下

下-1. 抱川異聞

　陽坡鄭相公, 知抱川縣, 下車之夜, 籌燈讀書, 忽聞呼唱之聲, 喧鬧衙外. 乃命給事人探報, 一府之儓皆言[1], "幷無所聽." 鄭公訝惑不定, 而中門已自開, 呵導者殺入堂前, 兩行紅燭照地, 一位貴人, 頭戴軟角烏紗帽, 兩鬢貼了一雙圓玉圈, 身[2]穿百花緋袍, 腰橫鉤牒犀帶. 坐下八人小轎, 左設靑羅傘, 右張芭蕉扇, 騶從甚盛, 轎下有一從事, 連呵縣官下堂. 鄭公大駭, 亟問掾吏曰: "這位是甚貴人[3]?" 掾吏曰: "訟庭闃寂, 不見一物." 鄭公乃安坐聚精, 那貴人[4]從事, 趨進轎前, 曰: "此縣縣尉, 殊不知格例, 請替治其掾吏, 以正其罪." 那貴人領之, 掾吏方在公堂奏事, 忽昏仆不省. 鄭公見風色不佳, 乃下階, 拜迎那人, 升堂就座. 鄭公再拜膝席, 恭問起居, 縣吏驚惶大叫, 曰: "衙內幷不見一賓, 相公爲誰親迎, 向誰拜跪?" 那貴人曰: "公府喧鬧[5], 不宜閑話, 願使君屛左右." 鄭公卽叱退諸吏, 諸吏不肯出, 乃大唱[6]速退, 諸吏方纔四散. 那貴人卽叫從事, 曰: "本縣掾吏, 火速解罰!" 從事纔領諾, 而掾吏回甦而出, 鄭公曰: "小官忝覩尊儀, 始知大人, 官居鼎鼐, 而自顧淺薄, 未曾一拜於鰲扉." 那貴人笑曰: "吾乃開國功臣河崙, 與使君相先後數百載, 如何識得顔範?" 鄭公起拜, 曰: "每睹靑汗, 飽知大人勳德令名, 與星斗齊

---

1) 言: 가, 나본에는 '云'으로 되어 있음.
2) 身: 저본에는 빠져 있으나 가, 나본에 의거하여 보충함.
3) 貴人: 나본에는 '官人'으로 되어 있음.
4) 貴人: 저본에는 빠져 있으나 나본에 의거하여 보충함.
5) 喧鬧: 가, 나본에는 '喧撓'로 되어 있음.
6) 唱: 가, 나본에는 '喝'로 되어 있음.

高. 嘗恨小官生世苦晚, 未能執鞭追陪, 今幸躬承謦咳, 可謂千古奇事." 河公曰: "老身安能當此獎詡? 但使君異日功名勳業, 當寂寂, 笑我識荊之願, 我自爲幸." 鄭公曰: "大人是國朝一人, 小官庸陋, 何能及其踥武?" 河公曰: "他事我不敢讓仁, 但使君後代子姓繁衍, 當世守箕裘, 天下之無憂者, 非君而[7]何?" 鄭公曰: "小官惟有二子[8], 皆不免襁褓, 詎期[9]勾旨所云也? 嘗聞大人之遺孫, 散在八域, 雖未得占據要路, 亦不失躬耕自好, 何不若小官之豚犬?" 河公愀然曰: "我平生勤苦, 出入萬死, 纔立門戶, 而其乃[10]雲仍不肖, 混跡於樵夫牧童, 而我之墳塋, 無人看護, 草沒土蹲, 亦已久矣. 然猶幸其山靜境闃矣[11], 不意十數年前, 一農戶築室于墓上, 諸人踵起庄舍, 隣比滋盛[12], 便成大村. 人喧馬嘶, 雞鳴犬吠, 日接于耳, 不堪其苦. 每欲一造縣宰, 以訴其情, 而還恐凡庸之器, 若一見我, 必致驚悸而死, 故尙此趑趄. 今幸天借使君, 俾我遂意, 惟使君垂憐." 鄭公起拜, 曰: "小官身忝守宰, 使元勳墳墓, 受此苦楚, 自訟不敏而已. 未知大人藏脩之所, 的在何山?" 河公曰: "在某山某崗, 今某村某人家庭除, 掘得幾尺, 則當在吾柩." 鄭公曰: "未知大人家孫在何處?" 河公曰: "吾十一代孫瑝, 現居[13]羅州, 做西倉都監, 是爲嫡嗣, 而愚蠢蔑學, 與吾支孫瑛爭嫡, 年年聚訟, 丐頉軍籍. 而瑛家貲頗饒, 勒奪吾祠, 自主祭薦, 言之良愧." 鄭公曰: "盈虧剝復, 一理昭然, 大人曾在國初, 榮貴無比, 後嗣之零星, 安足介懷?" 河

---

7) 而: 저본에는 '伊'로 나와 있으나 나본을 따름.
8) 二子: 나본에는 '數子'로 되어 있음.
9) 期: 가본에는 '知'로 되어 있음.
10) 乃: 저본에는 '奈'로 나와 있으나 가, 나본을 따름.
11) 闃矣: 나본에는 '開'으로 되어 있음.
12) 滋盛: 나본에는 '櫛盛'으로 되어 있음.
13) 居: 나본에는 '在'로 되어 있음.

公曰:"誠如尊言, 但君家則世祿當百世不替, 後世宰樞, 皆不出君內外[14]裔, 不必以剝復論也. 只是家運之旺衰而已." 言罷鷄唱, 河公起身, 曰:"不能久話, 甚爲缺恨." 因乘轎而去. 鄭公送至[15]門首, 卽呼縣吏, 告以此異, 吏卒咸言, "邑中父老傳說, 河相公墳山[16]在此縣, 因後嗣零落, 失其所在. 某山某岡, 亦有新占村落." 鄭公大異, 侵晨馳往, 一依河公言, 掘地得一柩, 不至朽缺, 柩上完[17]有'領議政兼判戶曹事府院君河公顯啣'. 鄭公乃創起草閣, 移奉玄梓, 使工[18]曹輩, 看護設祭[19]. 自已入都, 面奏于聖上, 上卽命錄用其嫡嗣瑝, 因遞驛宣召, 以主襄事. 又命度支, 欽賜緡錢二千, 禮部改葬, 一照[20]元勳大臣例. 於是, 鄭公與河瑝, 幹辦凶禮, 數月乃完, 大起墓宇, 廣占良田, 使河瑝守依松楸. 始還郡齋, 淸心修齊, 淨辦酒饌, 屛了公人, 以待河公之來謝. 殺至三鼓下, 河公果然, 前呼後擁, 飄然而來, 僕僕稱謝. 鄭公逡巡謙抑, 河公曰:"幽明路殊, 無以自效結草, 而使君當厚受陰報, 延壽一紀, 不勝爲賀." 鄭公曰:"大人卽世後, 滄桑屢易, 而英靈不散, 如小官者, 死後亦當有知乎?" 河公曰:"吾之精靈, 僅[21]當支過五百年, 今已度了三百年, 來後博有二百年. 二百年後, 當冥冥無知, 曷勝悲悼?" 鄭公曰:"然則世人皆如此否?" 河公曰:"精魄之久不湮沒, 隨其稟質之昏慧, 雖皇王公相, 庸下之器, 死便無知. 雖草木之微, 鍾靈者, 沒亦有精, 使君

---

14) 內外: 가, 나본에는 '外'로 되어 있음.
15) 至: 나본에는 '之'로 되어 있음.
16) 墳山: 가본에는 '墳墓'로 되어 있음.
17) 完: 나본에는 '宛'으로 되어 있음.
18) 工: 저본에는 '功'으로 나와 있으나 가본에 의거하여 바로잡음.
19) 設祭: 가, 나본에는 '祭奠'으로 되어 있음.
20) 照: 저본에는 '造'로 나와 있으나 가본을 따름.
21) 僅: 저본에는 빠져 있으나 가, 나본에 의거하여 보충함.

神思卓犖, 非比衆人也. 身後魂[22]靈, 當得百年不泯." 鄭公曰: "冥府果有陶輪耶?" 河公曰: "幽塗之事, 不可有漏, 君且休問!" 鄭公曰: "皇朝[23]深恩殊寵, 再造藩屛, 我國有共戚偕亡之義. 而不幸胡淸簒奪洪基, 自帝中國, 方今我朝諸彦正議, 興師問罪, 欲伸大義於天下, 未知吉凶何居?" 河公曰: "吉凶昭然易知, 不必勤問. 然朝端諸公, 若[24]堅守大節, 背城一戰, 死於封疆[25], 則亡亦有名, 絶亦有榮. 吾當仰贊之不暇, 而若欲以艱難基業, 爲淸議之資. 尊夏大義, 爲進身之計[26], 內實畏虜, 外沽美名, 則未見其可也." 鄭公曰: "我國括丁搜軍, 優得百萬, 諸州留穀, 足支數年之糧. 日夜鍊習, 可成精銳, 若一出鴨綠, 一出江界, 則軍聲所到, 皇朝遺黎, 孰不解體倒戈以迎我師? 且吳三桂全師, 尙在雲南, 兵精粮足. 若與共誓[27]合力, 興復皇室, 豈非萬全之計也?" 河公曰: "使君尙能坐談天下萬事, 不越乎天時·地理·人事. 今華運浸衰, 北氣正旺, 胡淸之享國, 當至三百年之久, 此天時之不可爲也. 山海一關, 天險之地, 我以烏合之師, 千里間關百戰, 到關外, 則彼以燕薊之衆, 牢守咽阨[28], 以逸待勞. 又以寧古部落, 躡[29]我軍後, 則我腹背受敵, 首尾不能相應, 粮道已絶, 歸路又阻, 則隻輪何以返國也? 此地理[30]之不可爲也. 憶曾丙子, 彼以數千之騎, 深入我境, 如滄海孤舟, 曠[31]

---

22) 魂: 저본에는 '沒'로 나와 있으나 나본을 따름.
23) 皇朝: 가, 나본에는 '皇明'으로 되어 있음.
24) 若: 나본에는 '欲'으로 되어 있음.
25) 疆: 나본에는 '壇'으로 되어 있음. 서로 통함.
26) 計: 나본에는 '階'로 되어 있음.
27) 誓: 저본에는 '譬'로 나와 있으나 가본에 의거함.
28) 阨: 가본에는 '呃'으로 되어 있음.
29) 躡: 가, 나본에는 '攝'으로 되어 있음.
30) 理: 저본에는 '利'로 나와 있으나 가, 나본을 따름.
31) 曠: 저본에는 '廣'으로 나와 있으나 가, 나본에 의거함.

野腐草, 而環東土數千里, 無一人正視, 竟以城下之盟爲孤注. 今虜之富强, 非比曩時, 我之行陣, 只曉長蛇, 庸將懦卒, 見敵先退, 何異於驅嬰兒入虎穴也? 且吳三桂辜恩負國, 自窺神器, 又不可與之同盟也." 鄭公曰: "誠如尊言, 當堅守和議." 河公曰: "我方人, 好尙浮論, 當事先怵, 俄間所云, 都是閑商量也." 鄭公曰: "祖宗成憲, 非不盡美, 而但法久弊生. 今之爲民害而蠹國政者, 不可毛擧, 願大人垂敎." 河公曰: "富豪之家, 奴隷最多, 倉庚[32]園圃, 各有守者; 耕綯汲樵, 各有役者. 此八事, 本非弊源, 而一奴不職, 則有一事之弊; 八奴不職, 則有八事之弊. 爲家長者, 乃汰其庸懶, 代以良勤者, 則諸事又修擧耳, 况於一國乎!" 鄭公拜謝曰: "今者所敎, 可謂要言不煩, 使人心形俱服." 河公曰: "自顧賤蹤, 不可久留[33]陽界, 敢此告別, 願使君珍重自保." 鄭公曰: "小官預料尊駕還[34]訪, 畧具薄禮, 幸勿牢却." 河公曰: "旣蒙厚摯, 敢不一饒耶?" 鄭公親到洞房, 擎進所辦酒果, 河公一嚼便盡, 因起身, 蹡蹡而去. 鄭公送至公門, 還入政堂, 諦視酒罇果卓, 則俄者空空者, 今忽盈盈, 曾不少虧. 鄭公嗟歎良久, 竟夜不眠. 後來, 鄭公功名後嗣, 皆符河公言.

下-2. 祭規

徐參判有臣,[35] 當其先考文淸公志修[36]喪餘, 陳蘋藻洩哀, 及到曉鍾, 撤祭安宿矣. 其曉, 老傔適出郭外, 見火炬成行, 前導呵之, 一座高軒, 轔轔坐着, 一位宰執, 從者雲擁, 諦視則宛然徐文淸也.

---

32) 庚: 저본에는 '囤'로 나와 있으나 가, 나본에 의거함.
33) 留: 가, 나본에는 '居'로 되어 있음.
34) 還: 가본에는 '逺'으로 되어 있음.
35) 徐參判有臣: 나본에는 '金參判壽童'으로 되어 있음.
36) 文淸公志修: 나본에는 '文穆公興隆'으로 되어 있음.

老傔前旣慣見此公朱輪辟道矣, 及夫倉卒親覿, 料其生, 而不料其已卽世. 卽[37]趨而拜, 恭問起居, 公命停車, 曰: "別來久矣, 能無恙乎?" 老傔始怳惚, 記得幽明之分, 驚惶囁嚅曰: "今曉, 卽大監騎箕之晨, 而小人汨於活計, 見今以事出郊, 未參祀禮, 辜負盛恩, 莫是若也." 公曰: "那得年年參祀也? 吾方往吾家, 欲歆祭, 則過祀差久, 一家已睡, 籩豆皆撤, 而一器藥果, 尙在神卓, 故唻二片. 又以二片納諸袖中, 汝來良苦, 玆以此贈饋耳." 因袖出二果給之, 老傔拜謝而起, 則蠟炬已稍遠而旋滅, 但見曠野風淒, 村鷄咿喔, 不勝駭感. 復路入城, 走到參判宅, 參判果已酣眠. 老傔備述, 今曉所見, 一遍說去, 參判猶在疑惑中, 曰: "藥果必設于神卓前行, 方其撤祭之時, 豈有遠撤他羞近捨果品也." 老傔曰: "事非尋常, 願暫入內堂, 親復點檢." 參判呼燭入廳事, 褰帷看審, 則一器油果, 宛在卓上, 而積盛尺餘之中, 器底四片, 忽見拔而不潰, 眞是神工也. 且取老傔所得果細較, 則亦是卓上物也. 參判大慟, 自後每當忌日, 初昏設祭, 一家盛服跪坐, 及曉行禮, 因不撤饍[38], 又盛服待朝. 至今其家一遵此規云.

下-3. 藥泉博議[39]

孝廟朝, 禮部試士, 有一擧子, 被選掛榜, 日坼糊名, 則其曾祖官啣有云: '平壤府庶尹兼司饔院僉正.' 甚非國朝官格也. 主司以冒稱官爵, 罪著罔上奏徹, 聖上下大理鞠[40]之, 擧子供曰: "以蔭路外

---

37) 卽: 가, 나본에는 '亟'으로 되어 있음.
38) 饍: 나본에는 '膳'으로 되어 있음.
39) 議: 가본에는 '識'으로 되어 있음.
40) 鞠: 가본에는 '鞫'으로 되어 있음. 서로 통함.

郡兼領內職啣, 亦知其違例, 而但家廟題主及式年帳籍, 皆用此啣. 故不容不書, 而臣家喪亂之餘, 苦無乘史, 莫識其由云云." 按獄諸宰, 終不準信, 及其獻讞, 照以死律. 正言南九萬奏章曰: "死囚[41]固當審愼, 推官甚無博識. 臣愚以爲在昔宣祖大王, 當胡騎之猖獗, 匹馬西幸, 駕後無供奉之官, 御廚乏珍羞之供. 惟其行在郡縣, 各進玉食, 故伊時西鄙二千石長吏, 皆視其階秩, 兼帶廚官, 府尹兼副提調, 牧使兼正府使, 兼副正郡守, 兼僉正縣令, 兼判官縣監, 兼主簿, 則庶尹品階, 與郡守等[42]其兼僉正, 固矣. 決非僭冒, 乞蒙寬饒." 上詢于推官, 推官皆難之, 曰: "駐蹕之縣, 擧兼內廚, 則伊時守宰子孫雲仍, 不爲不多, 而科場式籍, 未曾見如此顯啣, 豈曰平壤獨然乎? 旣無左證, 徒以臆料輕赦重囚, 非愼憲章嚴命令之意云云." 南公更奏曰: "伊時, 輦過諸邑, 非不皆兼廚啣, 而但亂平之後, 列倅以勤勞, 擧得遷官增秩, 則其死後官啣, 當書末職兼領之官, 已屬過境. 今者擧子之曾祖, 以當時箕尹, 未蒙陞擢, 必有事故, 請進箕府先生案考之." 上命遞驛上送考覈, 則擧子之曾祖名姓, 果於壬辰現任, 亂未平而卒于官, 一符南公言. 上命推官, 對吏擧子蒙原.

下-4. 竹泉試眼

金竹泉鎭圭, 屢知貢院, 善於試鑑. 肅廟嘗作駢儷[43]之文, 潛使掖隸, 往考于金公, 金公實未知宸翰, 而亂灑紅勒帛, 大書券尾, 曰: '盤蛇出頭形, 夏樽佳肴格.' 掖隸覆奏, 上莫曉其題品意, 屢日思索,

---

41) 囚: 가본에는 '獄'으로 되어 있음.
42) 等: 가본에는 '同'으로 되어 있음.
43) 儷: 저본에는 '驪'로 나와 있으나 가, 나본에 의거함.

竟未究解. 乃宣召金公, 欽賜法醞, 因諭之曰: "卿知'盤蛇出頭形'耶?" 金公渾未記得, 良久對曰: "臣實昧於此等文字." 上又曰: "然則不知'夏樽佳肴格'耶?" 金公始悟前日所考, 乃是九重鴻藻, 惶懍無所容, 對曰: "臣無醉, 不敢解此義." 上連賜大白, 旣醉, 又勤問之, 對曰: "此是文人輕薄之言, 不足仰奏[44]聖聽, 然勤問之, 下臣不敢有隱, 請以解之外字. 以[45]草聖揮灑, 則酷似盤蛇出頭形, 故上句言外字之形也. 夏樽卽燒酒下, 燒酒者卽瓜, 瓜俗音外, 故下句釋[46]外字之音也. 臣愚死罪, 實甘譴何?" 上大笑.

下-5. 西厓癡叔

柳西厓成龍, 有一痴叔, 眇一目, 跛一脚, 自幼至老, 未嘗開口而語[47]. 西厓位躋崇顯, 退居安東, 卽其鄕關也. 其叔獨與其妻, 占住一草舍, 距西厓第, 纔牛鳴之地也. 一日, 西厓家人, 偶過其居[48], 叔始語曰: "傳語你令公, 携棋盤而至." 家人驚怪, 奔告西厓, 西厓亦異之, 如其言, 使蒼頭擔棋盤與盦導之, 隨後而造謁, 曰: "侄未嘗領誨, 今承訊問, 不勝沾沾之喜, 故有此請敎耳." 叔曰: "是適然耳. 方念到下棋, 故不憚相浼." 仍引局於前, 要與對手, 西厓辭不能獲. 然西厓自是一國高棋, 本無旗鼓相當者, 且以叔未曾圍棋, 意甚輕之, 仍對曰: "侄雖菲才, 但於圍棋, 頗能精到, 請饒幾子." 叔曰: "幾試之." 仍與對局, 及其籌子, 西厓全輸, 繼着數三局, 竟未能贏一着也. 不覺驚服, 起而再拜, 曰: "侄愚昧忒甚, 不識高妙,

---

44) 奏: 나본에는 '奉'으로 되어 있음.
45) 以: 저본에는 빠져 있으나 가, 나본에 의거하여 보충함.
46) 釋: 나본에는 '言'으로 되어 있음.
47) 語: 나본에는 '言'으로 되어 있음.
48) 居: 가본에는 '家'로 되어 있음.

觸冒實深[49]." 叔曰: "是固然矣." 仍謂之曰: "從今以往, 第幾日向夕, 必有一僧, 寄宿君家, 此非別人, 是倭奴淸正也. 潛遊我境, 以君有宿望, 要行刺客之事而來者也. 愼勿滯留, 託以有事, 第送于我所." 西厓領諾而歸. 伊日, 果有一行脚僧, 骨貌魁梧, 自云: "日黑途窮, 請寄宿廡下." 西厓訝其言之相符, 益信其叔之非凡人也, 仍謂曰: "此非歇身之地, 更有一精舍, 可以穩度一宵." 卽令一靑衣, 引之而去, 僧儘力苦辭, 只言, "暫宿庭院, 不願他適." 西厓累[50]度强之而後, 僧乃肯行. 到一草舍, 見殘形之人, 張燈[51]看書, 直上堂, 卸囊而坐, 叔不交一言, 只耽看卷帙. 僧旣失西厓, 益無聊, 且不任困憊, 垂頭熟睡. 叔卽發其囊, 有寶劍一口, 拔其鞘, 光芒如雪. 仍將身據僧之上, 遽呼淸正, 淸正睡夢之中, 率口而應, 開眼覰見, 直欲驚起, 而動搖[52]不得. 蓋淸正膂力絶倫, 而叔以眇然之軀, 壓之而不動, 恰似縛鷄, 尤可見叔之神力也. 厲聲數之, 曰: "汝必謂東區無人, 而肆行如此, 然我國之運, 當有八年兵燹, 則雖殺汝十輩, 反無益焉, 欲使汝知東土有人, 可也. 日後, 汝統兵東來, 若或入安東一境, 則必爲虀粉矣." 淸正叩頭服罪, 仍縱之使去. 翌日[53], 西厓來謝其先知之明, 叔又曰: "我國劫運, 免不得八年兵革, 其時君必擔夯, 何以濟過也? 但給我楮墨, 從今三月之間, 不必來見我也. 當別有妙策, 拔君於難." 西厓卽依其旨[54], 差過數月, 漸覺紆鬱. 一日, 竟往候于草舍, 排門而入, 將近中堂, 見其叔與其妻,

---

49) 深: 가본에는 '甚'으로 되어 있음.
50) 累: 가, 나본에는 '屢'로 되어 있음.
51) 燈: 나본에는 '燭'으로 되어 있음.
52) 搖: 나본에는 '揮'으로 되어 있음.
53) 翌日: 가, 나본에는 '其翌'으로 되어 있음.
54) 旨: 가, 나본에는 '指'로 되어 있음.

商確指畫而伸紙書之, 積而成軸. 忽見西厓來謁, 勃律而怒, 擲紙于地, 厲聲責之曰: "計盡垂成, 而惟有一着未完, 汝來攪撓, 此一着, 我自行之, 不以累汝也." 仍卷紙授之, 曰: "歸而視之, 銘心不忘." 西厓低頭而退, 歸家展視其軸, 其辭旨, 大抵後日遇亂, 如有某事, 如此句當者二三十條. 明朝, 復往候之, 則已盡室而行矣. 後遇壬辰之亂, 其所經歷, 皆如紙上之言, 依其言措畫, 無不指諸掌如執左契. 宣廟駐駕龍灣, 天朝遣李提督來援, 先索軍食. 西厓時爲首相, 搶攘之中, 實無一粒, 束手沒策, 以罪自期, 隔死如紙. 忽見江干有船, 數三十艘艤岸, 船上滿蓄米包, 西厓自往視之, 欲稱貸用之. 俄見一人坐船頭, 大呼曰: "阿侄無恙否?" 乃其叔也. 仍以佐軍興, 遂發棹而去. 時嶺南一道, 酷被倭患, 而安東獨因痴叔一嚬之力, 晏然如舊. 噫! 尤亦異哉.

下-6. 曲背馬

錦陽尉朴公瀰, 善相馬, 途遇一駑馬[55], 羸瘠蹇鈍, 滿載糞壤, 鞭策不已. 朴公亟還其家, 卽召糞商, 曰: "汝欲賣此馬乎?" 對曰: "非不欲販賣, 而但無售直者." 朴公使厮役, 牽出一駿骨, 立於庭下, 有嘶風騰空之狀. 朴公曰: "吾欲以此馬, 換汝款段, 能肯聽否?" 糞商全不準信, 微笑曰: "大爺何出此言?" 朴公曰: "焉有拖紫腰金而有戲言也?" 亟使糞商, 換牽駿骨而去, 糞商莫曉其意, 只得驅馬而歸, 備言[56]其主. 其主御營馬兵也, 大驚大怪, 卽騎駿骨, 飛造朴公第. 朴公動問來意, 對曰: "小的家在興仁門外枉尋里[57], 昨月, 以緡

---

55) 駑馬: 나본에는 '駑駘'로 되어 있음.
56) 言: 나본에는 '告'로 되어 있음.
57) 枉尋里: 가본에는 '往十里'로 되어 있음.

錢十五, 易一劣馬, 使厮養日日入城, 擔糞治田. 今日厮養, 忽換一駿驄來, 故詰其由, 則謂以大爺親召, 如此如此. 小的臆謂, '此厮盜竊貴鬣.' 及對此身, 謊語飾辭, 乞[58]免笞罵, 究厥心肚, 毛骨俱悚已. 將此厮牢囚鄙廬, 以聽大爺發落, 特來剌謁, 敢有此首實, 萬望寬饒." 朴公曰: "毋諜! 余實有此[59]事." 馬兵曰: "大爺過於包容, 不欲彰此厮過惡, 小的[60]尤極懍惶." 朴公曰: "你馬價踰千金, 我鬣只直七百金, 今此換騎, 便與攫奪等, 豈忍爲此?" 卽叫一僕, 又牽出一良馬, 曰: "此馬價洽爲三百金, 欲給汝以償未了之債耳." 馬兵僕僕曰: "小的罪在不識人品, 至使偸兒育養家中, 甘受嚴譴." 朴公不應, 又牽出一馬, 曰: "此亦可直五百金, 幷三馬合計, 千有五百, 你可帶去." 馬兵卽下庭除, 免冠俯伏, 曰: "大爺若謂小的有偸盜之心, 則卽使該司戡治, 以安微分, 允爲停當, 而今者過中之敎, 非止一再, 小的滿心悚[61]惡, 無地自容." 朴公命扶而升堂, 以溫言諭其實情, 馬兵曰: "設如台旨, 賤馬可儕於烏騅·赤兎之列, 小的以十五緡成買, 未到一朔, 以千五百金販賣, 實樑上君子之所不行. 願大爺救活蟻命!" 朴公曰: "吾之三馬易得, 你之一馬難致, 你須謹受而去. 若又逡巡, 則當治不恭之罪." 馬兵連稱不敢, 朴公一向不聽, 大喝大怒, 馬兵萬不獲已, 只得牽三馬而去. 朴公喂養羸馬, 洽到周歲, 肥膩胖健, 毛色炳耀, 耳如銳竹, 蹄若瑩玉, 風驄霧鬣, 果一龍種也. 朴公一向善飼, 又過數稔, 始乘之, 度陌越川, 如履平陸, 追電超影, 一日千里, 脊峯突尖, 巧受鞍韉, 故時號爲'曲背馬'. 貴

---

58) 乞: 나본에는 '丐'로 되어 있음.
59) 此: 가, 나본에는 '是'로 되어 있음.
60) 小的: 저본에는 빠져 있으나 나본에 의거하여 보충함.
61) 悚: 가본에는 '愧'로 되어 있음.

戚顯宰, 競以一乘爲榮, 求借者盈門. 及光海嗣位[62] 幽廢母后, 戕
害骨肉. 朴公坐其父與遺敎七臣, 亦杖流絕塞, 籍沒家貲.[63] 昏主飽
聞曲背馬之步品, 命充內廐, 愛護備至. 一日, 騎此馬, 馳驟後苑,
馬忽一躍四五丈, 翻落昏主, 逸而超千門萬戶, 日未移, 已到朴公
謫所. 時朴公被三司交章, 請賜死, 晝宵危懍, 心如芒刺. 忽見此馬
衣文繡, 躍入堂前, 悲號哀鳴, 淚如雨下. 朴公初焉傷感, 轉又驚
怕, 從容囑之曰: "馬乎馬乎! 你間關千里, 來覓舊主, 勝於當時傔
客奴儓, 遠矣. 然今我奇禍當前, 性命如雞, 汝又逸歸, 罪案斗添,
奈何奈何?" 馬轉目流汗, 如有慌忙之狀. 朴公尋思一計, 又囑之
曰: "本倅日夜伺探, 將我動息, 細報權奸. 我欲掘一地塹, 使汝安
身, 愼勿踴躍叫嘶, 使人知覺." 馬點頭者數三. 朴公乃於果園, 穿
地爲窖, 置馬其中, 塗其小穴, 其傍密飼蒭粟, 馬果屛氣息形, 穩度
數歲. 忽一宵更深, 馬躍出坑外, 殺到堂前[64], 勢如山崩, 聲若巨雷.
朴公大驚, 萬段曉責, 只是馳奔鳴號[65], 乃親執轡革, 仍[66]入果園,
而終無聽從. 復使數什[67]健隷, 合力推引, 又堅立不動. 朴公歎曰:
"吾其死乎! 此畜特告凶兆耳." 乃遺書家督, 諭以永訣, 一應斂具,
亟爲措辦. 家人之隨往侍奉者, 皆吞聲飮泣, 聚立門首, 惟探使者
之消息. 拖至三箇日, 有一騎飛到, 乃朴公之長胤也. 揚揚馳入, 喜
容可掬, 朴公迎謂曰: "看你眉睫, 全無悲愁之色, 可悉吾近得輕
典[68]也. 然這曲背馬, 從當爲吾斷案, 奈若之何?" 長胤氣喘喘, 欲

---

62) 嗣位: 저본에는 빠져 있으나 가, 나본에 의거하여 보충함.
63) 籍沒家貲: 저본에는 빠져 있으나 나본에 의거하여 보충함.
64) 堂前: 나본에는 '堂下'로 되어 있음.
65) 鳴號: 나본에는 '嘶鳴'으로 되어 있음.
66) 仍: 가본에는 '因'으로, 나본에는 '引'으로 되어 있음.
67) 什: 나본에는 '十'으로 되어 있음.
68) 典: 가, 나본에는 '勘'으로 되어 있음.

語還笑者數三, 乃曰: "天佑宗祏, 聖主改玉, 滿朝凶逆, 擧被王章, 竄謫諸賢, 皆卽蒙原. 大人已除都摠府都摠管·司導氷庫, 兩司提擧, 溫諭繾綣, 遞驛宣召, 以備東朝候班, 使价須臾將至云." 朴公問撥亂日時, 則與曲背馬出窖之夜, 毫無差爽[69], 仍嗟賞者久. 翌曉還朝, 榮貴日甚. 及天驕猖亂, 盜竊遼左, 我朝專使于淸, 曉[70]諭義理. 星軺已啓, 當到灣府, 而中書始覺移牒中有一條語未盡善者, 欲爲改擐, 而遠莫致之. 一宰樞曰: "此甚至易, 若得曲背馬, 可以傳命." 三相皆稱穩合, 卽邀朴公, 備道其由, 朴公曰: "事係國家, 糜身難辭, 何況一馬乎?" 親召傳命禁軍, 丁寧囑付曰: "汝馳到灣上, 卽以此馬韁革, 高係樹嘴, 使馬得仰口, 流吐白涎. 如是者三日, 方可解鞍; 解鞍[71]三日, 方可飼蒭; 飼蒭[72]三日, 方可饋粥; 饋粥[73]三日, 方可復乘, 決勿有誤以傷駿物." 禁軍領諾, 飛身上馬, 凡三[74]日而到義州, 火傳公文于使星, 因昏絶不省. 馬則在衙外跑叫[75], 官隷輩聚嘖嘖曰: "此錦陽尉宮曲背馬也! 遠涉千里, 那得無飢?" 爭投蒭粟, 亂飼之, 馬困勞餘, 只是貪食, 一飽而旋斃, 哀哉! 禁軍移晷得甦, 急叫牽馬來, 則已不可救矣. 朴公聞之大慟, 以錦韉重褁, 葬而祭之云.

下-7. 夢寢巧符

再從兄崟陽亭『樵歸錄』曰: "夢寢雖非眞境, 往往驛括, 日之所

---

69) 爽: 나본에는 '聱'로 되어 있음.
70) 還朝榮貴日甚 … 我朝專使于淸曉: 저본에는 빠져 있으나 나본에 의거하여 보충함.
71) 解鞍: 저본에는 빠져 있으나 가, 나본에 의거하여 보충함.
72) 飼蒭: 저본에는 빠져 있으나 가, 나본에 의거하여 보충함.
73) 饋粥: 저본에는 빠져 있으나 가, 나본에 의거하여 보충함.
74) 三: 나본에는 '一'로 되어 있음.
75) 叫: 나본에는 '呼'로 되어 있음.

夢, 與凡所行, 則自相燭照, 龜驗者多. 余於丙辰夢, 有陸書房者,
葬園中, 與之爭詰, 大被毆打, 已而驚覺, 汗流滿身, 臥枕靜思, 意
謂不祥矣. 三明日, 泮試九抄, 居三上魁, 遂怳然解夢, 曰: '葬園二
字, 與壯元音相同, 賦題出於『放翁集』, 亦豈非陸姓人乎?' 又於丁
巳冬, 夜深讀書, 倚枕而睡, 忽入場屋, 揮管製呈, 則主試者, 亂打
批點, 大書三中. 余乃喜極踴躍, 浪誦書題與書頭破題等句矣. 倏
爾攪寢, 乃蘧蘧然一夢, 卽於臥內更思, 則書題破題, 漫不知何樣
字, 僅誦書頭半句. 乃'遊神光而辟方'六字, 而不知出於何文, 歎異
之際, 洞任來告陞試之設. 遂披衣入泮宮, 題曰'畫像訪江湖', 直於
書頭, 用遊神光而辟方, 草草製呈矣. 泮長李公義弼, 亂打揮場[76],
榜出後, 果居三中. 推見試券, 則'遊神光而辟方'六字, 不打不批.
余則不知這意味而用之, 泮長則不知這文字而置之, 還可一粲."

下-8. 豚犬

今世謂自家子曰'豚犬', 徒知爲孟德之言, 而不知其源. 余嘗見
『說郛』, 越王句踐, 棲於會稽, 十年生聚民之, 產以男子, 賞之一
豚; 產以女子, 賞之一犬. 是後, 謂子曰'豚犬', 孟德則祖句踐之事,
今世則祖[77]孟德之言也.

下-9. 槐實【亦出於『樵歸錄』】

十月上巳日, 採槐實, 納陶釭中, 封口鹽泥, 固濟埋背陰墻下掘
三尺土中. 至臘月初八日, 取出去皮, 藏牛膽裏, 高懸陰乾. 至翌
年, 淸明日取出, 每日空心, 白湯呑下一粒, 二日二粒, 三日三粒,

---

76) 揮場: 가본에는 '揮帳'으로 되어 있음.
77) 祖: 가, 나본에는 '學'으로 되어 있음.

十五日十五粒. 望後, 每日減一粒, 周而復始, 則種種髮化爲黑, 撓撓齒還以生, 益元補壽云. 此朴太醫允成之語, 而『本草』亦有此方. 又曰: "槐木虛星精, 一木必有鳴實一箇, 若吃這實, 則聰明倍人, 而人之每不得食者, 烏鵲待其熟先啄故也." 余嘗讀書于鷺江書院, 一日, 有稱金生員者, 瞻拜院內, 鬚髮稀, 步屨輕輕, 形貌近六十歲翁, 而筋力似勝於少年强壯之流. 余怪而問其年紀, 曰: "八十有三." 乃驚問其筋力之所以如彼, 曰: "平生多服槐實, 實之鳴者, 亦服十餘箇, 補益眞元而聰明, 惺惺然至老不減, 是以少也. 好讀書, 能誦五千餘言諸家文字, 晚而喜游佳山麗水, 無不掌運足蹋, 年今八十餘矣." 余曰: "服槐鳴實之方, 又可得聞歟?" 曰: "自春結子時, 守槐木, 無使烏鵲諸般羽族, 飛翔于枝上, 恐其啄鳴實也. 待秋摘下時, 不漏一實, 盛于筐筥之屬, 累夜暗聽, 則有實琤琤然. 遂置空器于傍, 手一箇實而盛于空器後, 而聽之, 無聲則棄之, 又手一箇而盛之空器, 亦無聲則棄之. 如是者四五番, 或十番, 二三番則自然得鳴實矣." 余昔聞鳴實之利於聰明, 故以金生言記之.

下-10. 善押强韻

金相國定國, 善押强韻. 嘗以宣慰使, 往迎日本使彌中于境上, 彌也亦解詩, 往返酬唱甚多. 彌請以讀易爲題, 呼强韻, 金公[78]應口曰: '大羹元不和梅鹽, 至妙難形筆舌尖. 靜裡默觀消長理, 月圓如鏡又如鎌.' 彌擊節嗟歎[79]後, 又以半月爲題, 拈韻魚蛆輿三字, 金相先唱曰: '明珠缺碎鬪龍魚, 剮殺銀蟾半虫蛆. 顚倒望舒仍失馭, 輇亡輪折不成輿.' 滿座閣筆稱奇.

---

78) 金公: 나본에는 '金相'으로 되어 있음.
79) 嗟歎: 나본에는 '歎賞'으로 되어 있음.

下-11. 禹公治策

古有牧使禹公, 多智能文, 不嚴而事辦. 嘗爲郡守, 民負逋租, 訴甚貧不能償, 曰: "汝雖貧, 國穀豈可逋也? 家有他物, 可以代納." 民曰: "貧無物, 只有一鷄耳." 曰: "烹鷄來, 吾將食之, 蠲汝谷[80]." 民信其言, 烹鷄以獻, 曰: "吾戲耳, 豈有以太守而食民鷄耗倉谷者乎? 汝速持去!" 民旣出門, 羣吏食之. 有頃, 更召民, 謂之曰: "旣令汝殺鷄, 而又不受, 是罔汝[81]也, 焉有仁人在位罔民而可爲也? 還納汝鷄, 當如約." 民無如之何, 以實對, 遂疏羣吏姓名, 而徵其祖, 卽時而集. 此後, 群吏驚服,[82] 不敢欺.

下-12. 冥府報應

魏生英祚, 生而容姿美瞭. 及十九歲, 始患痘, 至膿脹之際, 昏塞而死, 胸膈間, 猶有微溫之氣. 故家人不忍納地, 襲斂後, 出置山棚矣. 第九日, 英祚之祖, 適過棚下, 聞有人聲, 大駭而歸, 言于[83]家人, 率衆人急往, 解其結[84], 則手足宛然發熱, 氣息漸漸蘇通. 及于收拾精神, 而問其證狀, 則以爲, "病篤[85]之時, 有數三羅卒, 驅迫而去, 行幾千里, 入一城門. 至一府衙, 則堂上有緋衣綠袍兩官員, 各持冊子, 考出姓名, 招羅卒, 厲聲大責曰: '楊州某村居禹英祚, 何不捉來, 而楊根桃合居魏英祚, 誤認捉致耶? 速卽出送, 勿使滯留!' 羅卒逡巡退縮, 道渠而還, 蓋懵然不知其在山棚也. 出來時,

---

80) 谷: 가, 나본에는 '穀'으로 되어 있음. 서로 통함.
81) 汝: 나본에는 '民'으로 되어 있음.
82) 群吏驚服: 가본에는 '吏皆驚服'으로, 나본에는 '群吏皆驚伏'으로 되어 있음.
83) 于: 저본에는 빠져 있으나 가본에 의거하여 보충함.
84) 結: 가본에는 '縛'으로 되어 있음.
85) 病篤: 가본에는 '病狀危篤'으로 되어 있음.

往往見金冠玉佩者, 云: '是在世時, 忠孝兼全之人, 或有枷項鎖足.' 鞭笞流血者, 云: '是在世時, 貪淫弄權之人[86], 事雖浮誕, 爲人者, 可不修身於生世時耶?'" 英祚家人, 偶往楊州, 專覓某村禹英祚家, 則禹英祚[87], 果於其時化去, 其生年, 亦與魏英祚同, 可怪也. 英祚痘後, 兩目眇[88]縮, 口角喎斜, 面上如老松皮, 兩臂有斂結痕, 小兒一見, 則驚啼而走, 不敢近焉. 余曾見『西堂集』, 有李壽鳳「花水亭上樑文」, 而不敢全信其說. 今余同堂諸兄, 索居楊根, 與英祚家比屋, 往來親厚, 以詳聞於英祚者, 爲余傳之, 或英祚欺與!

下-13. 科場用私

東平尉鄭公載崙[89]『感異篇』曰: "政院書吏金姓人, 於修撰某家最親. 顯廟壬子間, 修撰問曰: '汝少時, 亦弄奸於庭謁聖乎?' 曰: '果有[90]一二行奸, 而自見驚心, 故惡念永斷矣.' 有一文官, 天性不直, 臨科不行奸, 則心甚癢之, 與政院吏某甲, 密結心腹, 使甲識其字標, 必行奸乃已. 其後, 科日迫近, 則輒有鬼哭, 名官猶不改. 一日, 大聲呼曰: '我是政院吏某甲之父也. 神鬼以汝科場用私論罪, 將先殺汝子孫, 仍以怪疾報汝, 而汝自有罪, 宜受此罰. 吾子以賤故, 被脅同惡, 亦將降罰. 吾之子若孫, 且不免禍, 汝乃吾仇也.' 自此, 日日來哭, 而名官心神怳惚, 如狂如痴. 其子其孫, 次第皆死, 名官以心疾竟死, 某吏被俠客, 蹴脅而死, 一孫病膝, 不能行. 吾目見此事, 指誓蒼天, 不復作奸云." 此東平之所親睹而信記者也. 當

---

86) 人: 가본에는 '流'로 되어 있음.
87) 禹英祚: 저본에는 빠져 있으나 가본에 의거하여 보충함.
88) 眇: 저본에는 '妙'로 나와 있으나 가본에 의거하여 바로잡음.
89) 崙: 저본과 이본에 모두 '崇'으로 나와 있으나 의미상 바로잡음.
90) 果有: 나본에는 '豈無'로 되어 있음.

宁戊辰大比之時, 左揆⁹¹⁾金公載瓚, 以科場用奸等節, 上捄弊一疏, 勉勵考官. 其疏曰: "關節弄奸, 爲賊爲逆." 科後, 又上短箚, 引古重臣徐宗伋事⁹²⁾, 爲喩曰: "累歲主文, 一不用私." 晚年, 偶知某人之試券, 置諸魁元矣. 伊時, 一子以病不起云云, 左相此箚後, 擧世呶呶, 羣譏衆怒, 數年不息. 大抵士子窮年, 兀兀且讀且做, 所望者, 惟科路一條而已. 奈彼考試, 或無⁹³⁾施恩報德之計, 使此窮經篤工者, 白首無中⁹⁴⁾, 中夜悲泣, 則鬼神在傍, 安得不怵? 然而傷慽然而悲乎! 是以, 東平之錄左揆之箚, 必以鬼神爲證案, 甚畏也已.

下-14. 破字甚神

李進士汝直, 今臺閣運恒之堂侄也. 嘗於辛亥夏, 猝得怪疾, 不能運動, 百體如縛者半月, 冗醫·劣巫⁹⁵⁾, 不敢下手. 家人遑遑⁹⁶⁾, 四求治病之人, 而忽有鄭生者, 自云: "居南中, 而不知何許客詣門, 請卜病者之瘳否." 因使家人, 開卷拈字, 得'夷'字, 鄭生熟視良久, 曰: "家有弓屬, 此爲病祟, 亟令搜出, 燒火祈禳, 則可無患矣." 家人笑曰: "顧此儒家, 豈有弓屬耶?" 曰: "雖然, 必也四覓云." 遂廣搜家內, 果於病者臥傍, 有古冊藏, 藏裡有一大弓絃絲. 曾於十年前, 李君之叔母, 以染患危殆, 而時方懷胎, 已滿七八朔. 醫者言⁹⁷⁾ "落胎然後, 庶可圖生, 而以絃帶腹, 則胎自墮矣." 遂依其言爲之, 胎果落. 當其愁亂之時, 不爲燒燼, 偶投其弦於冊藏中, 而家人則反

---
91) 左揆: 저본에는 빠져 있으나 가, 나본에 의거하여 보충함.
92) 事: 저본에는 빠져 있으나 가본에 의거하여 보충함.
93) 無: 나본에는 '務'로 되어 있음.
94) 中: 나본에는 '成'으로 되어 있음.
95) 劣巫: 저본에는 빠져 있으나 가, 나본에 의거하여 보충함.
96) 遑遑: 가, 나본에는 '皇皇'으로 되어 있음. 서로 통함.
97) 言: 가, 나본에는 '曰'로 되어 있음.

爲忘却, 全然不知也. 鄭生[98]遂設醮[99]誦法, 卽丙其弦, 而李君之病, 自翌曉頓減, 手足運動, 宛若平昔. 隣里[100]見者, 莫不稱異, 而鄭生伊後, 不知何處去了云. 宋高宗時, 有謝石者, 善測字, 高宗微行遇之, 書一問字, 令測之, 石曰: "左看似君, 右看似君, 殆非凡人也. 請再書以決疑信." 高宗以杖卽地劃一字, 石曰: "土上加一, 卽王字也, 是吾君王乎!" 遂起而拜伏, 連呼萬歲, 高宗亟歸殿內, 招以官之. 後秦檜當國, 高宗書一春字, 命測之, 其上半體墨重, 石奏曰: "秦頭壓日無光." 檜聞而啣之, 中以危法, 編管遠州. 道遇一老人於山下, 亦善測字, 石就之, 書一謝字求測, 老人曰: "子於寸言中, 立身術士也. 當更書以卜所終." 石書一石字, 老人曰: "凶哉! 石遇皮, 必破【書掌上故曰'皮'】; 石遇卒, 必破【時押石之卒, 在傍故曰'卒'】矣." 石爲之款服, 請老人作字測爲何如, 老人曰: "以我爲字, 可也." 石曰: "子立於山傍, 而以人傍山, 豈非仙乎?" 因曰: "吾術無減先生, 先生則胡然仙矣, 而吾則不免塵網, 何也?" 老人曰: "子以字爲字, 吾以身爲字也." 又我朝成宗大王在潛邸時, 訪一術士測字, 先書帛字, 術士嗟訝曰: "皇頭帝脚, 決非人臣相也." 又書問字, 術士起拜, 曰: "左君右君, 非君而何?" 成廟[101]還邸, 戶外有竊聽者, 又叩術士, 亦[102]書帛字, 術士愕然曰: "帛字爲白巾子, 其丁憂乎!" 又[103]書問字, 術士曰: "口在門裡, 是懸口他人之門也. 將丐食乎?" 竊聽者, 憤恨而退. 符士[104]之言, 異哉! 測字之術, 出於何人,

---

98) 生: 저본에는 '公'으로 나와 있으나 나본을 따름.
99) 醮: 저본에는 '譙'로 나와 있으나 가, 나본에 의거하여 바로잡음.
100) 隣里: 저본에는 빠져 있으나 가, 나본에 의거하여 보충함.
101) 成廟: 가본에는 '成宗'으로 되어 있음.
102) 亦: 저본에는 빠져 있으나 나본에 의거하여 보충함.
103) 又: 나본에는 '更'으로 되어 있음.
104) 符士: 가본에는 '一符士'로, 나본에는 '符術士'로 되어 있음.

見於何書, 而巧符若是耶? 李君所謂鄭生者, 亦謝石之徒與!

下-15. 己未厄運

正廟戊午臘晦間, 自西道人人患感, 症勢[105]無異癘疫, 感疾四五日輒死. 頃刻, 轉入京師, 流布三南, 正如置郵而傳命. 翌年己未正月望間, 死者不知幾萬億, 路無行人, 市乏[106]布帛. 望後, 更[107]無此症. 蓋是疾或云瘟, 自中原傳染, 達于我境, 而歲貢使還朝言, "伊時, 燕都自曉至暮, 車聲之轔轔相鬪, 都是載尸云." 則比我國不啻四五倍, 可謂往牒罕睹者. 有一武官, 語銓堂曰: "今年厄運, 半分天下之人, 歿於怪疾, 巧矣巧矣!" 銓官曰: "多則多矣, 君何以知半分天下之人?" 武官曰: "中國太上皇及新皇帝【太上卽[108]乾隆, 新皇卽[109]嘉慶】, 合爲二天子, 一則晏駕.【乾隆殂】我國六大臣中, 三其卽世【六大臣中生者, 卽金公熹·李公秉模·沈相煥之, 卒者, 卽蔡公濟恭·洪公樂性·金相鍾秀也】, 八省布政中, 四爲卒逝【箕伯閔公[110]鍾顯·海伯李公義駿·嶺伯李公義綱·東伯洪公仁浩也】, 天地間大人歿者, 無加減半分, 則小民之折半死者, 推此可知." 銓官大笑. 時家君丁憂[111], 有一人來造廬次, 乃素昧也. 詰其來意[112], 則自稱東銓家臣, 大政在卽初仕擬望, 實無排比, 銓長使渠歷訪生進家, 探其年滿無故人而來, 故誤入貴第云. 觀此, 可想其時也.

---

105) 症勢: 나본에는 '痛刺'로 되어 있음.
106) 乏: 나본에는 '無'로 되어 있음.
107) 更: 나본에는 '便'으로 되어 있음.
108) 卽: 저본에는 빠져 있으나 가, 나본에 의거하여 보충함.
109) 卽: 저본에는 빠져 있으나 가, 나본에 의거하여 보충함.
110) 公: 저본에는 빠져 있으나 나본에 의거하여 보충함.
111) 憂: 나본에는 '天崩'으로 되어 있음.
112) 意: 가본에는 '由'로 되어 있음.

下-16. 聖賢夙就

『家語』曰:"孔子兒時, 屹如巨人之志."『朱子年譜』曰:"五六歲, 以沙畫八卦." 余曰:"非獨古之人, 今之人亦然; 非徒[113]大邦人, 小邦人亦然." 明翁先生六歲, 咏蜘蛛曰:'蜘蛛結網罟, 橫截下與上. 寄語蜻蛉子, 愼勿簷前向.' 趙浦渚先生翼, 歎曰:"使此兒充其操仁, 不可勝用也." 尹東山趾完四歲, 雪月詩曰:'雪落千山白, 天高一月明.' 時人嘉其氣像, 許以廊廟. 李尙書森十餘歲, 從明翁學焉, 一日, 隨先生登高, 有詩曰:'樹如大纛高牙立, 山似千兵萬馬來.' 先生嘆曰:"無攻玉之象, 有衽革之氣." 使武學焉.

下-17. 海中奇異

宋陳子兼所著『漂粟手牘』曰:"流波山下, 有燐海【西陬】, 千里汲之, 以代油光明, 過於燭. 秦皇使千艘往山中, 采仙草, 舟人以燭跋投水, 火大發, 遍海無一人還者." 又李土亭之菡云:"海外有鹽山, 潮水衝激, 故海水鹹. 一日, 乘舟出海萬餘里, 鑿鹽山, 滿載而歸. 鹽如米粉, 味不太鹹." 時[114]人異之.

下-18. 好古

艾子【戰國時人】曰:"秦人有好古器者, 楚人聞之, 挾一草席往叩[115], 曰:'魯哀公之所命席於孔子者也.' 秦人大悅, 以負郭田萬頃, 買之. 後日有人, 持一枯竹賣之, 曰:'太公釣渭竿也.' 遂傾家産買之. 又有人持漆椀來訪, 曰:'舜始造漆器, 只餘一椀於數千年,

---

113) 徒: 저본에는 '獨'으로 나와 있으나 가, 나본을 따름.
114) 時: 가본에는 '則'으로 되어 있음.
115) 叩: 나본에는 '扣之'로 되어 있음.

子何以償我?' 秦人大喜, 輒虛其宅以處. 其人自此, 衣食難繼,[116] 行乞於市. 然好古之心未已, 衣魯公之席, 持帝舜之梡, 杖太公之竿, 走于市[117]街, 曰:'嗟哉! 王孫【古之尊稱】或有太公九府錢, 乞我一文.' 市人大笑." 近有金生某, 好蓄奇畫異書, 坐一室左右圖書, 聞有古器於親知家, 則不憚京鄉遠近, 躬詣一玩云.

下-19. 田舍翁

明劉元卿所著『諧錄』曰: "汝州有田舍翁, 家[118]富千金, 而累世不識字. 一日, 聘楚士, 訓其子, 楚士搦筆書一劃, 訓曰'一字'; 書二劃, 曰'二字'; 書三劃, 曰'三字'. 其子輒欣然擲筆, 歸告其父曰: '兒得矣, 兒得矣![119] 可無煩先生重費館穀, 請謝去.' 其父遂遣楚士. 他日, 其父設小酌, 欲召烟友萬氏者, 令子晨起治狀, 久而不成. 父趣之, 子恚曰: '天下姓字甚夥, 奈何姓萬? 自晨起寫, 纔完五百畫.' 聞者奉腹."

下-20. 八文章

李公秉淵, 工於詞藻. 伊時, 同社諸逸, 號爲八文章, 互相贊與, 螳視一世. 及剖符延安, 斜馳官道, 車服甚麗, 騶從塞道. 忽有一人, 衣葛帶索, 策款段, 卽衝前導, 衆儓喧叫下馬, 那人終無毫動. 數隷飛身, 趨出推踢, 那人翻落馬下. 那人更整[120]衣冠[121], 親執馬

---

116) 其人自此, 衣食難繼: 나본에는 '其人此後, 難謀衣食'으로 되어 있음.
117) 然好古之心未已 … 走于市: 저본에는 빠져 있으나 가, 나본에 의거하여 보충함.
118) 家: 저본에는 빠져 있으나 가, 나본에 의거하여 보충함.
119) 兒得矣: 저본에는 빠져 있으나 가, 나본에 의거하여 보충함.
120) 整: 저본에는 '正'으로 나와 있으나 가, 나본을 따름.
121) 衣冠: 가본에는 '衣帶'로, 나본에는 '冠帶'로 되어 있음.

疆, 徐隨車後. 及到江濱, 李公下馬登船, 方欲解纜溯流. 那人混入舡122)頭, 欲與同濟, 官隷相顧曰: "昨夜夢兆不吉, 逢這一惡人, 奈何奈何?123)" 因從容誨之, 曰: "見今官令嚴峻, 學究若終是不出, 則吾輩棍罰立至. 學究旣非世讐, 則豈忍爲此, 豈忍爲此?" 那人竟若不聽, 諸隷指衣打頰, 方合力推出, 忽有應對之聲, 山鳴谷掀. 諸隷各踢那人, 大責曰: "緣汝一人, 事已出矣, 事已出矣!" 應答聲訖, 一侍僮傳命曰: "使家分付內, 俺獨坐無聊, 欲與那人對語124), 你曹愼勿相迫, 卽速邀來." 言訖, 侍童卽驅那人胸子, 曰: "官令甚急, 何不飛走入謁?" 官隷相顧曰: "這人也, 眞是惡鬼, 若更逢如此般的125)二箇, 吾輩何以陪使家隨行耶?" 言已大笑. 那人卽乘彩鷁, 與李公幷坐, 侍者又呵之, 而終不回眸, 向李公曰: "請問126)貴姓尊名!" 李公睥視差久, 高聲曰: "君能知延安府使李秉淵耶?" 那人笑曰: "然則固八文章中一位也." 李公攘臂, 曰: "君能知八文章乎? 儘是怪事矣." 那人曰: "願聽一句警策, 以驗名實." 李公大笑曰: "君怎敢知詩?" 那人曰: "以香山之高格, 猶令老嫗解之, 況使君不及香山, 老身差勝老嫗乎!" 李公暗想道, '這人動止言語, 甚是倨傲, 俺若誦自己所作, 被他面斥, 則安得不困?' 卽曰: "俺實無綺語可以傳誦. 疇昔, 俺之得三陟也, 有一友贐之以詩, 其中一聯, 膾炙人口, 曰: '天下有名三陟府, 人間無敵一源詩.' 一源卽俺字故云云, 此句何如耶?" 那人瞋目危坐, 曰: "余宿聞汝曹自稱八文章, 意以爲127)粗知文字, 今見此詩, 則尙未解蒙, 可笑可笑." 李公怒曰:

---

122) 舡: 가본에는 '船'으로 되어 있음.
123) 奈何: 저본에는 빠져 있으나 가, 나본에 의거하여 보충함.
124) 語: 나본에는 '話'로 되어 있음.
125) 的: 나본에는 '之'로 되어 있음.
126) 問: 가본에는 '聞'으로 되어 있음.

綺里叢話 卷下 257

"俺輩涉獵千古, 掀倒一世, 上可窺陶柳門庭, 下不失雪樓七子. 你是村學秀才, 所讀不過史乘, 所工不過功[128]令, 怎敢辱我以尙未解蒙?" 那人大笑曰: "你曹苟合七字, 强謂之詩, 全昧彼此輕重之殊. 非但尙未解蒙, 當終身不能解蒙, 可不哀哉?" 李公厲聲大叫, 曰: "此句渾然天成, 苦無一字疵累, 試汝摘了病漏處, 若或恊意, 余當拜你. 你如不能, 則甘受棍棒, 以成凌辱官長之一大斷案也." 那人曰: "此句頭腦已贅, 俺非說之難, 但說後, 遭汝一層怒氣, 禍且立至, 此將奈何?" 李公曰: "第言之." 那人曰: "俄所謂輕重彼此之分, 不是他事. 天下有天台·鴈宕·西湖·杭浙, 則彼么麼三陟, 詎得天下有名也? 人間卽亘古及今之謂也. 自國風·雅頌, 至李·杜·元·白, 宏詞雄詩, 計而[129]難幾, 則一源之詩, 又安得無敵於人間也? 名者實之賓, 主貧賓盛, 鮮不蕩覆, 盍持謙抑少阻驕溢?" 李公沈吟良久, 再拜膝席, 曰: "觸冒高明, 萬望寬饒." 那人曰: "以君文華, 以君器宇, 得一小郡, 而志氣已[130]滿, 而號令甚盛[131], 可惜君之進取, 當不出蔭階也." 李公曰: "淸誨鄭重, 敢不敬佩? 俄誦一句語, 漸覺罅漏百出, 願先生陶鎔改攛, 以成全器." 那人曰: "三陟頗有江山樓榭之勝, 自古略有名稱, 則可曰'從古有名三陟府'也. 君之故人, 欲獎詡君詩, 謂之今世宗匠, 則無甚掣碍. 且君於此世, 亦不當讓仁於他人, 則下句可曰: '當今無敵一源詩.'" 李公尤覺頓悟, 且拜且服, 而舟已泊岸矣. 那人飄然分岐, 李公挽袖請敎, 曰: "願聽盛什中一句佳作, 以得終身欽誦." 那人曰: "文章小技也. 余嘗吟詩, 無

---

127) 爲: 나본에는 '謂'로 되어 있음.
128) 功: 저본에는 '工'으로 나와 있으나 가, 나본에 의거함.
129) 而: 가본에는 '無'로 되어 있음.
130) 已: 저본에는 빠져 있으나 가, 나본에 의거하여 보충함.
131) 盛: 나본에는 '威'로 되어 있음.

以獻酬, 願卽成一句, 用副隆摯." 因率口而吟曰: '酒醒騎馬去, 斜日古金川.' 李公亟問姓名, 那人笑而不應, 拂袂而去. 自後, 李公不敢以詩律自居. 及其屬纊, 朗誦'酒醒起馬去, 斜日古金川'之句, 長吁而逝.

下-21. 徐帥氣像

徐摠使春輔, 氣像蹈厲, 不拘檢束, 幼失怙恃, 鞠養于其伯父文衡家. 一日, 一宰執造文衡, 文衡使摠使, 拜現宰執, 曰: "斯兒文史何如?" 文衡曰: "惟事戲鬧, 不讀一字." 宰執曰: "令公何使之放縱? 教訓之道, 莫若笞楚, 讀書雖厭較, 不若被罰之爲苦, 盍試此?" 文衡曰: "第當惟命." 摠使深啣宰執之言, 卽登門, 屛屋角, 俟宰執之出而踞坐, 遣矢亂放溲渤, 宰執紗笠·錦袍, 滿塗糞溷, 亟下軺軒, 還入中堂. 文衡大驚問之, 宰執曰: "令家悖侄, 有此侮辱." 文衡大怒, 亟召摠使, 摠使見事機畢彰, 無路免禍. 適有一武官, 刺謁文衡, 繫[132)]馬門柳, 摠使飛身上鞍, 用力鞭捶[133)], 向慕華館驟騁. 文衡一層[134)]激怒, 而不知摠使之何去, 乃以自己冠袍, 換着宰執以送. 武官曰: "小人失馬, 脚軟家遠, 願賜一鬐." 文衡曰: "鄙家只有一衛, 不合尊乘, 當借馬仰副." 因四求得借駄送武官, 摠使信宿而返, 大蒙責罰.

下-22. 谷山亂民

論我國土俗, 必以海西爲最悍, 海西之中, 谷山尤獷. 蓋邑在窮

---

132) 繫: 저본에는 '係'로 나와 있으나 가본을 따름.
133) 捶: 가본에는 '箠'로 되어 있음.
134) 一層: 저본에는 빠져 있으나 가본에 의거하여 보충함.

峽, 山惡水駛, 民本頑蠢. 重爲浿西·關東之由京捷徑, 商馬賈車, 咸萃于此, 而頑蠢者, 兼以澆漓, 不畏尊上, 凌暴其弱. 此習滋長, 斗覺懍寒, 故老有言. 南文衡有容, 昔宰是邑, 聞親癠危兟, 啓駕向洛, 未到數舍, 遽得凶訃. 南公崩隕哀慟, 卽令催駕, 則陪吏從隸, 皆已逸去, 衣橐馬匹, 無一存者. 南公單身客店, 被髮叫呼, 終乃貰騎雇人, 戴星趲程. 筵臣奏徹于英考, 上震怒, 命一依陪隸件錄, 悉誅之, 吁亦梗矣! 且伊后剖符者, 率多顯秩, 擧效宋朝宰輔之外, 補規矩, 寬恕莅政, 不務吏事, 曰: "此知大體也." 滿前猾胥, 安得體此仁政, 束手自好也. 於焉之間, 倉翟已蠹, 邑瘼如蝟, 欹器難正, 盤根難試矣. 當宁庚午, 朴承宣宗臣, 以雅望鎭是府. 朴公世守忠廉[135], 簡重博學, 爲儕友所推許, 但剛重太過, 雖親黨子侄, 見一不是處, 未曾含容, 必面斥乃已. 爲政先以剛猛, 抉摘文簿, 採探習俗, 趣吏走卒, 前愆畢彰, 枷鎖鞭棍, 一人難逭, 刻日徵逋, 迅如烈風. 富豪之吏, 傾産充納, 貧寠之儓, 代牢妻子[136], 累百胥隸, 頃刻爲丐. 從以明燭苛察周歲服役者, 不得取民一毫自辦衣食. 爲官吃苦, 少有未安, 打綻髀肉, 乃率其家少, 次第逃散, 以至季年, 衙外僅有五六吏, 門前只餘數十卒. 時海伯洪公義臣, 嘗於逢場, 從容言曰: "世間豈有無吏之邑乎?" 朴公曰: "下官可去, 吏不可恕云, 可謂嫉惡過深也." 離散諸吏, 旣聞此等語, 又據悉其志[137]以知. 朴公無意寬恕, 欲還則罪網斗添, 不還則羈蹤狼貝, 且衣食之天已絶, 考覈之案未了. 朴公瓜熟, 又餘數年, 此時, 怨憤入髓, 窮鬼路阻, 可謂何事不生, 何事不爲? 乃陰誘渠之族黨姻戚, 及落訟於朴

---

135) 忠廉: 가본에는 '忠孝'로 되어 있음.
136) 妻子: 가본에는 '妻孥'로 되어 있음.
137) 又據悉其志: 저본에는 빠져 있으나 가본에 의거하여 보충함.

公者, 聚徒千衆, 奮杖揮梃, 驅入公門, 毁破衙軒, 撞碎器仗. 喊聲震[138]於內外, 號令應於左右[139] 飛石亂磚, 紛紛如雨, 有若伏發, 敵在呼吸. 時天色向明, 朴公尙未攪寢, 徒黨直入臥內, 數之以罪, 筆之於紙, 脅之以兵, 勒令署名, 劫奪符信. 出給其鄕任, 使傳於兼官, 謂於境內, 不可置如此官長. 遂裹以衾裯, 昇以藁薦, 行至三十里外新溪界上曠漠之地, 投棄之[140]. 仍入內衙, 以瓦石排窓戶, 衙眷或踰墻而出, 或潛匿於屋後菜園中, 以免. 越數日, 按使馳啓, 特遣按覈使李公勉昇, 鋤治之, 亂徒尙不散走, 或七八十名, 或數百名, 團結屯聚. 遂一幷逮捕, 以軍律, 誅其元惡四十人, 餘論其輕重, 施罰有差, 朴公則對吏輕勘矣. 因金大憲履翼彈奏, 謫于南州, 旋卒. 始道狀到京, 伯父與家人憂歎, 曰: "此兵象也! 特先兆于此耳." 其冬, 果有西賊之稱亂, 谷山餘黨, 實爲釀成, 賊酋多在[141]谷山式籍者, 可謂獰猾之甚矣!

下-23. 奇耦玄理

子·寅·辰·午·申·戌陽, 故取奇數, 以名鼠五指, 虎五指, 龍五指, 馬單蹄, 猴五指, 狗五指; 丑·卯·巳·未·酉·亥陰, 故取耦數, 以名牛四爪, 兎兩爪, 蛇兩舌, 羊四爪, 鷄四爪, 猪四爪爾.

下-24. 讀書做佛

有人問讀書之要, 余曰: "讀書時, 不可不學佛." 人頗疑其故, 遂

---

138) 震: 가본에는 '振'으로 되어 있음.
139) 左右: 가본에는 '上下'로 되어 있음.
140) 之: 가본에는 '焉'으로 되어 있음.
141) 在: 가본에는 '載'로 되어 있음.

解諭之, 曰:"讀書養靜, 不萌妄念, 便是佛心; 讀書出門, 不理塵務, 便是佛行; 讀書作文, 神游象外, 便是佛機. 假彼三佛, 着在念頭, 則自然入妙門."

下-25. 肖祖先形

唐蘭陵蕭穎, 南游瓜洲, 舟中有二少年, 熟視穎, 相顧曰:"此人甚有肖於鄱陽忠烈王也!" 穎是鄱陽曾孫, 卽自款陳, 二子曰:"吾識爾祖, 久矣." 穎於衆中, 未敢深問, 俟其及岸, 將欲啓請, 而二子忽負擔而去. 穎謂此人必非仙, 則鬼[142]也, 嚮矚而已. 明年, 穎北歸, 止于盱眙邑署, 方與邑長坐衙, 司門白云:"某吏擒發塚盜五六人, 卽令召入束縛甚固, 旅之於庭囊之舟中, 二少年亦縲其內." 穎大驚, 且述曩事, 邑長令先窮, 二人皆款服[143]. 穎又以前說, 再令詢之, 皆曰:"我嘗發鄱陽王塚, 顏色如常, 髭髮[144]斑白, 僵臥石榻, 與穎相類, 無所差異. 我於舟中遇子, 旣知蕭氏, 必是鄱陽胤也. 因此啓言, 我豈有他術哉?" 余曰:"漢武之日角, 龍天表[145]酷肖高帝, 宋高南渡時, 謁藝祖幀殿, 而髮鬢容姿, 宛然相似[146]. 大凡人之紹續, 必三五世有一人肖其祖先[147]之形狀者, 豈非理歟?"

下-26. 天理教

當宁癸酉, 因黃曆象狀啓, 得知燕都有天理教之亂. 天理教者,

---

142) 鬼: 가본에는 '鬼神'으로, 나본에는 '神鬼'로 되어 있음.
143) 服: 가, 나본에는 '伏'으로 되어 있음.
144) 髭髮: 가본에는 '髭鬚'으로 되어 있음.
145) 龍天表: 나본에는 '龍顏'으로 되어 있음.
146) 似: 가, 나본에는 '類'로 되어 있음.
147) 先: 저본에는 빠져 있으나 가, 나본에 의거하여 보충함.

如東國所謂邪學之流也. 其魁林淸, 與其衆, 習幻化之術, 聞皇帝幸溫明園, 天理敎數十人, 隱不見形, 肆入宮中, 宿衛之士, 行動者頭顱, 從空落地而死者, 不知其幾. 皇帝第二子, 卽以血馬, 向空潑之, 見數十人從空墮下, 卽擒縛之, 栲得其情, 悉斬之. 而餘黨據山西等地, 數日之間, 占奪七十餘州, 延袤數千里, 賊黨多漢人云. 蓋滿人漢人, 皆不相能分黨相軋, 而漢人每見縮積不平, 故有此擧云爾.[148] 首尾五朔, 討平之[149], 而用轟城之計克之, 轟城之計, 起於明末, 卽埋火藥壞城之法也. 與我師破定, 遠擧相脗矣.

下-27. 輕薄語

會友課程之時, 古有五霸之說, 數請改題者, 曰'題換公'【齊桓公】; 每進問字者, 曰'進問公'【晉文公】; 至夕曳白者, 曰'送陽公'【宋襄公】; 蹙眉直視者, 曰'瞋目公'【秦穆公】; 隱草不現者, 曰'草藏王'【楚莊王】. 此五者, 已極絶倒, 近又有三王之說, 做工千首, 而不能通曉者, 曰'下愚氏'【夏后氏】; 終日沈吟, 乃成一句者, 曰'隱湯氏'【殷湯氏】; 主壁設令, 能爲接長者, 曰'主文王'【周文王】, 儘爲奇巧. 余又以漢唐宋創業之主, 作此樣句語, 偃臥凉處, 唯貪午睡者, 謂之'閑怠祖'【漢太祖】; 胸膛煩焦, 連呼冷水者, 謂之'膛枯帝'【唐高帝】; 從人借述, 送隸推來者, 謂之'送隸祖'【宋藝祖】, 可博一粲.

下-28. 木綿

宋范正敏曰: "嶺南多木綿, 土人植之, 采其花爲布, 號吉貝布." 余曰: "蜀有蠶蠶之先馬頭娘, 蠶之大, 幾如駃馬, 養蠶多不過四五

---

148) 蓋滿人漢人 … 故有此擧云爾: 저본에는 빠져 있으나 가본에 의거하여 보충함.
149) 之: 저본에는 빠져 있으나 가본에 의거하여 보충함.

頭, 而一頭一日所飼者, 桑葉數箱, 及其吐繭成帛, 爲天下珍. 而吾東之蠶, 小如蟻, 一家所飼, 不知其幾千百頭, 吐絲織出, 則堅不如白木文, 不及熟綃, 土氣異而然歟? 且以木綿言之, 中華則樹如桑柘, 年年採花爲吉貝布, 而我東則年年落種, 如黍粱[150], 又不知其所以然也."

下-29. 無蟣

『說郛』曰: "上古之人, 夜則伏患蟣【虫名】, 食人心, 故晨興, 則輒問: '得無蟣乎?' 自此, 後人於翰墨, 多用'無蟣'二字云." 余見『博物志』【張華所著】, 曰: "東南濱海洲有蟣虫, 觜如蜂, 形如蚊, 晝則潛傅葉底, 夜深後, 飛入房舍, 嘬人膚血云." 此上古所謂'無蟣之蟣'也.

下-30. 猩猩

猩猩, 人面能言語, 嗜酒, 喜着屨. 蜀封溪山多有之, 野人以所嗜陳列, 必伺其傍, 猩猩見之, 知爲餌已. 遂呼罵其人姓名及其父祖姓名, 又相戒無墮奴輩, 計中携儔而去, 復顧相謂曰: "盍嘗試之? 復來染指, 冥然忘戒, 相與沾[151]濡, 取屨加足, 機矢暗發." 遂顚連掩羣無遺. 余曰: "明知而故犯, 其愚甚矣. 然世間貪利好權之徒, 往往自罹禍網, 與猩猩何異也?"

下-31. 物我莫辨

『諧錄』曰: "一里尹管罪僧赴戍, 中道夜飲[152]酒. 尹沈醉, 僧取刀,

---

150) 黍粱: 나본에는 '黍稷稻粱'으로 되어 있음.
151) 沾: 가, 나본에는 '霑'으로 되어 있음. 서로 통함.
152) 飮: 저본에는 빠져 있으나 나본에 의거하여 보충함.

髡尹之首, 髮解已紲, 反紲尹項而逸. 凌晨, 里尹微寤求僧, 不得摩其首捫其項[153], 則髡且紲矣. 乃大訝, 曰: '僧則在是, 我今安在?'" 余曰: "世之營營乎迷津者循物, 欲於形骸之外, 不識眞我之何在者, 豈獨里尹一人乎?"

下-32. 兩主燕謨

麗史曰: "太祖統合三韓, 作「訓要十條」, 以遺後嗣. 其一, 我國大業, 必資諸佛, 故創立寺院. 其二, 諸寺基址, 非道詵占定, 外禁增建. 其三, 元子不肖, 與次子, 次子不肖, 與羣下推戴. 其四, 契丹禽獸之國, 衣冠制度, 愼勿效. 其五, 西京地脉根本, 四仲駐蹕. 其六, 燃[154]燈事佛, 八關事事. 其七, 從諫遠讒. 其八, 公州山外形勢背馳, 彼下州人, 不宜使在位. 其九, 制祿恤兵. 其十, 儆戒無虞." 余曰: "麗祖創業, 宜貽燕翼謀, 使嗣王觀法, 可也. 今此訓要, 丁寧反覆[155], 不過奉佛, 創寺・燃燈・設醮・山水・地理之說, 而從諫遠讒. 反居其末, 以此訓戒, 其可曰'家法'乎? 宋藝祖受命之三年, 鑴一碑, 立于太廟夾室, 謂之'誓碑'. 黃幔蔽之, 鑰封甚麗, 因勅新天子卽位, 謁廟畢恭, 讀列聖相承故事, 不敢泄. 雖心腹大臣, 亦不知靖康之變[156], 兵人入廟取器而去. 人得觀碑詞, 曰: '柴氏子孫, 有罪不得. 加刑只許, 獄中自盡.' 又曰: '不得妄殺士大夫.' 及言事, 人又曰: '子孫渝[157]此盟者, 天必殛之.' 是以, 垂宋之亡, 而人君禮待士大夫, 士大夫亦以此報之, 斯豈非藝祖之訓戒耶?"

---

153) 項: 가본에는 '頂'으로 되어 있음.
154) 燃: 저본에는 '燕'으로 나와 있으나 나본에 의거함.
155) 反覆: 나본에는 '反復'으로 되어 있음.
156) 變: 가본에는 '亂'으로 되어 있음.
157) 渝: 가본에는 '偷'로 되어 있음.

下-33. 佛入中原

東齋記事曰:"佛書見於中國, 世謂自後漢明帝時, 今考之劉向『列仙傳』, 則得仙者百四十六人, 其七十二人, 已在佛經." 又『漢武故事』曰:"昆邪王殺休屠王, 以衆來降得金人長丈餘. 其祭不用牛羊, 但燒香禮拜, 置之甘泉, 依國俗祀[158]之. 又哀帝元壽元年, 大夫景盧, 使伊存【西域國名】, 口誦休屠經. 又明帝前, 未有佛書, 則傅毅對明帝語, 從何以得知乎?" 余嘗見「經籍志」, 佛書周末流布中國, 遭秦之[159]燒書, 遂湮沒其說, 而至漢明帝時, 復來中國云. 此近於迂誕, 然『隋[160]書』亦必有所據也.

下-34. 牝牡雌雄

『說郛』曰:"宋大夫周牧, 與客游後圃, 玩羣鶴, 曰:'牝鶴乎!' 客笑曰:'獸有牝牡, 禽則雌雄也.' 周曰:'雄狐綏綏, 狐亦禽耶? 牝鷄之晨, 鷄亦獸耶?' 客极然無答." 余曰:"辯哉! 周氏之言也. 然雌雄字從隹, 牝牡字從牛, 客言是也."

下-35. 科目

漢以孝廉取士, 而袁本初·曹孟德, 皆擧孝廉, 唐擧進士, 而黃巢屢擧[161]進士, 科目之不足據[162]也. 如此而但我國[163]叛逆之魁, 若非武官則土氓, 而[164]未有名載文籍者, 稱名[165]射天. 嗚呼盛矣! 國朝

---

158) 祀: 나본에는 '祠'로 되어 있음.
159) 之: 저본에는 빠져 있으나 가, 나본에 의거하여 보충함.
160) 隋: 저본에는 '墮'로 나와 있으나 나본에 의거하여 바로잡음.
161) 擧: 나본에는 '重'으로 되어 있음.
162) 據: 나본에는 '擧'로 되어 있음.
163) 我國: 가, 나본에는 '我朝'로 되어 있음.
164) 氓而: 나본에는 '兵'으로 되어 있음.

養士簡人之道, 豈可與漢唐同日而語也?

下-36. 靑城良方

　靑城府院君金公[166]錫胄, 深曉靑囊之術, 多所救濟. 一日, 有一措大來刺, 自言, '其父年迫六旬[167], 忽嬰奇疾, 痰灼肺燃, 見粒而嘔, 乍起而仆, 兩目[168]無所視, 雙耳不司聰, 大熱而脚掉寒, 白日而腹鳴雷, 不泣而淚自泩, 無人而語獨長. 諸般惡症, 咸萃于身[169], 而世之以醫技自居者, 皆莫能證其祟, 願台座特示明訣.' 靑城沈吟良久, 曰: "貴爺素得富豪否?" 曰: "一生不免貧匱者." 靑城曰: "我當於開日公退親造診視." 措大喜而歸, 灑掃庭除, 而爲迎長者車轍, 家人皆[170]不之信. 翌朝, 靑城盛備威儀, 來造窮巷, 措大願視脉, 靑城曰: "觀形足矣." 又願命藥, 靑城曰: "非造次可議." 措大曰: "然則今者賁臨, 徒爲蓬蓽之榮耳." 靑城曰: "第取毫楮來!" 因列寫雲字十斛・靑蚨百貫, 遞與措大, 曰: "資此可供親廚." 言訖, 飄然而去. 措大莫究其意, 躡其車, 謝于其第, 苦請一良方, 靑城曰: "我自有執見貴爺, 今暮當少痊, 不出三四日, 必復常度, 何用[171]蔘苓芪朮也?" 措大曰: "多年貞疾, 豈容一朝祛[172]也?" 靑城曰: "不必費游辭, 第歸察溫淸, 以驗差劇." 措大强辭[173]至家, 則乃

---

165) 名: 나본에는 '兵'으로 되어 있음.
166) 金公: 가, 나본에는 '金相公'으로 되어 있음.
167) 六旬: 가, 나본에는 '六耋'로 되어 있음.
168) 目: 가, 나본에는 '瞳'으로 되어 있음.
169) 于身: 저본에는 빠져 있으나 나본에 의거하여 보충함. 가본에는 '于此'로 되어 있음.
170) 皆: 저본에는 빠져 있으나 가, 나본에 의거하여 보충함.
171) 用: 가, 나본에는 '庸'으로 되어 있음.
172) 祛: 나본에는 '去'로 되어 있음.
173) 强辭: 저본에는 빠져 있으나 가, 나본에 의거하여 보충함.

翁起坐床第, 談笑自若. 從此, 日瘳時歇, 至第三箇日, 宛做完人.
措大喜出非望, 往告青城, 青城曰: "理應爾爾也. 貴爺積傷於貧,
一年二年, 米愁柴愁, 纏結于心. 心之所賊, 百體隨之, 豈非藥石可
解也. 及見顯者踵門, 米錢盈庾, 憂轉成歡, 悲還爲樂, 心君渙釋,
所以致勿藥之喜也." 措大大悟.

下-37. 豊原顯靈

英廟季年, 旱魃肆虐. 一日, 親行雩祀于南壇, 洪相國鳳漢, 以亞
獻官, 秉璋將奠之際, 困極思睡. 睡到鼻息, 怳惚見得豊原趙相
國[174]顯命乘平轎子, 造于前, 洪公旣料其死, 怪問曰: "何能到此?"
趙公曰: "見君欲攄一腔冤恨, 不憚屑屑耳, 第言之." 曰: "伊昔十數
年前, 不佞與俞相國拓基, 陪上禱雨于郊坰, 將事之夜, 甘澍普洽.
上御逍遙輦還宮, 俞相敷奏于輦傍, 曰: '雨且大霈矣.' 不佞卽應
曰: '果是宸衷上格而然耶?' 此言似涉於其然未然之歸, 而余心實
贊美聖德斷斷無他也. 不圖聖上祗令, 以此言菲薄, 賤臣賜祭賜
諡, 尙未蒙恩. 願君代暴此耿耿, 俾得安棲于泉臺也." 言訖, 而御
史斜洪公假寐欠敬, 嚴敎繼下. 洪公始得攪覺, 乃蘧蘧然一夢也.
心焉嗟異, 而或涉妖誕, 未能陳聽矣. 旋又更睡, 則趙公色不懌,
曰: "顧君何靳一言, 厚負衿曲?" 洪公未對而遽覺, 又是一場蝴蝶
也. 聖上赫然斯怒, 曰: "禋祀受同, 固宜駿奔之不暇, 而卿惟與睡
魔爲隣不惕, 予一人怠忽之責, 誰執其咎?" 洪公乃下階, 伏奏曰:
"臣有一事, 靈怪欲煩聖聽, 幸蒙許可." 上命陳奏, 洪公將夢中事
狀, 一一說遍, 上大驚曰: "何此言之靈異也? 予果以豊原之南郊一

---

174) 相國: 가, 나본에는 '相公'으로 되어 있음.

言, 終爲未安, 竟致祭謐之遲暮也." 因命有司, 操文弔祭, 且議隱卒之號. 自是, 逐朔賜祭, 恩榮逈異.

下-38. 蔡相報恩

京城有許生者, 設藥肆於銅峴十字街頭. 一日, 有一官人, 衣袍麤博, 策款段入肆, 敍寒暄, 袖出一方, 乃補中益氣湯也. 合五十貼, 每貼, 入人蔘五錢重, 謂生曰: "願君製此, 須務精細." 生曰: "所入蔘料, 當爲二[175]斤有剩, 弊肆不能辦此, 奈何?" 官人曰: "第求於隣肆." 生如言鳩合, 切磨爭星, 盡製五十貼子, 置于前, 曰: "價直帶來否?" 官人曰: "願盡得稱貸." 生氣沮口呿, 睨視差久, 曰: "世豈有此等事乎?" 官人曰: "親病且劇, 醫言用此當奏立效, 而家貧難辦錢鈔, 奈何?" 生怒視, 至日昃, 乃曰: "蔘已盡到, 雖不奉贈, 亦無用矣. 好自持去, 且留姓名." 官人曰: "吾蔡正言濟恭也." 生曰: "償在何時?" 蔡曰: "得可償之地然後, 始可議到." 生曰: "君是午派, 姓且稀僻, 一生做不過狼川・奉化等縣, 其準瓜廩俸, 詎得當此藥債也?" 蔡曰: "誠如尊言, 君但以空失自居也." 因收藥貼[176], 大步出去. 生計其直, 則洽爲千金[177]矣. 家貨爲之蕩敗[178], 贅寓於其婦家, 身世淒楚, 妻子日益咎生, 主翁亦頗苦之. 積數十年, 蔡公遭遇鴻毛, 驟登華顯, 而生怒未已, 一不往現. 及蔡公按西藩, 主翁勸生刺謁, 丐得一幕座, 生不得已往造, 蔡公渾然不記, 曰: "君是誰某?" 生自[179]納姓名, 且道昔日雅分, 蔡公曰: "別來久矣." 因顧左

---

175) 二: 가본에는 '三'으로 되어 있음.
176) 藥貼: 가, 나본에는 '藥石'으로 되어 있음.
177) 千金: 가, 나본에는 '五千餘金'으로 되어 있음.
178) 蕩敗: 가, 나본에는 '蕩覆'으로 되어 있음.
179) 自: 저본에는 '且'로 나와 있으나 가, 나본을 따름.

右, 談屑娓娓, 而不與生更交一語. 生囁嚅曰: "小人由來, 轉窮飢寒且苦, 願收置幕下, 以延縷喘." 蔡公色勃如, 曰: "幕座, 幕座!" 生慚憤而退歸, 告[180]妻子曰: "吾雖死復死, 誓不更見此生貴幸恩之徒也." 生荏苒幾箇月, 又當冬沍, 妻子啼飢, 一倍愁沮. 主翁怒, 謂生曰: "我周恤已竭力矣! 汝傾産與人, 其人又歲食二十四萬, 何不求償, 而但仰哺於此老物也? 吾聊給汝資斧, 更須往投, 縱不得盡償, 豈無厚資耶?" 生又辭不得, 徒步[181]跋涉, 費了旬望, 到箕營[182], 攀緣入謁, 蔡公曰: "君何遠到?" 生羞澁欲語之際, 蔡公遽起身如厠, 命館生於衙內靜僻處. 生不得已就館, 頹窓漏簷, 寒風蕭索, 官廚所饋, 只有一肉. 生無心久留, 日日要辭蔡公, 則侍者拒之. 如是者, 積費數月, 終不得蔡公一面, 欲不辭而[183]走, 則閽吏禁不得出; 欲踰垣而逸, 則墻高難超. 且館中有一官童, 照管起居行止, 不能自任, 一如囚係[184]樣子. 自冬徂春, 雨雪楊柳, 惹得歸思. 一日平明, 排闥直到蔡公臥內, 蔡公曰: "子安得淹留至今?" 生曰: "每欲辭歸, 輒被左右所拒, 以致多糜營穀, 今則可以去矣." 蔡公頷之, 命給一款段, 五百阿賭, 以充行李. 生欣然而退, 路中思惟, 憤懥愁怨, 且歸見家人, 將何以解之? 留連旅店, 故爲遷延. 迨夫盤纏垂竭, 乘暮抵主翁家, 主翁家厮養, 迎門笑語曰: "相公來何暮?" 相與傳呼, 闔室歡聲. 生默計曰: "此輩必料我有豐槖而然也, 此又余一層赧顔處也." 入拜主翁, 主翁握手勞之, 生亟問: "妻子何去?" 一座哄堂, 曰: "皆在君家!" 生訝之曰: "我何處有家?" 主翁曰: "汝西征

---

180) 告: 나본에는 '語'로 되어 있음.
181) 徒步: 가, 나본에는 '困步'로 되어 있음.
182) 箕營: 가, 나본에는 '箕都'로 되어 있음.
183) 而: 나본에는 '遲'으로 되어 있음.
184) 係: 가, 나본에는 '繫'로 되어 있음.

後, 有金知樞者, 傳汝書于女兒, 使之移住新舍, 汝豈忘諸耶?" 生大驚曰: "吾初無是事, 又不知[185]金知樞爲何人, 此必此厮起心不良, 僞做吾書, 勒奪吾妻也. 氷翁豈可輕信人言以中其計?" 主翁笑曰: "吾自送女兒, 使諸豚犬伴, 處新舍, 以備外庭, 豈有罔測之慮哉?" 生大怒曰: "然則氷翁陋我寒賤, 使吾妻嫁於別人也." 主翁急止之, 曰: "言一出而駟不及, 汝何狂率之至此? 第同往新舍, 以驗虛實." 生諾之, 踵主翁, 到一家, 制度軒敞, 衆僕迎候, 及入內室[186], 妻粲爛衣襦, 含笑迎之. 生怒甚徑走, 曰: "好淫婦, 好自養[187]於富兒金屋也!" 主翁曰: "有一人要見君, 第往外舍." 生勉强[188]而出, 有一人肅生寒暄, 曰: "記我否?" 生曰: "君是西伯席上之珍, 余縱有一面, 那得要見?" 其人曰:[189] "吾卽金知樞, 方忝西臬首幕, 往年君之西下也. 使爺密囑俺曰: '我受許生非常之恩, 故欲報以非常之道, 所以尙今不償一金[190]也. 許生方此來訪, 我當百般[191]拘縶, 延拖五六箇月, 使之備嘗險阻, 以回其賤財之心. 子須刻期上洛, 將錢鈔五萬貫, 幹辦田地·家舍·奴婢·什物. 又將此僞作許生書, 賺其妻, 趁生未到京, 俾得搬撤移住也. 我偏親昔服許生良藥, 果奏神效, 我故念念不能忘. 自崇顯以裔, 所得官錢, 半留半用, 以爲許生地留者, 洽爲五萬, 積在京第, 君可取而如戒云云.' 俺旣感尊兄之尙義施恩, 且欽使爺之盡意報德, 多日周旋, 今才事完, 而產業頗饒, 文券俱詳, 君須領收." 生始怳惚大覺, 且感蔡公盛德, 與妻

---

185) 知: 가, 나본에는 '識'으로 되어 있음.
186) 內室: 가, 나본에는 '內屋'으로 되어 있음.
187) 養: 가, 나본에는 '享'으로 되어 있음.
188) 勉强: 가, 나본에는 '眶强'으로 되어 있음. 서로 통함.
189) 生曰 … 其人曰: 저본에는 빠져 있으나 가, 나본에 의거하여 보충함.
190) 金: 나본에는 '文'으로 되어 있음.
191) 百般: 저본에는 빠져 있으나 가, 나본에 의거하여 보충함.

子僕僕祝千萬壽, 高枕穩享者, 且數月. 蔡公盛備車服, 以迎許生, 生旣至西營, 相視大笑, 日與親狎, 復越夷等.

下-39. 海恩雅量

海恩府院君吳相命恒, 忠貞有大略. 迨[192]戊申之亂, 以巡撫使, 受命而出, 行到鍾街, 萬姓塡巷[193]瞻觀. 忽聞陣內有應對之聲, 將官傳命曰: "旗手一人, 飛到使爺宅上, 傳語小郞君, 愼勿漫浪度日, 勤課讀書云云." 騷繹從以鎭安, 曰: "臨陣主帥, 尙能如是, 況吾輩遠在京師者乎!" 及捷還, 公之婢, 往貿米柴於市, 市人問曰: "是誰家庄獲?" 婢曰: "吾主吳府院君也." 市人曰: "吾輩已有成約, 曰: '微貴府大爺, 安能安居興販也? 自今, 凡有貴府所貿, 一切不受直, 違者罰之.' 君可量意[194]貿去, 愼勿以價直容喙." 婢歸告公, 公驚曰: "盛名之下, 古人亦難居, 況於吾乎!" 乃率家歸田.

下-40. 金衙諧謔

家君宰金溝, 余留在公府, 而春駕以事赴完營, 衙隸四散, 只留一箇皂卒守閤, 萬呼千喚, 無有應者. 余戲曰: '無路可通通引路.' 時安上庠柱完來游, 卽應曰: '有時能使使令時.' 一座稱爲精妙.

下-41. 安守旭小傳

雲谷相公, 平生不率傔侍, 唯有安守旭者, 自幼給事左右, 厚被薰陶, 良直而曉事, 以勤勞得差宣惠吏. 及雲谷沒, 而旋奪職階, 禍

---

192) 迨: 저본에는 빠져 있으나 가, 나본에 의거하여 보충함.
193) 巷: 저본에는 '壑'으로 나와 있으나 나본을 따름.
194) 意: 저본에는 '宜'로 나와 있으나 가, 나본에 의거함.

色日熾. 時洪相公[195]鳳漢, 以首揆兼管惠廳, 家人日囑曰: "安某卽逆臣家儻, 而蹲據廳吏, 盍汰之?" 洪公頗然其說, 未得其便. 會守旭齋公簿來稟, 判決旣畢, 洪公故曰: "汝姓名云誰?" 對曰: "某." 又曰: "從誰得吏?" 對曰: "偏蒙鶴橋故相大監深恩, 服事于本廳矣." 洪公開[196]窓大喝, 曰: "汝何敢尊稱凶逆?" 守旭昂然不少屈, 洪公斂容, 曰: "若義人也, 吾薄試汝耳." 且命近前, 曰: "汝以事罪相事吾, 則吾有人矣." 乃令永除番役, 照管家務, 箚疏書翰, 一以咨之, 日用施爲多所商確. 洪公愛如手足, 竟以庄獲錢穀, 一出一納[197], 替使理之, 上下受裕, 動合適宜, 而儻客奴隷[198], 俱得心悅, 未有以偏寵爲猜. 洪公嘗問雲谷好處, 對曰: "小人但見故主, 雖於夜深燕寢之際, 若小報來[199], 則使小人隔窓讀下, 如有'傳曰'二字, 亟令停之, 整束冠帶, 拱手跪坐而後, 始令更讀. 小人服事五十年, 未見一日少懈, 其他未知也." 每洪公與客, 論雲谷事, 必去姓斥呼曰'光佐', 其子侄, 亦依樣此話頭. 守旭曰: "吾今日忍聞此不忍聞之言, 苟圖媒寵於相公, 是人質而獸心也." 輒辭而退. 洪公留之益堅, 守旭辭之益堅, 洪公命諸客衆子, 不得道雲谷名字, 但稱鶴橋, 違者誓不相見. 由是, 洪公之門, 五尺之童, 皆遵成約. 一日, 洪公早朝晏退, 命守旭攝脫朝衣, 汗透袍衫, 淋漓自滴. 回顧守旭, 曰: "今日筵對, 吾殫盡心力矣." 守旭默然無應, 洪公更曰: "俄者, 聖教反復丁寧, 不知幾千條, 而多有難於更僕者, 雖使雲谷復生, 未必勝於吾之所對也." 守旭曰: "小人之故主, 牢守不言溫室樹之義, 未嘗以

---

195) 相公: 나본에는 '相國'으로 되어 있음.
196) 開: 가, 나본에는 '闢'으로 되어 있음. 서로 통함.
197) 納: 나본에는 '入'으로 되어 있음.
198) 奴隷: 나본에는 '奴婢'로 되어 있음.
199) 來: 나본에는 '到'로 되어 있음.

筵中事說與他人. 雖梧川·鵝谷兩大監之親, 未嘗有洩, 不圖大監
將莫重莫愼之事, 備說于如小人之賤傔也." 洪公默然自悔, 不懌者
竟日, 乃召守旭曰: "汝伏侍左右, 洞見我未盡善處, 我夙夜兢懼,
懼或見瑕于汝, 汝可歸家, 時時來省也." 守旭僕僕而退. 往來于洪
家, 而洪公之眷, 亦不少衰也. 及洪家浸衰, 當時傔客, 雲歸烟散,
守旭獨守不去, 誠勤有倍於前日, 一世皆義之. 至今, 其子孫尙襲
傔氏云.

下-42. 艮齋恢度

艮齋崔相公奎瑞, 致仕鄕居, 居處出入, 混與野老等. 嘗戴破笠
子, 穿麤絹袍, 騎羸牛, 使小童策之, 往省先壟. 午憇于傳舍, 坐未
久, 忽有數三皂隷, 滿負繡席華茵, 疾馳[200]而入, 曰: "請君少避!"
公曰: "來者何人?" 曰: "竹山府使." 公曰: "吾飯將卽去, 願少坐
檻[201]外." 皂隷無如之何, 敷重茂席于房裡架槊, 悉具雕繢滿眼而已.
辟除喧嚷, 華蓋下儼坐一位少年, 頂玉拖紫, 揚揚馳入, 亟呼皂隷,
曰: "汝先到幹辦, 竟做甚事, 使無賴者, 攔入占據, 何也?" 對曰:
"此老廝甚是强項, 呵之不出, 致此犯科." 府使曰: "今姑饒恕, 須勘
來嗣." 因高踞, 曰: "這老物須通居住姓名." 公對之甚謹, 且隱名
諱, 府使曰: "邇來空頭牒甚爛行, 未知君費了幾箇販租錢買了玉圈
也." 公曰: "不是費錢, 俺家在崔奉朝先壟下, 因此得占也." 府使莞
爾曰: "然則未必見欺於僞寶也." 居無何, 廚傳供飯, 飯極滋味. 公
買食對嚼, 府使方食[202]牛, 足灸, 忽大怒曰: "肉甚硬, 非劈牙可切,

---

200) 疾馳: 가, 나본에는 '疾走'로 되어 있음.
201) 檻: 나본에는 '檻'으로 되어 있음.
202) 方食: 저본에는 '啖'으로 나와 있으나 가, 나본을 따름.

奈何以不堪口者充供?"因擧齒牙餘肉, 賜公, 曰: "君可啖此." 公領受, 而佯作噉吞之狀, 因暗投于盤後, 飯已, 俱起身相別, 路分東西而去. 始公之受困於府使也, 公之小童[203], 不勝忿懥, 亂罵府使之吏, 曰: "吾主揆地也, 量汝一弁官, 怎敢無禮?" 吏全無準信, 欲加毆[204]踢, 店主曰: "兒言不爽, 但此相公, 以此行裝, 常常往來于此, 申囑諸肆, 皆令秘口, 勿使行人, 知爲勻座, 故吾曹不敢先告耳." 吏悚懼失色, 俟府使之登道, 歷說其狀, 府使大驚, 亟回車而馳追相公, 於暮店肉袒爲謝. 公卽令入現, 略無介滯, 曰: "吾不備威儀, 自失其度也. 君無神鑑, 則何能辨也?" 府使曰: "俯恕至此, 隕結難報也.[205]" 公曰: "雖然, 君以年少刀牙, 不能食惡, 而使此老物啖之, 察民隱類如是, 則爲治可知[206], 是爲君悶然也." 府使僕僕而退.

下-43. 榮賊僭踪

國朝規模彰明, 禮分嚴截, 四百年來, 或有勳戚倖臣, 竊擅威福, 而未敢有犯越涯分. 雖以安老·元衡·爾瞻·希奮之無將大憝, 終不能踰其定制, 猥擬乘輿. 而余徵諸故老, 備聞洪國榮跋扈, 諸科非但本朝創有, 亦古乘罕覩, 年才數紀, 位竊貳師[207], 文柄武權, 左右兜攬. 錢穀[208]甲兵, 都在掌握, 憑據宿衛之任, 肆居宮城之內, 妖嬖偃藏於淸禁, 悍傔鬧嚷於掖庭, 凶習滋長, 勢焰孔熾. 宰樞臺閣, 凡有趨朝必膝行, 先造此賊禁廬, 其所奏請, 銓選論劾議讞, 隨其指

---

203) 小童: 나본에는 '小僮'으로 되어 있음.
204) 毆: 저본에는 '歐'로 나와 있으나 가본에 의거하여 바로잡음.
205) 隕結難報也: 가, 나본에는 '非結草隕首可報也'로 되어 있음.
206) 知: 저본에는 '悉'로 나와 있으나 나본을 따름.
207) 師: 가본에는 '卿'으로 되어 있음.
208) 穀: 저본에는 '谷'으로 나와 있으나 가본에 의거함.

使, 無敢少忤. 白首崇秩, 交以爾汝, 綠髮名官, 遇如奴隷, 微時睚眦, 俱受酷報. 當日吮舐, 擧得驟[209]顯營私第, 而敢考功董役, 居直廬而恣食, 內廚飯饌. 每當鑾輿謁仙寢, 此賊必在先驅, 揚揚得得, 自穿紅錦貼裏, 腰橫玳瑁箭筒, 前陪[210]彌延五里, 紅令旗·三稜杖, 羅列左右, 馬後跟從, 皆着絳羅袴褶. 及夫臨津渡江, 別乘一箇龍舟, 應對之聲, 呵辟之節, 每事效上. 其餘萬般凶節, 罄竹難旣, 猗歟盛矣! 惟我寧考, 若日月之照臨, 洞燭奸狀, 勒令致仕, 一時宰輔曁山林禮遇之士, 交章請留公車爲之盈溢, 而聖考拂其章疏, 鋤其黨與. 時此賊退居江榭, 年纔三十餘矣, 自知未免王章泹荒自賊, 未施神人之誅, 徑作牖下之鬼, 一世嗟憤[211]. 噫! 此賊幸際唐虞之世, 不能仰體洪化, 自速四凶之罪, 其愚且蠢矣夫!

下-44. 李將軍顯靈

李將軍柱國, 家居水閣橋. 有一隷最寵, 及將軍沒, 隷恒侍靈筵, 自效誠勤. 迨至將軍小朞, 隷夜候於家洞之橋睍聽, 更漏欲漏盡而設祭也. 及至五鼓下, 蹌蹌還告, 纔到門屛, 遙見火炬如城, 紗燭照地. 前陪班列, 後車陸續, 馳到主家, 隷諦視, 則將軍也. 且拜且哭, 嗚咽不能問起居, 將軍駐馬慰之, 且曰: "吾方專來享祭, 卽聞前導返告, 則神卓之上, 陳列之羞, 多不能淨辦. 我當旋踵, 汝爲我申意于小主人, 愼勿詰治婢僕, 另卜吉日, 別設一祭也." 因於馬上, 寫給一封書, 曰: "公子必不準聽, 聊以此爲信符也." 言訖, 倏然而去. 隷定睛更覩, 則只見天衢靜寂, 曉月淸透. 隷入見公子, 則已侑祭

---

209) 驟: 가본에는 '踚'으로 되어 있음.
210) 陪: 가본에는 '排'로 되어 있음.
211) 憤: 가본에는 '恨'으로 되어 있음.

呼撌, 隷以狀告之, 公子果訝惑不定. 隷因出書緘, 公子視之, 則宛是亡父手澤也, 披觀裡面, 則辭旨與隷之舌傳甚印. 乃點檢蘋藻, 多有人毛之混入, 公子大慟自咎, 卜日更祭云.

下-45. 古宰尙儉

英廟朝, 有李生者, 慶州餘派也. 家居振威, 裹足入洛, 專訪雲谷相公, 自敍譜系. 雲谷款留厚饋, 剪燭劇談, 生見衣桁, 末掛斷爛貂皮風遮. 乃錯認以狗毛, 進言曰: "這狗皮盡禿, 不合進着, 萬望見惠." 雲谷大笑. 只見窓楹門扇, 自開自閉, 房中鎗器, 乍騰乍墮, 錚錚亂鳴, 有若巫覡鼓樂, 精神變幻妙術者然, 生大懼逸去. 雲谷笑訖, 問生何居, 左右廣搜一舍, 全無影形. 乃使旗手, 躡蹤于路, 生果鎖足縶坐於四街卜柵矣. 旗手以雲谷令赦之, 偕生而還. 雲谷曰: "子緣何竄走?" 生曰: "俄者所睹, 甚是乖, 當疑神疑鬼, 不勝驚怕[212], 冒死出奔矣." 雲谷曰: "豈有神降? 特爲吾笑聲所撼以致縱錚耳." 因又欣然而笑, 几案如舊掀倒, 生始悟公之無他術也. 笑已斂容, 曰: "我自笑君之以貂認狗, 此貂又足可着十餘年, 而君之所索, 余豈惜爲之地哉? 但貂非士子巾服, 須進于春庭, 以煖衰質也." 生果如言. 古宰輔之節物, 尙儉如是夫!

下-46. 尹塾詩

尹尙書塾, 詩韻迥高, 對耦起結, 陣唐璞宋, 殆爲近世宗匠. 其在「黃州月波樓」詩曰: '黃城兒女木蘭舟, 夜泊黃城近月樓. 一唱西京檀板曲, 五更眠鷺起芳洲.' 又「松京懷古」詩曰: '五百年終飛鳥過,

---

[212] 驚怕: 가본에는 '驚怖'로, 나본에는 '悸怖'로 되어 있음.

當時文物極繁華. 御溝流咽前朝水, 古木棲歸落日鴉. 山鬼成螢迎法駕, 宮娥化蝶舞殘花. 遺民耕盡粧臺土, 拾得金鈿賣[213]酒家.' 俱是絶唱也.

下-47. 竹器救鹽

余弱冠而游湖南, 自金溪, 造氷翁於咸羅任所, 蓋一日程也. 行到一村庄, 解鞍少憩, 庄主逞遽來, 告曰: "官人行橐, 必有良藥, 願賜一粒." 余曰: "所求何藥, 將用於何症?" 庄主曰: "迷女與其夫壻, 易日鬪鬧, 不意女兒偏性, 蓄憾積怨, 多飮鹽水, 方且昏僵, 命且垂絶矣." 余不勝驚愕, 卽遺淸心·蘇合等劑, 庄主領受而入, 良久復出, 曰: "連投五六丸, 苦無少效, 願官人更示良訣." 余偶有所思, 卽應曰: "窮巷旣無藥肆, 不佞又非醫士刀圭, 難試[214]鍼灸無階. 惟有一方, 可能副急, 汝能肯聽否?" 庄主曰: "謹當惟命!" 余曰: "汝可亟取淅米之竹器, 爛烹于釜, 以其水灌入病女之口." 庄主一遵指敎, 少焉, 只聞閨室歡笑, 庄主致謝于前, 曰: "此方立奏神效, 女今無恙矣." 余笑而始起, 命駕而馳, 夕到咸衙, 衙內有一客, 甚博洽. 余語以村舍所經, 客曰: "貴方何據?" 余曰: "庾信「哀江南賦」, 有 '弊簟不能救鹽池之鹹, 阿膠不能止黃河之濁' 一句語, 細推其理, 則弊簟非不救鹹毒, 而無奈鹽池之大; 阿膠非不止濁水, 而無奈[215]黃河之巨也. 弊簟者, 竹器也. 余宿欲一試, 而未得其會, 村舍所經, 亦甚適丁, 何謂無據?" 客大悟.

---

213) 賣: 나본에는 '伺'로 되어 있음.
214) 試: 가본에는 '施'로 되어 있음.
215) 奈: 가본에는 '乃'로 되어 있음.

下-48. 老峯免禍

老峯閔相公鼎重, 少日讀書山寺, 同舍有一秀才, 聯架課讀, 乃睦相國來善也. 閔公旣知其爲睦相, 睦相亦知其爲閔公, 而以臭味之相岐, 不交一言, 幷床而寢, 對卓而食者, 洽爲三載, 而幷不及通了姓名. 然其氣宇之偉傑, 志見之不撓, 已有默許, 兩相心憚矣. 迨閔公撤讀下山, 一日, 忽憶睦相, 必往造之, 徒步出崇禮門, 行未遠, 遇睦相于路街[216], 相視大笑. 閔公曰: "子方向何處?" 睦相曰: "我今忽思君, 不能自抑, 方擬專訪耳." 閔公曰: "我行亦如此, 可謂心印相照也. 然我不必到貴第, 君不必辱弊廬, 笠車相逢, 亦云幸矣." 睦相曰: "此言甚符淺見." 因相携入藥肆, 促膝劇談, 無有礙滯, 若平生久要, 日昃而罷. 自後, 更無過從, 復作楚越, 至於靑瑣接面, 不敍寒暄, 古之人磊落器量, 薰蕕异同矣. 及睦相得志釀禍於己巳, 閔公之儕流, 殆盡屠戮, 而閔公亦有後命緹騎已發, 而睦相有感於前日, 急忙詣闕, 百口申[217]救, 竟寢前命亟令追回. 自是, 兩家世守舊好, 至今不替. 閔公之雲仍, 爲余言如此.

下-49. 丁洪諧謔

丁承旨若鏞, 娶洪判書義浩之從妹. 時若鏞年幼短少, 義浩戲之曰: "四寸妹夫, 三尺童子." 若鏞卽應曰: "重厚之孫, 輕薄其兒[218]." 重厚, 義浩之祖也. 其對耦, 甚是精切, 眞敵手棋也.

---

216) 路街: 나본에는 '道'로 되어 있음.
217) 申: 나본에는 '伸'으로 되어 있음. 서로 통함.
218) 其兒: 가, 나본에는 '之子'로 되어 있음.

下-50. 一門三忠

鄭蓍, 寒崗先生逑之裔也, 以武階, 得嘉山郡守. 當辛未冬, 景來諸賊, 凶謀旣成, 將以辛未臘月二十二日, 稱兵陷郡縣. 蓍之所眄妓蓮[219]紅, 先知賊情, 告于蓍曰: "一郡相傳, 今夜必有兵禍, 使君願出避!" 蓍笑曰: "方今金膏玉燭, 八域寧謐, 豈有此患也?" 因滅燭安睡. 及賊徒用夜半屠郡, 大張兵威, 屈蓍於庭, 蓍手無寸鐵, 力撲數人, 據義罵賊, 辭色甚厲. 蓍之父, 年逾七十[220], 方在書室, 聞變而出, 賊徒已滿庭, 蓍備受凶毒[221]矣. 乃呼蓍, 曰: "造次之際, 易失素節, 汝愼勿負國以捐一軀也." 蓍泣曰: "雖無此訓, 豈或少忽?" 言訖遇害. 蓍之父, 亦死於亂鋒之下, 蓍之弟蓍, 以身翼蔽其父, 賊怒刃刺其胸, 意謂已死, 投之溝[222]壑. 蓮紅見蓍閤室幷命, 不勝痛盡, 收蓍父子骨, 入木祭奠於渠之私第. 而蓍僅有一縷之喘, 乃和藥灌口, 盡意調養, 竟得回[223]甦. 噫! 有是父, 有是子, 有是弟, 有是妓也. 李文衡晩秀, 挽蓍曰: '萬古綱常三父子, 五城風雨一男兒.' 膾炙人口, 盛稱壓倒.

下-51. 驛爲兵象

宣廟朝, 嶺南有一富兒, 夜行失路, 轉到絶峽窮山, 遙見峰顚[224], 孤燈熒然. 知其爲人巢, 忙遽造之, 果是一區精舍也. 叩柴扉, 請借一宿, 舍中有人應之, 曰: "子人耶鬼耶獸耶?" 對曰: "人也." 曰: "此

---

219) 蓮: 저본에는 '連'으로 나와 있으나 나본에 의거하여 바로잡음. 이하의 경우도 동일함.
220) 七十: 가, 나본에는 '七耋'로 되어 있음.
221) 蓍備受凶毒: 저본에는 빠져 있으나 가, 나본에 의거하여 보충함.
222) 溝: 나본에는 '邱'로 되어 있음.
223) 回: 가, 나본에는 '更'으로 되어 있음.
224) 顚: 가, 나본에는 '巓'으로 되어 있음. 서로 통함.

處不宜暫住, 以作郊祭之犧牲, 惟君速去!" 對曰: "天黑雨打, 莫辨尺尋, 虎吼豺躑, 危在呼吸, 可謂進亦死, 退亦死也. 與其勞奔而捐軀, 莫若安坐而罹禍, 願開門少容舍中." 人始出而迎入, 視之, 則婷約[225]美姬也. 山家靜閴, 更無人影, 而姬歸臥房裡, 富兒歇坐廊廡, 疑眩滋甚, 人鬼未判. 及至鷄鳴[226], 有一大漢, 超屋而入, 身長十尺, 狀貌魁獰. 額上生一角如鹿狀, 滿負雉兎, 大步升堂, 姬顚倒出迎, 禮貌甚恭. 大漢指富兒, 曰: "這是甚物?" 姬曰: "昨夕, 有一行人, 投宿在此." 大漢招富兒, 命[227]近前, 富兒震慄一拜, 大漢曰: "汝是何處人, 姓名且誰?" 富兒對之甚悉, 大漢使姬爨飯炙肉, 盛備一大卓, 與富兒對吃. 吃已, 大漢指姬, 曰: "此良家女也, 我實不知男女情慾, 而獨居踽踽管領井臼, 已十年矣. 今者, 不幸被汝知覺, 我當從此逝矣, 汝須携姬自去!" 富兒愕然無以應, 大漢指畫前路, 曰: "自此, 迤迁[228]到幾里, 有某縣某村, 距汝家幾里也. 必飛也似出去, 如有遷延, 當受一拳." 富兒大懼, 與姬共歸, 大漢曰: "我久闕鹽食, 聞汝家貲頗豊, 須於某日, 具鹽三十石以待也." 富兒諾而去. 其日, 大漢果自空冉冉而下, 相見款握, 乃以布袋盛鹽, 負而超千山萬水, 倏忽[229]飛去, 富兒曰: "幸留君姓名." 大漢曰: "後日, 洛東江上着靑袍者, 知我出處, 汝須問諸也." 富兒莫曉其意. 久後, 因事渡洛同江, 有一端士, 穿靑袍, 危坐船[230]頭. 富兒怳惚記得大漢宿言, 仍[231]就而問之, 且說一遍委曲, 靑袍人沈吟良久, 長吁不

---

225) 婷約: 가본에는 '婷妁'으로, 나본에는 '綽約'으로 되어 있음.
226) 鳴: 가본에는 '唱'으로 되어 있음.
227) 命: 저본에는 빠져 있으나 가, 나본에 의거하여 보충함.
228) 迤迁: 나본에는 '透迤'로 되어 있음.
229) 倏忽: 가본에는 '倏然'으로 되어 있음.
230) 船: 나본에는 '舡'으로 되어 있음.
231) 仍: 가, 나본에는 '乃'로 되어 있음.

言. 富兒苦詰其由, 答曰: "此名驛也. 非人非獸, 處於窮島, 今者, 出現于世, 定是兵革之兆也. 安得不悲?" 富兒探靑袍人姓名, 則李退溪先生也. 其後, 果有壬辰之搶攘.

下-52. 尤翁聰明

宋尤菴[232]公爲冢宰, 且當京察, 政吏請修草都目, 蓋故事也. 尤菴不許, 吏曰: "多歧遷除, 不可强記, 所以有先草也." 尤菴不應. 及赴銓席, 大小注擬, 皆從口呼[233], 無有錯誤, 率中舊典, 而獨南原府使有闕不補. 諸吏默籌, 曰: "此爺雖自負聰明, 而此一着竟破綻也." 及政垂畢, 而尤菴語諸吏曰: "南原自有其人, 我故不轉遷, 可以尹鑴爲首擬." 諸吏乃服.

下-53. 東岡際遇

肅廟之齒學也, 東岡趙公相愚, 爲將命導, 導鶴駕, 趨入辟雍, 偶失足躓, 伏圜[234]橋門者, 皆大笑. 趙公斂容而起, 顧謂來後執事曰: "此席甚滑, 宜加小心." 因就位禮成. 及肅廟膺受寶位, 患痘疫疾大漸, 兩脣膿合, 數日不能御水漿, 內外焦遑, 罔知攸措. 嘗藥諸臣恒侍左右, 上方臥床, 第竟日不懌, 忽見天顔有喜, 大笑差久. 諸臣莫省其狀, 乃進奏曰: "靜攝之中, 恐不合如是." 上曰: "我病中, 忽憶入學時事. 伊日, 將命趙相愚, 當先疾趨, 忽地顚躓, 橫臥路側, 被萬姓之揶揄非笑. 若使凡庸之器, 當此地, 則必有羞赧底意, 而相愚恬以爲常, 徐整巾服, 乃反申囑諸生, 歸咎於席面之滑, 事事皆

---

232) 宋尤菴: 나본에는 '尤庵宋時烈'로 되어 있음.
233) 呼: 나본에는 '號'로 되어 있음.
234) 圜: 나본에는 '環'으로 되어 있음.

堪絶倒. 然予於其時恐失容儀, 百忍過去, 今日追笑, 更覺病口已開, 今則可以言, 可以食. 此笑豈不愈於靜攝耶?" 諸臣大喜. 自此, 連進水刺, 玉候乃瘳. 趙公之際遇聖明[235], 竟至大用, 蓋肇跡于此云.

下-54. 紿侄登第

古有一擧子, 不能研精文墨, 而其兄子博洽聰敏, 長於功令. 擧子每於場屋, 欲從兄子借述, 而慮兄子急於自拔, 必無承順, 莫若別設權術, 賺他入彀也. 籌計已熟, 同入謁聖闈, 諦視璇題, 乃試騈儷文也. 擧子卽成上項, 曰: "擧兵犯闕, 義所不敢." 因自加貫批, 極口誇衒, 兄子大驚曰: "叔父何出此等語?" 擧子只是自直, 兄子曰: "此券一入, 奇禍踵至, 必須改述." 擧子曰: "我積費意匠, 成一佳句, 今捨此更思, 必致晚呈. 老夫[236]赴擧, 不可若是疎迂!" 兄子曰: "小侄已了一篇, 願獻叔父." 擧子勉强諾之. 兄子大喜, 竟以自家所屬文, 倩書叔父券內, 獨對丹墀. 居無何, 藥珠榜放, 擧子高占, 兄子落第. 擧子乃厲責兄子, 曰: "汝器量窄窄, 不能細推物理, 我旣無心恙, 則豈可於御覽之辭, 忽發駭妄之說, 自速亂言之科哉? 特欲籠絡汝, 使汝自納所述也. 汝不能周思, 竟致自納[237], 來後則勉旃勉旃!" 兄子大悟噬臍, 而已無及矣. 或以是裕其叔, 而短其侄, 余難之, 曰: "召試禁庭, 胡草無脊之文, 一失臣子之分, 一損猶父之尊, 以竊倖科? 與其誠意, 待叔只料其有眞, 不料其有譎, 寧失榮途, 不失義理, 未知孰優哉!"

---

235) 聖明: 가, 나본에는 '聖朝'로 되어 있음.
236) 老夫: 나본에는 '老父'로 되어 있음.
237) 納: 나본에는 '欺'로 되어 있음.

下-55. 蔡相詩調

蔡相國濟恭, 氣韻豪宕, 發諸詩律者, 往往多雄偉磊落. 如「冬夜吟」曰: '雪霽峯巒增突兀, 天寒星斗倍精神.' 如「被彈歸田」詩曰: '袖手傍觀星散局, 奉身歸臥月明樓.' 如「除西伯」詩曰: '平安道大朝鮮國, 天地恩深蔡濟恭.' 如「登金剛歇惺樓」詩曰: '無數飛騰渾欲怒, 有時尖碎不勝孤.' 蓋多此類, 而但恨一篇不能盡佳耳.

下-56. 詩占榮枯

冠陽李參判匡德, 爲湖南省布政使, 題詩于營中之觀豊閣, 其結句曰: '棋朋坐睡琴娥去, 一樹梧桐碧滿簾.' 恬淡高雅, 令人可想淸風. 及公瓜還, 豊原趙相公, 踵按南藩, 冠陽卽豊原之伯氏東床也. 豊原遍閱碧紗籠, 朗吟[238]冠陽詩, 曰: "此友尙能壓倒, 而但恨是寒士語耳." 乃和其韻反其調, 曰: '亂揮朱墨登樓去, 十二欄干妓捲簾.' 其後, 趙公之繁華榮達, 果逈高於冠陽, 詩格足以驗氣象歟!

下-57. 素谷鐵腸

素谷尹知敦寧光紹, 忠直正大, 雖在死生榮辱之際, 未嘗易其操而喪其守. 當英廟乙亥之獄, 凶逆鼎寬招延公, 公被逮. 時上方御帳殿, 親鞫[239]衆囚, 金吾皂隸, 左右發喊, 鐙杖刑棍, 束立於前. 公辭氣自若, 與寬賊面質, 果無毫犯, 上命原之. 寬賊又招公之兄, 緹騎已發, 公退到端門, 宮中傳呼寬賊, 卽當車裂, 公卽轉身還入, 連呼問事, 郎廳羽林將卒, 厲聲呵之. 公只招問郎, 問郎怒不應, 上宣問其故, 公俯伏奏曰: "臣兄被寬賊所招, 今已逮捕, 而伏聞此賊方

---

238) 吟: 가, 나본에는 '讀'으로 되어 있음.
239) 鞫: 가본에는 '鞠'으로 되어 있음. 서로 통함.

服王章, 然則臣兄旣無左證, 有違鞫體, 請少緩此賊之刑, 以開辨析之路." 上曰: "卿兄必不搆[240]逆, 亟寢逮詔." 公乃拜謝而出. 一時觀聽, 益歎公之鐵石腸肚.

下-58. 妬爲乖倫

婦人以不妬爲令德, 蓋妬則喪眞, 喪眞則無所顧忌. 余聞數十年前, 文化縣尉, 以事過殷栗, 造本宰于公堂, 有宿契也. 文化曰: "貴縣素稱多名妓, 願得一觀." 本宰笑而無應, 文化強之, 本宰曰: "君可自召, 何必借我一言?" 文化然之, 盡招粉黛, 相酬歌曲, 且食飯饌. 忽有一丫鬟, 自內而出, 曰: "謹奉縣君命, 敢傳語于文化使君." 文化驚曰: "汝誤着矣." 丫鬟曰: "叮嚀[241]受敎, 實無差爽." 文化曰: "第言之, 以驗眞假." 丫鬟曰: "縣君傳語, 道君欲招妓, 則可於下處自爲, 而乃反狎褻於他縣公衙, 何也? 人事如此, 可謂狗雛也." 本宰憮然曰: "難化者婦人也, 願兄曲恕." 文化大怒, 以飯卓擊本宰, 曰: "我平生未嘗見[242]如汝[243]悖俗也!" 拂袖而起. 始覺本宰之初憚於招妓者, 蓋畏慴於婦人也. 近有一官人, 藉婦家占要路, 及得雄郡, 潛納一妓. 而縣君已偵知, 俟官人之衙罷, 盛服入內堂, 滌面于軒下, 以洗頭盆, 盛水擊之, 曰: "汝從誰官, 而乃反自恣耶?" 甚乎! 妬之爲乖倫也.

---

240) 搆: 나본에는 '犯'으로 되어 있음.
241) 叮嚀: 나본에는 '丁寧'으로 되어 있음. 서로 통함.
242) 未嘗見: 가, 나본에는 '未覩'로 되어 있음.
243) 汝: 나본에는 '此'로 되어 있음.

下-59. 徐公機警

徐牧使命敏, 正廟初名蔭也. 其所經州郡, 遺愛尙存, 咸稱創邑後第一良手, 若非智慮特達, 何以致此? 其任浿城尹也, 有一强項宰輔, 方按關西節, 大行黜陟, 少無寬饒. 徐公之久要, 方領定州牧, 以濫觴稱按使, 將欲斥之, 久要懼甚, 丐徐公良圖, 徐公百爾思度[244], 未可以關節回其意也. 但囑巡使之中軍, 曰: "我當設宴, 邀使家與君, 君且牢辭杯酒, 愼不沾唇也." 中軍諾之. 翌日, 大宴于練光亭, 一座歡甚. 徐公自酌轟飮, 又以一杯屬中軍, 中軍連辭不勝杯, 徐公陽怒, 曰: "君亦[245]效定牧斷飮自好耶?" 按使驚問曰: "何謂也?" 徐公曰: "叵耐定牧, 爲五斗米所掣[246], 永謝業嗜埋頭簿牒, 不意中軍, 又蹈此淺丈夫褊局." 按使点頭再三, 曰: "定牧果斷觴耶! 定牧果斷觴耶!" 以是, 定牧果免居殿.

下-60. 具生誤着

龍仁縣有具生者[247], 仁祖大王外黨疎族也, 愚蠢蔑學, 窮寒枯槁. 一日, 謁仁廟於潛龍之宅, 聖祖憐其零星, 思所以發軔之策, 曰: "尊叔不嫺文史, 難屑科臼, 素乏閥閱, 未易蔭仕. 我欲指示要路之一捷, 徑於意云何?" 具生喜笑嘻嘻, 僕僕請敎, 仁廟曰: "微尊叔, 我豈可瀉倒肝肺裡事? 顧今逆臣助虐, 彝常斁絶, 神人齊憤, 宗祊將墮, 世祿之家, 忠貞之人, 方潛募義旅撥亂. 反正謀完, 事就行, 當成功, 叔若書寸名於盟案之尾, 則生可享於茅土, 死可輝於簡

---

244) 思度: 가본에는 '思量'으로 되어 있음.
245) 亦: 가본에는 '欲'으로 되어 있음.
246) 掣: 가본에는 '製'로 되어 있음.
247) 者: 저본에는 빠져 있으나 가본에 의거하여 보충함.

汗, 豈可等於沒齒碌碌, 與草木而同腐者耶?" 生大驚而退, 曰: "是赤族之計也, 愼勿累及殘生." 仁廟曰: "天若祚此事, 必無敗理, 且人能扶持綱常, 挈攬義理, 而修夫爲臣爲子之道, 則更何怵於成敗利鈍也?" 生蹶起欲逸, 左右慮其言泄[248], 執生以綁縛之, 拘囚於庫庚之中. 翌日, 天廢昏主, 聖祖誕登寶位, 卽召具生, 詰于庭曰: "汝無他材智膂力, 我誘入圈中, 幹得甚事, 特以好意, 欲汝富貴之也. 汝若曩時一諾, 安臥本邸, 耐住一日, 則當得附驥, 必占續貂. 如汝薄命, 更誰怨尤?" 具生惶懼而退, 只見金馬門外, 籍紋圭組, 朱丹其轂, 馳逐騈塡者, 皆曩日本邸座上之客, 而當時廝役, 擧皆宿衛·將領. 乃呑了一肚氣, 徑歸鄕里, 則茅茨荒凉, 簞瓢屢空, 不勝噬臍, 自然[249]成恙. 竟閼其年, 遺囑其後, 曰: "吾子孫雲仍, 世世相囑, 若聞有改玉之擧, 必欣然共事, 以了此債." 言訖而逝. 生之曾孫, 當麟佐之謀不軌, 却被賊徒之謊言惑衆, 一門投入, 家遂覆亡. 噫! 其祖怕於禍, 而[250]終辭義擧; 其孫嗜於利, 而甘爲逆黨, 終辭義擧無母也, 甘爲逆黨無君也. 具生實階此兩罪也夫!

下-61. 淫婦悖言

古有愚生一夫, 頗解經籍, 窬墻穿穴, 昵近一女, 情好洽款. 其妻妬之, 愚夫曰: "男兒之畜媵, 聖傳有訓, 卿卿何昧古義?" 妻曰: "何等聖傳有此淫慢之事?" 愚夫怒曰: "『孟子』曰: '齊人有一妻一妾.' 豈非昭揭如日星耶?" 妻無以應. 其後, 妻有穢行, 愚夫責之甚厲, 妻曰: "君之一妻一妾, 旣引經據義, 吾之此行, 獨不引經據義耶?"

---

248) 泄: 가본에는 '洩'로 되어 있음.
249) 自然: 가본에는 '完轉'으로 되어 있음.
250) 而: 저본에는 빠져 있으나 가본에 의거하여 보충함.

愚夫曰:"經傳只有烈女不更二夫之訓, 豈有似此簡語?"妻曰:"『大學』第一板序文, 不有'河南程氏兩夫'一句語耶?"愚夫語塞. 噫嘻! 其妻[251]之變幻經旨, 厚誣先賢, 欲掩其瑕, 而反露其醜, 眞狗彘之不若也夫!

下-62. 非背不手

近世有一名宦[252], 長於功令, 無不中窾, 早占黃甲. 其同窓舊友, 博瞻勤苦, 而屬文多失題旨, 積屈於戰藝. 名宦譬之, 曰:"君之程文, 如適越而北其轅, 故齷齪過半生繼, 自今何不襯合命題之本領?"其友唯唯曰:"第當改絃易轍, 以副明教."及夫南省試士, 名宦忝知貢擧, 試加足帝腹, 賦有一券, 破題曰:'加不手於非背.' 蓋釋足與腹之義也. 名宦大笑曰:"宋五又坦率矣." 諸主司動問:"何謂也?" 名宦曰:"此必吾友某生之文也." 因道其委曲, 一座絶倒, 亂加紅勒帛, 名宦力救不得矣. 適有油衣之掛壁者, 被風掀翻, 落于軒架, 一主司曰:"加不鞍於非馬." 蓋油衣, 卽馬上具故云云. 又一主司, 譏僚席之吸烟者, 曰:"加不閂於非閨." 蓋閂閨, 卽俗之陽莖牝戶字也. 以烟竹喩閂, 以口喩閨, 聞者輕薄之.

下-63. 宋公謝箋

尤菴宋公時烈有疾, 欽賜珍劑, 白軒李公景奭, 賫詔而往. 途中擬作宋公之謝箋, 思得'醫藥以濟其死'一句, 而苦無對耦, 自語曰:"未知此老將何以搆成?"及到懷川, 傳諭聖旨, 宋公拜受畢, 回付表章, 李公準讀, 則有曰:'天地大德曰生, 醫藥以濟其死.'騈儷甚[253]

---

251) 其妻: 나본에는 '淫婦'로 되어 있음.
252) 宦: 가본에는 '官'으로 되어 있음. 이하의 경우도 동일함.

工, 李公嘆賞而去.

下-64. 琶西詩格

李尙書集斗, 號琶西. 有耽詩之癖, 不顧藻詞之好否, 惟以速成 爲奇功, 人皆非之, 而公獨毅然自負. 一日, 公座與三揆並坐, 三揆 皆吸烟, 公則以體例不與焉, 卽吟一句, 曰: '三竹香烟嫌少一.' 李 相公時秀曰: "不佞足成瓊稿之對耦, 恐說出則致怒嗔." 公曰: "焉 敢有怒? 願賜俯誨." 相國曰: '千篇惡句詫無雙.' 一座大笑.

下-65. 具公神異

具公鳳瑞, 爲平安監司時, 久旱不雨, 乃禱于府東魯陽山. 山有 九十九池, 池有蛟龍, 有時作雷雨. 公禱之夜, 五漏旣下, 從官皆 退, 公整襟危坐, 焚香默禱. 時月星照森, 零露[254]凄下, 有一個小房 子, 獨着睡于屛後. 俄而, 懷裡凉生, 覺而坐焉[255], 則四顧無人, 唯 於帳內, 頗有問答之聲. 遂怪之, 而聳身潛睨, 則有一老夫[256]角巾 道服, 手把芙蓉扇遮面, 與公對坐而語, 殊非人世間物態. 其所酬 酢[257]之間, 頗有難色, 而强爲之點頭. 俄而, 村鷄亂唱, 黑雲遍天, 公起促裝而還, 未及下山, 雨下如注. 公命諸將吏曰: "勿爲雨備, 此乃甘澍, 吾亦不敢辭濕矣." 遂去其雨傘而行, 諸從者衣盡濕, 而 獨公之冠帶, 不曾濕一雨, 從者皆疑怪之. 公曰: "汝曹試看吾肩膊 之上有何物也." 衆視之, 龍盤其上云. 公按藩以來, 致有奇事, 多

---

253) 甚: 저본에는 빠져 있으나 가, 나본에 의거하여 보충함.
254) 露: 저본에는 '雨'로 나와 있으나 나본을 따름.
255) 坐焉: 가본에는 '起焉'으로, 나본에는 '視之'로 되어 있음.
256) 老夫: 가, 나본에는 '老人'으로 되어 있음.
257) 酬酢: 나본에는 '酬應'으로 되어 있음.

類此矣[258].

○公一日晨起, 忽有微醺, 呼房子授一錚楪, 而謂[259]之曰: "汝往觀愛蓮堂洞隅, 有一孀婦家, 方祭罷而哭, 有餘哀矣. 汝爲言, '吾乃前生夫也.' 則彼必不信, 以此楪子示之." 房子領命而去. 其日, 果是寡家夫亡之忌, 而其楪果[260]是盛果者也.

○泉流庫傍有一老夫, 倚其庫墻壁, 而葺茅居生, 已多年所, 貧窶莫甚, 資生無路. 一日, 忽生不良之計, 自嘆曰: "有生如此, 不如無生, 與其飢而死也, 寧愈盜而生也. 如其事覺, 則飢與盜, 其死則一也." 遂乘夜, 於其屋內, 穿庫壁而入銀藏中, 伏而視之, 則四壁皆是黑漆, 漆如無底之洞也. 逡巡攀壁, 僅得銀橫, 皆以鐵鎖, 牢封甚緊[261], 欲鑿不得, 欲負不能. 旣而悔之, 曰: "吾生六十[262]有餘年, 家雖貧甚, 未嘗有一分汚穢之事矣. 及至老境[263], 乃生叵測之心, 有如是矣. 爲盜而生, 曾不若飢而死也." 遂欲自刎, 蒼黃之際, 忽有聲如人曰: "汝且無死!" 老者大加驚怪, 仰視之, 則有白衣老人, 長九尺餘, 年可百歲矣. 倚橫而立, 嗔而笑, 笑而慰曰: "無恒産無恒心, 凡民之常也, 穿窬之過於汝乎, 何足誅也? 然而國家財貨, 有難私與, 且出入各有主者. 汝須往京城某洞第幾家而視[264]之, 其家庭有蓮池, 池邊有五六歲童子, 方游戲矣. 必得此人署牒然後, 可以與汝銀." 因忽不見. 老者驚駭[265]悚惶, 扶頭鼠竄而出. 翌曉, 反復思

---

258) 矣: 나본에는 '云'으로 되어 있음.
259) 謂: 나본에는 '屬'으로 되어 있음.
260) 果: 나본에는 '乃'로 되어 있음.
261) 緊: 나본에는 '堅'으로 되어 있음.
262) 六十: 나본에는 '七十'으로 되어 있음.
263) 老境: 나본에는 '昏耄之境'으로 되어 있음.
264) 視: 나본에는 '問'으로 되어 있음.
265) 驚駭: 나본에는 '驚怖'로 되어 있음.

之, 愈怪愈懼,[266] 淨其心, 潔其念, 深思所以改新之路, 而其貧則猶舊甚矣. 不得已第往京城而尋覓,[267] 則一如老人之指矣. 仍向其童子, 三拜伏而具告, 以情哀懇其牒, 則童子亦異之,[268] 依其言而署之. 老者謝而還, 復從壁穴中入, 則其老人復見, 曰: "當如是矣." 盡出其所藏銀而與之, 付其牒於櫃中矣. 後數十年, 公按使本道, 大以庫逋爲憂, 詳覈藏中, 封緘依舊, 櫃無餘存, 唯有一紙署牒, 付在其中矣. 庫奴該監, 大驚大愕, 以此告之, 公取視其牒, 乃兒[269]時蓮池邊所予老者書也. 公曰: "嗟呼! 物有所符, 事有所待, 誠非偶然也." 因爲蕩減以月俸充納, 至今箕城東有碑傳焉. 而世[270]人以爲不知公所給, 咸以異人稱之.【公所給給字, 本傳以絡字書之, 未知孰是】

下-66. 西坡詩

世或謂西坡「歇惺樓」詩, 未盡善, 至有訾毀者. 蓋前後詞客之登此樓者, 千百其輩, 而必以西坡爲壓倒者, 豈無意見乎? 此則觀歇惺以後, 始可論詩也. 雖使道子愷之輩, 畫之特一幅生綃, 淸興淋漓, 寫出全境, 恐不能畫[271]得'月輪今古自孤懸'一句. 不以此言爲是, 則試登秋夜金剛望月初弦之時.

下-67. 文字禍福

家君莅任三山郡, 邑底有一吏, 善文辭, 甲于鄕里. 以是透識文

---

266) 愈怪愈懼: 나본에는 '愈久愈怪'로 되어 있음.
267) 尋覓: 나본에는 '覓得'으로 되어 있음.
268) 亦異之: 저본에는 빠져 있으나 나본에 의거하여 보충함.
269) 兒: 나본에는 '五歲'로 되어 있음.
270) 世: 저본에는 '西'로 나와 있으나 나본에 의거함.
271) 畫: 가본에는 '盡'으로 되어 있음.

簿, 專事舞弄, 前後二千石, 皆惡其欺蔽屛棄不用鷹鷲者, 又厭出己右, 百計放黜[272], 吏乃貧窮靡歸而已. 邑中理曲而好訟者, 皆從此吏借文, 甚至於臚列豪班, 謀逐官長之徒, 皆從此吏成文. 此吏利其潤筆, 莫不擔當, 事敗則必受酷刑, 每等遠配, 配纔還復, 踵前習桎梏縲紲, 不離于身, 吁亦痛矣! 余嘗聞此吏之父, 勤於敎子, 廣延良師, 廩之家塾, 諸子百家, 無不敎學, 究其意, 豈不厚於子? 而終以文字爲禍身之物, 若目不識字[273], 則便無平生困苦, 然則敎子之方, 其道不一. 自古, 詩人詞客, 枉被奇禍者何限, 而率由才溢名盛, 神人共猜之而然也. 豈與此吏之以不腆之文, 成塗地之敗, 同日而語哉? 余於向年, 遵海而東見漁者, 遇風飄蕩, 或抵日本·琉球, 經年閱歲, 始得還家, 子女服喪而関, 妻又改適. 人情天理, 豈忍復蹈覆轍, 而還未數日, 更乘扁舟, 出沒駭浪, 莫非伎倆, 孰能止之? 可與三山猾吏, 相爲一套[274], 可博一哂.

下-68. 東皐女怨

東皐李相公, 少日負重望於一世, 自謂科第朝暮可取也. 一日, 適過廣通橋, 有一少女, 坐閭家簾下, 微露半面, 容態絶美, 秋波乍凝, 注想甚切, 公初不介意而來矣. 居數日, 有一吏胥來謁, 曲致慇懃, 屛人哀告曰: "小人之女, 自伊日與公子邂逅之後, 委頓床席, 如醉如夢, 痰灼肺燃, 見粒而嘔, 一縷未絶. 情理慘憐, 雖有奔鶉之醜行, 不忍舐犢之至愛, 敢告衷曲, 幸一垂臨, 救此殘命." 公推窓大罵, 曰: "汝以下賤小吏, 敢以淫穢之事來干我, 豈爲亂倫悖義[275]

---

272) 黜: 저본에는 '出'로 나와 있으나 가본을 따름.
273) 識字: 가본에는 '識丁'으로 되어 있음.
274) 一套: 가본에는 '表裡'로 되어 있음.

之始乎? 姑退不爾, 則當重治汝!"其人憮然而退, 歸告其女, 雙眼淚白, 兩頰暈紅, 奄然而作南柯一夢. 公自是以後, 蹭蹬蹇屯, 累擧不第, 居然[276]成老學究, 晚來悔歎, 中夜自語咄咄書空而已. 一日, 游北漢, 與寺僧[277]某, 登白雲臺, 酒後憤鬱, 放聲大哭. 某僧問曰: "公有何不平之事, 而作此窮途之慟乎?" 公抆淚扼腕, 具道其事, 僧曰: "某亦有女怨, 因此出家." 公曰: "爾之女怨, 果何事耶? 試言之." 僧曰: "某本是某宰相家傔從, 自幼受恩, 出入內外, 罔有間隔. 年十五六時, 與一小婢潛通, 每乘夜, 赴約于內廳小軒下矣. 一夜乘醉暗入, 則其女不在, 悵然生嗔, 意謂在中堂, 睡覺而暗中摸索, 則果有人惱暑[278]倦眠, 衣裳[279]半褪, 醉中不問誰某, 恣行一場輕薄而出. 俄而, 侍婢急出報曰: '相公快起, 夫人自決!'擧家號慟, 景象慘酷, 而竟莫知事之端倪. 小僧自知其罪, 不敢久留, 歸家告父, 父曰: '汝作此彌天大罪, 固欲發狀置法, 而父子之情, 有所不忍者, 吾與汝絶, 汝其速往他處! 吾不以子視汝也.' 小僧慚懼退, 卽[280]削髮住持, 苟度歲月耳." 公聞其言, 不覺忿氣[281]衝上, 直踢某僧于萬丈峯下, 皮粉骨碎[282] 嗚呼哀哉! 轉眄之頃[283], 忽見兩行燈籠自遠而近, 一青衣以某夫人之命, 前致辭曰: "某生前遭此人强暴之辱, 義不苟生, 半夜捐身, 而伊時萬事蒼黃, 不告顚末, 輕先自裁[284], 以

---

275) 義: 가, 나본에는 '理'로 되어 있음.
276) 居然: 나본에는 '儼然'으로 되어 있음.
277) 寺僧: 나본에는 '山僧'으로 되어 있음.
278) 暑: 저본에는 '着'으로 나와 있으나 가, 나본에 의거함.
279) 裳: 저본에는 '衾'으로 나와 있으나 나본에 의거함.
280) 卽: 가본에는 '則'으로, 나본에는 '出'로 되어 있음.
281) 忿氣: 나본에는 '怒氣'로 되어 있음.
282) 皮粉骨碎: 나본에는 '皮破骨粉'으로 되어 있음.
283) 頃: 가, 나본에는 '間'으로 되어 있음.
284) 自裁: 가, 나본에는 '自處'로 되어 있음.

致讐人, 尙保首領於天地間矣. 幸蒙君子慷慨出義, 報仇湔羞, 三生恨消, 九原恩結. 君之尙今命途崎嶇者, 以某女之冤[285]未伸也. 某以無罪, 獲受天祿, 地下鬼簿, 皆吾掌中物也. 當出力相助, 使淫女兒, 不得逞手段, 君其勉意科業, 穩步靑雲也." 言訖不見. 公異之, 歸家閉門, 益勤窓藝, 其年果釋褐, 不十年, 至台座云.

下-69. 偏戰乖常

當宁丁丑, 上元前數日, 龍湖一村潑皮輩, 與南門外無賴之徒, 相聚偏戰, 無慮數千人. 初以木梃相擊, 終以飛石, 互相角勝. 又以强弩射之, 猶爲不足, 亂放銃丸, 死於矢石者六人, 被踢[286]而幾死者, 甚衆, 皆擔昇歸家, 因爲致死. 哭聲狼藉於門外江上之間, 而門內强漢之往助戰者, 多死於戰場, 通訃其家, 其妻子被髮號哭而出往者, 相續於路, 觀者慘不忍見. 自後, 江上之人, 於入城之路, 路由門外者, 門外之人, 聚黨亂打, 而門外之人, 或往江上者, 亦被痛打, 相爲異域, 此誠古來罕睹者也. 往年冬間, 閭巷騷擾, 處處掛書, 謂有兵革之兆, 果符於此, 異哉!

下-70. 箕城志[287]異

箕之西有山焉, 其名爲'大寶'. 壓在浿江下流, 秀氣揷天, 蒼翠滴人, 歷千百載, 雨雹不曾過. 周三四十里, 居民多賴之, 且無子者, 往往祈之而見效焉. 粤在壬辰之亂[288], 官軍敗走, 及至山下, 飢乏

---

285) 冤: 나본에는 '怨'으로 되어 있음.
286) 踢: 가본에는 '傷'으로 되어 있음.
287) 志: 저본에는 '地'로 나와 있으나 가본을 따름.
288) 亂: 가본에는 '變'으로 되어 있음.

不能作步, 皆顚仆於嵌礨之下, 掘草木之根而啖之, 其困已甚矣.
適有一物可食而甚豊, 似飯而非飯, 似餠而非餠, 其味畧甘, 而又
肥濡, 衆皆食之, 足以充飽. 始起而視之, 乃土也.

下-71. 頓悟三事

神道一也, 與其諂祭於蕭寺淫祠, 孰若虔誠於家廟; 儕流一也,
與其追游於疎黨異姓, 孰若親密於同堂; 女色一也, 與其溺嬖於艶
娼妖妾, 孰若湛樂於室家.

下-72. 奴主問答

有一章甫, 家素豊饒, 乘肥馬, 揚揚馳廣野. 執鞭之奴, 忽請下
馬, 章甫不肯, 奴强請不已, 章甫黽强而下, 班荊而坐. 奴曰: "今日
欲冒死質疑, 相公試聽之. 相公於家居, 重茵而坐, 無少勞苦, 而日
食三升米, 小的鎭日服役, 未占片時之閑, 而日給僅二升米. 安閑
者多食, 可乎; 勤苦者多食, 可乎?" 章甫惝怳[289]無以應, 奴又曰:
"相公居燠[290]閣, 竟日閉戶, 不識霜雪之釀寒, 而衣衾必以新綿厚
縫, 小的冒寒, 棲屑踏層氷, 爲相公漁樵, 而冷薄衣袴, 必以舊綿略
排, 其義何居?" 章甫見話頭不穩, 乃應曰: "以吾之財, 自奉吾身,
故未免厚於己而薄於汝. 自後, 當惕念善遇耳." 奴曰: "君乘快馬,
渾身穩便, 雖一日千里, 無少憊病理也. 而吾則裹足履險, 奔逐駿
蹄, 每入酒店, 旣非木石, 能不澌頓乎? 君輒下馬促程, 殆無少憩
之時, 若或遲延[291], 繼以笞罵, 未知易地亦然乎?" 章甫無以應, 奴

---

289) 惝怳: 나본에는 '瞠皇'으로 되어 있음.
290) 燠: 나본에는 '暖'으로 되어 있음.
291) 遲延: 가, 나본에는 '遷延'으로 되어 있음.

曰:"君藉祖先之業, 不耕而飽, 不織而煖, 稱分揆量, 豈不自適! 乃更希非望, 冒班譜而爭科宦, 負郭千畝, 盡入行賄之孤注, 竟何所獲? 君每到洛陌, 朱門無賴, 權貴子弟, 利其厚貨, 甘言餌之. 君乃不覺竟曙陪話, 樂則樂矣, 而吾則在門首, 備受凍餒, 看看天色侵暮. 或有薄酒冷炙之餘瀝, 而又寒不可食矣. 君入騙局, 吾則何罪?" 章甫赧然, 又以溫言慰之, 奴曰:"君有一妻一妾, 皆衣文繡, 曳綺紈, 洞房深邃, 香粉芬馥, 溫柔之樂, 孰勝於此? 而吾只有一妻, 垢面蓬頭, 衣不掩體, 而君夜夜招入, 恣行淫穢, 此固常情[292]之究解不得者也." 章甫色沮慚[293]謝. 奴因請上馬歸家, 服事愈勤, 章甫之待之也, 加厚. 噫! 爲人奴者, 亦具耳目口鼻·腸肚肺脾, 洪勻之賦, 豈有別樣厚薄, 而特以身賤之故, 甘屈人下. 爲其主者, 固宜憐恤善遇, 而往往有加以虐政者. 彼旣無樂[294]生之心, 何事可怕? 然故[295]人家庄獲蕭墻之變, 或有甚於此章甫者, 可不念哉!

下-73. 黑白之論

關西有姓李者, 生而頭髮盡白, 瞳子亦白, 皮膚痣疣[296]亦白, 甚至見傷出血而亦白, 眞所謂白人之白者也. 年二十餘, 好作山水[297]之游, 嘗往妙香, 被縞衣, 着素冠, 乘白駒[298], 執羽扇, 凡一身之物, 莫不尙[299]白, 人皆奇之. 及至香山, 白泉滔滔, 白石齒齒[300], 見而喜

---

292) 常情: 나본에는 '常性'으로 되어 있음.
293) 慚: 나본에는 '愧'로 되어 있음.
294) 樂: 나본에는 '愛'로 되어 있음.
295) 故: 나본에는 '則'으로 되어 있음.
296) 疣: 나본에는 '瘦'로 되어 있음.
297) 山水: 나본에는 '山澤'으로 되어 있음.
298) 白駒: 가, 나본에는 '皎駒'로 되어 있음.
299) 尙: 가본에는 '向'으로 되어 있음.

之, 濯髮而拂其塵, 洗足而去其垢, 儘是白者之尤白也. 直上毗盧峰最高處而立焉, 白雲失其色, 白鶴羞其羽, 自以爲天下之白, 無在余上者矣. 俄而, 一老僧面貌甚醜, 黑如閱風霜老松, 皮肩緇衣杖漆木, 口誦『楞嚴』而來, 揖而致禮, 曰: "老僧居此山, 幾近百年矣, 未嘗見如子白者也." 李曰: "吾自懷胎太白, 孕精太素鍾靈, 渾體上無半点疵黑處, 常以愧白玉之有瑕点[301]也. 老師之面, 何其太黑也?" 老僧拊掌大笑, 曰: "子不見夫貌白而心黑者乎? 藏積黃金, 日馳妄想, 屋貯紅粧, 自蠱其心, 何晏之傅粉, 張敞之畫眉, 皆此類也. 至若山人之計活[302], 不過水一盂飯一鉢而已, 胸中澹然無物, 曾不移心於爭黑白之場矣. 吾面雖黑, 其心則白也, 吾未知子之心如子之面也." 李椒然無言, 不覺面赤而謝. 信乎, 中不可掩[303]如是夫! 本白者, 亦有時而[304]赤矣.

下-74. 避亂蕩敗

壬申之亂, 洛中諸家, 聞風竄避, 皆向楊根·砥平·關東諸邑. 都城十家九空, 近百間廣廈, 價不踰四五百緡, 而避亂者, 白晝出城, 恐礙衆目. 每曉, 獨轎闃於東門, 如科場之爭, 先以至店肆, 士夫家婦人之行, 或滿一舍, 房堗常不足, 後來者, 多露宿. 迨天明治發, 或張三家婦人, 錯乘李四家轎而陪行者, 但見其轎, 與扶護者, 不知他家婦人換乘. 其轎行至午店, 乃覺而驚, 還尋昨宿處以待, 則張三家陪行人, 亦如李四狼貝而歸, 相視而笑, 各自換乘以去者,

---

300) 齒齒: 가, 나본에는 '峨峨'로 되어 있음.
301) 点: 나본에는 '玷'으로 되어 있음.
302) 計活: 가본에는 '契活'로 되어 있음.
303) 掩: 가, 나본에는 '揜'으로 되어 있음.
304) 而: 저본에는 판독이 불가하나 이본에 의거함.

或有之云. 方其往避家舍田園, 斥售廉價, 跋涉險程, 動費多錢. 亂平之後, 各尋舊居, 往往有蕩敗者焉, 可勝歎哉!

下-75. 乙亥舛運

乙亥之大無, 振古罕有, 兼以癘疫大熾. 洪侍郎旭浩, 醫師也, 嘗語人曰: "今年人事不省[305], 有四件事, 子能未犯其一耶?" 其人願聞其由[306], 洪曰: "犯色, 居其一也." 其人曰: "衽席之間, 聖人所不免, 今年犯色, 何至爲人事不省也?" 洪曰: "吾家論症者, 常塡門而殆無安淨之家, 若或有犯房者, 則便是不治. 蓋今年大饑, 百病主虛, 此際犯房者, 則直是就死也." 其人唯唯, 又問其次, 曰: "尋訪親知, 居其二也." 其人瞠然曰: "我今造公門, 亦未免其一也, 蓋杜門靜坐, 安神養心, 可乎?" 曰: "吾非謂安心養神[307]而然也. 蓋今年癘疫[308], 擧世一厄, 家無不熾, 人無不痛, 如欲幸而得免, 則卽當畏避而已. 知舊之家, 焉往而無此病乎? 子須以此銘心, 以爲自保之道也." 其人曰: "公是過慮, 然可爲良箴." 又問[309]其次, 曰: "子雖病渴, 愼勿向人家求熟冷也." 其人曰: "渴而求水, 有何不可?" 曰: "今歲糊口者, 只啜饘粥而已. 旣不爨飯, 有何熟冷哉?" 其人笑問其次, 曰: "愼勿取人草匣吸二竹草也." 其人曰: "取人二竹草, 便是俗套, 而敎誨如此, 能無隘狹乎! 誠如所敎, 則一竹草猶可取於人乎?" 洪曰: "見今市草二竹, 價直一文. 賓主相接之際, 如子措大, 只辦一文以貿草, 則賓主可分, 而各吸一竹, 若吸二竹, 則使主人

---

305) 省: 나본에는 '祥'으로 되어 있음. 이하의 경우도 동일함.
306) 由: 나본에는 '說'로 되어 있음.
307) 安心養神: 가, 나본에는 '安神養心'으로 되어 있음.
308) 癘疫: 나본에는 '癘瘟'으로 되어 있음.
309) 又問: 나본에는 '願聞'으로 되어 있음.

更不吸一竹, 是豈廉隅哉?" 客[310]胡盧而退.

下-76. 江湖問答

　箕鄕有李生者, 粗解論辨矣.[311] 嘗於暇[312]日, 乘小舟, 至薄金川江戶, 漁屋頗極蕭灑[313], 愛其境僻. 彷徨久之, 見一老夫, 竹冠簑衣, 故作漁父之態, 曬網於花樹之間, 揷竿於磯[314]石之上, 見人而若不見者矣. 李遂前而問曰: "子居江湖, 能知江湖之樂乎?" 老夫無言掉頭而已. 李甚怪之, 強欲難之, 老夫便作色, 曰: "子是何人, 如此多諜也? 物外之人, 忘形已久, 何嘗知樂? 老漢之爲此者, 特修陰德, 非爲樂也. 且絶粒已數日, 腹枵而口厭言, 子其勿煩也." 李強爲[315]之禮, 曰: "甚矣, 吾子之淸高也! 吾嘗聞漁人之利, 一魚之大, 尙可得數金矣. 見今子之居[316], 有網而足以擧矣, 有釣而足以垂矣. 日可得數十魚, 亦足以代下農夫食, 不此之爲, 而甘於自貧, 旣不以江湖爲樂, 則漁尙安所施乎? 且子所謂陰德者, 亦何事耶?" 老夫仍投竿而起, 欠身而答曰: "客且勤問, 請爲誦之. 吾嘗隱居於此, 積三十餘年, 工於漁釣之理, 人一己十, 人十己百, 苟以生計爲心, 則魚不可勝食. 而但以陰德遺之, 欲修後生之路, 故日釣百魚, 而還投之江, 見其洋洋[317]然自逝, 可謂得其所矣. 是豈不爲陰德乎?" 李聞而不覺一場[318]失笑, 曰: "子之陰德, 猶諺所謂'折燕

---

310) 客: 나본에는 '其人'으로 되어 있음.
311) 粗解論辨矣: 저본에는 빠져 있으나 나본에 의거하여 보충함.
312) 暇: 가, 나본에는 '隙'으로 되어 있음.
313) 蕭灑: 가본에는 '瀟灑'로 되어 있음.
314) 磯: 가, 나본에는 '渚'로 되어 있음.
315) 爲: 저본에는 빠져 있으나 가, 나본에 의거하여 보충함.
316) 居: 나본에는 '家'로 되어 있음.
317) 洋洋: 나본에는 '泄泄'로 되어 있음.

足而續[319]'之'者也. 夫魚在江湖, 自得其生[320], 使魚終身不見釣, 則其德又何如哉? 今子旣釣之而旋放之, 自以爲德, 則是猶[321]傷人而遺藥者. 旣曰'放之爲德', 則漁之爲殃, 明矣. 德其歸子, 殃可誰當乎?"漁者憮然自慚, 曰: "先生其敎我矣." 噫! 觀世之人, 其在白日靑天之下, 皆以嘉言善行, 修飾其身, 見一善而必賞之, 聞一惡而必誅之, 自擬士君子者甚衆. 及其暗室之中, 百慮感乎外, 千思動其內, 苟有利己, 則雖一毫不曾遺, 而傷人害物之心, 別般層生. 甚至自賊不悟, 而反以修德自處, 以之釣名者, 其不爲漁夫, 蓋鮮矣.

下-77. 玉河救火

燕京玉河舘, 嘗失火, 我國使价, 蒼黃急報禮部. 俄而, 一官員率千騎, 圍扎舘外, 已而, 雨大注, 熾炎盛焰, 頃刻息滅. 官員卽兵部郞中, 雨卽水桶引水放注者也. 更無呼應喧嘵, 如我國之撲火, 宜乎, 保奠天下也!

下-78. 魑魅禍福

近有崔生者, 貧窶尤甚, 而性本疎達, 適得二緡銅, 置之案上矣. 忽一夕有人, 頎然而長, 致款於前, 願借二緡, 明當稱償. 崔生卽加然諾, 交手與之, 家人非之, 生亦悔懊, 而無如之何矣. 翌暮, 果有人自庭除, 抛錢于房裡, 曰: "二緡奉完!" 視之, 則果然矣. 其翌, 又如之, 每日輒得二百靑蚨, 積歲月不止, 生乃成富家翁. 隣居有

---

318) 一場: 저본에는 빠져 있으나 가, 나본에 의거하여 보충함.
319) 續: 나본에는 '繼'로 되어 있음.
320) 生: 가본에는 '所'로 되어 있음.
321) 猶: 가, 나본에는 '亦'으로 되어 있음.

朴生者, 怪崔之忽地潤屋, 就而問之, 崔初焉秘之, 末乃吐呑, 朴强問[322]不已, 始言其詳. 朴浪起壑慾, 至暮不去, 留佇庭下, 果有人又來, 投錢于崔前. 朴再拜請話, 願復暫屈渠家, 其人諾之. 翌暮, 朴灑掃以待, 其人果來寒暄, 且曰:[323] "願聞足下之所願, 俺當奉承盛旨." 朴曰: "吾茅屋穿漏, 不堪風雨, 若得葺修, 死且無恨." 其人曰: "今夜, 當一新修補, 明朝當視之如何.[324]" 朴喜而鳴謝, 朝起而[325]意謂屋子必完, 將起視之, 忽聞隣里[326]拍掌齊道, "朴家屋上, 何物遍滿?" 朴乃見之[327], 則婦人經水所染蒲團, 重重遍蓋于內外屋上, 鮮血淋漓, 不覺大慚, 雇人捨去. 至[328]夜, 其人又來, 朴大責其人, 曰: "適間事, 聊戲耳, 願[329]更賜指教, 隨力奉副耳." 朴曰: "長腰告絶, 朝夕且飢,[330] 願得粒粟." 其人領諾而去. 翌朝視之, 則雲子數千包, 充溢內外, 高出屋上,[331] 四隣又指点驚怪. 俄而,[332] 惠廳吏卒來言, "昨夜, 庫裡失米幾石, 踵其米粒落地之處, 以至君家. 君家小如蝸, 而何積粟之多也[333]?" 朴乃吐實, 較量石數, 正符所失, 又雇人納官, 冗費更多. 自後, 其人不現形. 余曰: "詩云: '愷悌君子, 求福不回.' 福可求之而得, 匹夫匹婦, 孰不獲福? 崔生時至運好, 借手魑

---

322) 問: 가, 나본에는 '請'으로 되어 있음.
323) 且曰: 저본에는 빠져 있으나 가, 나본에 의거하여 보충함.
324) 明朝當視之如何: 저본에는 빠져 있으나 가, 나본에 의거하여 보충함.
325) 朝起而: 가, 나본에는 '閉門而睡睡, 到日三竿'으로 되어 있음.
326) 隣里: 가, 나본에는 '四隣'으로 되어 있음.
327) 見之: 가, 나본에는 '出見'으로 되어 있음.
328) 至: 저본에는 '其'로 나와 있으나 나본을 따름.
329) 願: 저본에는 빠져 있으나 가, 나본에 의거하여 보충함.
330) 朝夕且飢: 저본에는 빠져 있으나 가, 나본에 의거하여 보충함.
331) 高出屋上: 저본에는 빠져 있으나 가, 나본에 의거하여 보충함.
332) 俄而: 가, 나본에는 '已而'로 되어 있음.
333) 多也: 가, 나본에는 '若是多耶'로 되어 있음.

魅, 自成分內之福, 朴生逆取者也, 其狼貝固矣."

下-79. 稗官移志

　余酷嗜稗官, 多所閱覽, 甚至[334]忘寢廢食, 而久乃厭之. 設意措辭, 都是一板印來, 纔看第一卷, 已料得全帙, 排鋪更不新奇, 反求經史, 而有無限樂地. 世人或因尤物移志, 終始不悟者, 何哉?

---

334) 甚至: 나본에는 '至於'로 되어 있음.

집필진 소개

- 연구책임자

  정환국　성균관대학교에서 박사학위를 받았으며, 현재 동국대학교 국어국문문예창작학부 교수로 있다. 한문학과 고전서사를 연구하고 있으며, 저역서로 『초기소설사의 형성 과정과 그 저변』, 『주생전·운영전·최척전·상사동기』, 『조선의 단편 1·2』, 『역주 신단공안』 등이 있다.

- 공동연구원

  이강옥　서울대학교에서 박사학위를 받았으며, 현재 영남대학교 명예교수로 있다. 고전산문을 연구하고 있으며, 저역서로 『죽음서사와 죽음명상』, 『한국야담의 서사세계』, 『구운몽과 꿈 활용 우울증 수행치료』, 『일화의 형성원리와 서술미학』, 『청구야담』 등이 있다.

  오수창　서울대학교에서 박사학위를 받았으며, 현재 서울대학교 명예교수로 있다. 문학작품을 포함한 넓은 시야에서 조선시대 정치사를 연구하고 있으며, 저역서로 『조선후기 평안도 사회발전 연구』, 『춘향전, 역사학자의 토론과 해석』, 『서수일기-200년 전 암행어사가 밟은 5천리 평안도 길』 등이 있다.

  이채경　성균관대학교에서 박사학위를 받았으며, 현재 성균관대학교 한문학과 초빙교수로 있다. 조선후기 야담을 주로 연구하고 있으며, 저역서로 『철로 위에 선 근대지식인(공역)』과 논문으로 「『어우야담』에 담긴 지적경험과 서사장치」, 「『금계필담』에 기록된 신라 이야기 연구」 등이 있다.

  심혜경　동국대학교에서 박사학위를 받았으며, 현재 동국대학교 국어국문문예창작학부 강사를 맡고 있다. 고전소설을 연구하고 있으며, 논문 「조선후기 소설에 나타나는 여성과 불교 공간」, 「윤회에 나타나는 정체성 바꾸기의 의미」, 「〈삼생록〉에 나타나는 애정문제와 남녀교환 환생의 의미」가 있다.

  하성란　동국대학교에서 박사학위를 받았으며, 현재 동국대학교 국어국문문예창작학부 강사를 맡고 있다. 고전소설을 연구하고 있으며, 저역서로 『포의교집(역서)』, 『절화기담(역서)』, 『한국문화와 콘텐츠(공저)』 등이 있다.

  김일환　동국대학교에서 박사학위를 받았으며, 현재 동국대학교 국어국문문예창작학부 교수로 있다. 조선후기 실기문학을 연구하고 있으며, 저역서로 『연행의 사회사(공저)』, 『조선의 지식인들과 함께 문명의 연행길을 가다(공저)』, 『삼검루수필(공역)』 등이 있다.

교감표점 정본 한국야담전집 4
삽교만록 䂞橋漫錄 抄 · 파수록 破睡錄 · 기리총화 綺里叢話

2025년 06월 10일 초판1쇄 펴냄

책임교열　정환국
펴낸이　　김흥국
펴낸곳　　보고사
등록　1990년 12월 13일 제6-0429호
주소　경기도 파주시 회동길 337-15
전화　031-955-9797(대표)
전송　02-922-6990
메일　bogosabooks@naver.com
http://www.bogosabooks.co.kr
ISBN　979-11-6587-824-5　94810
　　　979-11-6587-820-7 (set)
ⓒ 정환국, 2025

정가 25,000원
사전 동의 없는 무단 전재 및 복제를 금합니다.
잘못 만들어진 책은 바꾸어 드립니다.